DOS COMEDIAS VETEROTESTAMENTARIAS

Juan de la Cuesta Hispanic Monographs

Series: *Ediciones críticas*, Nº 107

FOUNDING EDITOR
Tom Lathrop
University of Delaware

EDITOR
Michael J. McGrath
Georgia Southern University

EDITORIAL BOARD
Vincent Barletta
Stanford University

Annette Grant Cash
Georgia State University

David Castillo
State University of New York-Buffalo

Gwen Kirkpatrick
Georgetown University

Mark P. Del Mastro
College of Charleston

Juan F. Egea
University of Wisconsin-Madison

Sara L. Lehman
Fordham University

Mariselle Meléndez
University of Illinois at Urbana-Champaign

Eyda Merediz
University of Maryland

Dayle Seidenspinner-Núñez
University of Notre Dame

Elzbieta Sklodowska
Washington University in St. Louis

Noël Valis
Yale University

Luis Vélez de Guevara

DOS COMEDIAS VETEROTESTAMENTARIAS

EL MÁS AMANTE PASTOR Y DICHOSO PATRIARCA

LA ADVERSA Y PRÓSPERA SUERTE DE JOSEF

Edición crítica y anotada
de
C. George Peale

Estudio introductorio
de
Elisa Domínguez de Paz

Juan de la Cuesta
Newark, Delaware

Copyright © 2025 by C. George Peale
Copyright © 2025 by Elisa Domínguez de Paz

All rights reserved.

No part of this book may be reproduced, stored in a retrieval system, or transmitted in any form or by any means, electronic, mechanical, photocopying, recording or otherwise, without the prior written permission of the Copyright owner.

Queda prohibida la reproducción total o parcial de este libro, su inclusión en un sistema informático, su transmisión en cualquier forma o por cualquier medio ya sea electrónico, mecánico, por fotocopia, registro u otros métodos, sin el permiso previo y por escrito del titular del Copyright.

Motivo de cubierta: Escuela de Rembrandt van Rijn,
El encuentro de Jacob y Raquel en el pozo
Metropolitan Museum of Art, Nueva York

Juan de la Cuesta Hispanic Monographs
An imprint of LinguaText, LLC
103 Walker Way
Newark, DE 19711 USA

(302) 453-8695
www.JuandelaCuesta.com

MANUFACTURED IN THE UNITED STATES OF AMERICA
ISBN: 978-1-58871-408-4

NOTA PRELIMINAR

Nos es grato dejar constancia de nuestro agradecimiento a los siguientes organismos, cuyo generoso apoyo material, institucional y técnico ha facilitado la preparación de esta edición:

The National Endowment for the Humanities

The Ahmanson Foundation

El Comité Conjunto Hispano-Norteamericano para
Asuntos Educativos y Culturales

The L. J. Skaggs and Mary C. Skaggs Foundation

The CSU Fullerton Auxiliary Services Corporation

Prime Computer, Inc.

Apple Computer, Inc.

The University of California, Riverside

The California State University, Fullerton

La Biblioteca Nacional de España

La Biblioteca Histórica Municipal de Madrid

La Real Biblioteca del Palacio Real de Madrid

ÍNDICE

Nota preliminar 7

Abreviaturas 11

Estudio introductorio de Elisa Domínguez de Paz 13

    El más amante pastor y dichoso patriarca 13
        Datos, fechas y representaciones 14
        Trama 15
        Un crisol bíblico y teatral 17
        Escenografía y música 38
        Conclusiones 42
    La adversa y próspera suerte de Josef 43
        Trama 43
        Género y representaciones 46
        Dramatis personae 52
            Josef y Jacob 52
            Josef y sus hermanos 54
            Josef y Putifar 58
            Josef y Mitilene 60
            Josef y Asenet 64
            Josef y el faraón 67
        Escenografía y música 70
        Conclusiones 74

Estudio textual de C. George Peale 77

    Testimonios, títulos y fechas 77
    Principios y procedimientos editoriales 98

Bibliografía 103

El más amante pastor y dichoso patriarca de Luis Vélez de Guevara 117

    Acto Primero 119
    Acto Segundo 156
    Acto Tercero 195
    Notas 227
    Índice de voces comentadas 239

La adversa y próspera suerte de Josef de Luis Vélez de Guevara 241

    Acto Primero 243
    Acto Segundo 275
    Acto Tercero 314
    Notas..361
    Índice de voces comentadas...369

ABREVIATURAS

Aut   *Diccionario de autoridades*

BAE   Biblioteca de Autores Españoles

BNE   Biblioteca Nacional de España

Correas   Gonzalo Correas, *Vocabulario de refranes y frases proverbiales*, ed. Louis Combet

Cov   Sebastián de Covarrubias, *Tesoro de la lengua castellana o española*, ed. Ignacio Arellano y Rafael Zafra

El más amante pastor y dichoso patriarca

El Libro Sagrado ha sido una gran fuente de inspiración temática para los dramaturgos del siglo XVII,[1] a pesar de que no debía ser nada fácil ver asuntos de la Biblia representados en los corrales, sobre todo aquellos del Antiguo Testamento que tenían una carga más dramática que religiosa. No obstante, el teatro bíblico del Siglo de Oro dio a la escena títulos tan memorables como *La hermosa Ester* de Lope de Vega, *Los cabellos de Absalón* de Calderón, *La venganza de Tamar* de Tirso, entre otros muchos.

En este estudio proponemos una lectura de *El más amante pastor y dichoso patriarca* de Luis Vélez de Guevara (1579-1644)[2] desde la tradición hebraica con las creencias, costumbres y ritos que marcan la identidad del pueblo de la época de los patriarcas, del pueblo elegido por Dios.[3] Vélez adapta la historia sagrada para el público del siglo XVII que acude al teatro, cuya mentalidad estaba muy mediatizada por la ortodoxia católica de la época, que consideraba a los judíos como un pueblo estigmatizado por la marca del deicidio[4] en una

---

[1] Eloíno Nácar Fuster y Alberto Colunga Cueto, (eds.), *Sagrada Biblia. Versión directa de las lenguas originales* (1978); Gregorio del Olmo Lete y Rosa Navarro Martínez (eds.), *La Biblia en la literatura española del Siglo de Oro* (2008); Ignacio Arellano y Ruth Fine (eds.), *La Biblia en la literatura española del Siglo de Oro* (2010); Francisco Domínguez Matito y Juan Antonio Martínez Berbel (eds.), *La Biblia en el teatro español* (2012).

[2] Para el estudio de la figura de Vélez de Guevara y su obra, son imprescindibles los trabajos de Emilio Cotarelo y Mori, «Luis Vélez de Guevara y sus obras dramáticas» (1916-1917); Forrest Eugene Spencer y Rudolph Schevill, *The Dramatic Works of Luis Vélez de Guevara* (1937); María Grazia Profeti, «Note critiche sull'opera di Vélez de Guevara» (1965); C. George Peale *et al.* (eds.), *Antigüedad y actualidad de Luis Vélez de Guevara* (1983); Piedad Bolaños Donoso y Marina Martín Ojeda (eds.) *Luis Vélez de Guevara y su época* (1996); C. George Peale y Héctor Urzáiz, «Luis Vélez de Guevara» (2003); Germán Vega García-Luengos, «Vélez de Guevara, Luis» (2007); Marina Martín Ojeda y C. George Peale, *Luis Vélez de Guevara en Écija: su entorno familiar, liberal y cultural* (2017).

[3] Fred Wight, *Usos y costumbres de las tierras bíblicas* (2018).

[4] Desde el decreto de expulsión de 1492 se estableció un sistema de castas (cristianos viejos y cristianos nuevos o judeoconversos), siendo la situación de los judíos que permanecieron en la Península harto complicada por la extrema vigilancia a la que fueron sometidos en su vida cotidiana, sobre todo por parte de la Inquisición. Véanse Ángel Alcalá, *Judíos, sefarditas, conversos. La expulsión de 1492 y sus consecuencias*; Joseph Pérez, *Los judíos de España*.

sociedad de corte estamental y antijudaico.⁵ En efecto, a raíz del decreto de expulsión de 1492 surge un prototipo de judío que nada tiene que ver con el hebreo bíblico del Antiguo Testamento, el cual se halla inmerso en una tradición muy alejada de los problemas y mentalidad del hombre del Barroco. La distancia temporal sitúa las comedias bíblicas en una órbita dramática libre de las normas y limitaciones que gobiernan la vida cotidiana del tiempo en el que se escribieron.⁶

Datos, fecha y representaciones

El más amante pastor y dichoso patriarca pertenece a las primeras mimbres teatrales de Vélez,⁷ Courtney Bruerton considera la fecha de composición entre 1602–1605.⁸ Se imprimió con el título de *La hermosura de Raquel, Primera parte* en 1615 y 1616, junto con otra comedia que se presentaba como la segunda parte de la misma comedia, en *Flor de las comedias de España de diferentes autores, quinta parte*.⁹ Se exhibió en los corrales por la compañía de Baltasar de Pinedo, y también por otros «autores» como Alonso de Heredia, cuya compañía la escenificó en el corral de Málaga el 3 de septiembre de 1612.¹⁰ Así, En 1615 se representó en Perú y Filipinas, pues las comedias bíblicas fueron muy bien recibidas en esas tierras como instrumentos de entretenimiento y de doctrina

---

⁵ Felipe B. Pedraza Jiménez, «Los judíos en el teatro del siglo XVII: la comedia y el entremés».

⁶ *Ibid.*, p. 158.

⁷ Véanse Cotarelo y Mori, pp. 85–86; Spencer y Schevill, pp. 272–75. Asimismo, el interesante estudio de Germán Vega García-Luengos, «Los servicios teatrales del primer Vélez de Guevara».

⁸ «Eight Plays by Vélez de Guevara», pp. 248–52, dato también confirmado por Javier J. González Martínez, «Datos históricos y bibliométricos del corpus de Luis Vélez de Guevara para la fecha de escritura de *El alba y el sol*», p. 122. Compárese, en cambio, la razonada apreciación de C. George Peale en el presente volumen, pp. 36–44.

⁹ El título original de esta «*Segunda parte*» era *La adversa y próspera suerte de Josef*, como se hace ver Peale en el estudio textual del presente volumen, pp. 35–36.

¹⁰ Toda la información relativa a la representación de la comedia está tomada de Teresa Ferrer *et al.*, *CATCOM*, que registra la obra con el título traído por la *Quinta parte*, *La hermosura de Raquel, Primera parte*.

para la evangelización de los indígenas.[11] En Lima, se hizo una representación el 25 de junio de 1615 por la compañía de Gabriel del Río y Manuel de Ribera; asimismo, el 8 de diciembre de 1619 se representó en Manila. Desde el 21 de noviembre de 1629 hasta el 12 de febrero de 1630 se sabe que la compañía de Antonio Prado hizo seis representaciones en Madrid ante Su Majestad y entre las comedias que se hicieron figura *La hermosura de Raquel,* pero no se tiene la certeza de si fue la primera parte o la segunda la que se llevó a la escena, es decir, *El más amante pastor y dichoso patriarca* o *La adversa y próspera suerte de Josef.* Por último, en un inventario de bienes que hace Antonio del Prado en 1632 declara «la comedia de Raquel» entre las previstas para ser representadas en ese año.

Trama

ACTO PRIMERO

Comienza la comedia cuando Isaac, sintiendo próximo el fin de sus días, llama a Esaú, su hijo mayor, para darle su bendición con el fin de que a su muerte este hijo se convierta en el patriarca de su familia. Pero, Rebeca, esposa de Isaac, tiene otros planes para su favorito, Jacob; con engaños, es decir, vistiendo a Jacob con las pieles de su hermano, y aprovechando la ausencia de Esaú, que ha ido a cazar para hacerle a Isaac una cena antes de recibir su bendición, logra que su esposo, Isaac, le otorgue la bendición al hijo menor creyendo que se trata de su primogénito. Rebeca, una vez culminado el engaño y previendo la ira de Esaú, envía a su hijo a la ciudad de Harán, a casa de su hermano Labán. En el camino, Jacob se detiene a descansar y se produce su famoso sueño donde ve una escalera de cristal en cuya cima está Dios y por la que suben y bajan criaturas celestiales. Dios le dice a Jacob que la tierra en la que ahora duerme será la tierra de su estirpe. A continuación, hay unas escenas que responden al modelo bucólico renacentista tanto en paisaje como en diálogos. Seguidamente, Jacob, cuando llega a Harán, entabla conversación con el pastor Lauro, criado de Labán, que le habla de este y de sus hijas, Lía y Raquel, así como de las bondades de esa fértil tierra. En la siguiente escena se ve el primer encuentro de Raquel y Jacob, que cae rendidamente enamorado ante la belleza de su prima: es un amor tan profundo que, pasado un corto espacio de tiempo, lleva al joven a pedirla en matrimonio a su tío, pero este le dice que antes tendrá que trabajar para él, en

---

[11] La influencia de los dominicos y jesuitas en Filipinas y Perú fue muy importante para la propaganda del teatro religioso con un fin doctrinal. Véase José Javier Azanza López, «Teatro, ingenios literarios y oratoria sagrada: la fiesta como tablero de ajedrez entre jesuitas y dominicos (Manila, s. XVII)», pp. 469-75.

sus tierras y con su ganado, de manera gratuita, por un período de siete años; solo, entonces, podrá desposarse con su hija.

ACTO SEGUNDO

Raquel y Jacob están impacientes porque se cumpla el plazo estipulado por Labán para poder contraer matrimonio. Los enamorados hablan del amor y del valor de los celos en las relaciones de afecto, tema que Vélez ilustra con la historia de los pastores Lauro y Elisa. Esta cae presa de unos terribles celos, pues un día encontró a su amado Lauro haciendo un collar y ella, en su imaginación, pensó que era un regalo para Raquel, pero, a su vez, Jacob también vio al pastor elaborar el citado abalorio sintiéndose igualmente celoso al pensar que era un presente para su amada. Finalmente, Raquel habla con Elisa y Lauro con Jacob; se deshace el embrollo y vuelve a reinar la armonía. A continuación, presenciamos una conversación que mantiene Labán con Liseno, en la que aquel le informa del engaño que va a urdir respecto a la boda de Jacob, pues en la ceremonia sustituirá a Raquel por Lía. La boda no se escenifica, pero sabemos de su celebración por un monólogo de Jacob donde manifiesta con amargura el engaño del que ha sido víctima por parte de su tío. La historia se repite para Jacob, ya que él mismo sufre el engaño y la traición en carne propia, lo mismo que la sufrió Esaú al quedar despojado de su primogenitura.

ACTO TERCERO

Se sucede ahora en la comedia un gran salto temporal, pues encontramos a Jacob casado con Lía y también con Raquel. Han transcurrido siete años más. Sabemos que Jacob ha tenido con Lía varios hijos: Rubén, Simeón, Leví, Juda, Dan, Gad, Aser, Isacar y Zabulón y con Raquel a Josef y a Benjamín. Pero Jacob siente una predilección especial por Josef. En las siguientes escenas se ve a un enfurecido Labán dirigiéndose hasta la región de Edom, donde reside Jacob y su familia, para vengarse de su sobrino porque este le usurpó una buena parte de su patrimonio, se llevó sus hijas y sus ídolos de madera. Cuando se encuentran tío y sobrino, el odio de Labán contra Jacob se ha tornado en cariño por intervención divina. Una situación idéntica a la que vive Esaú, quien, preso de una incontenible ira contra su hermano por haberle arrebatado de manera fraudulenta sus derechos como heredero, también va en su busca para matarlo, pero cuando se encuentran cara a cara los dos hermanos, la furia de Esaú se torna milagrosamente en amor. En las últimas escenas, Jacob se duerme y un ángel del cielo, en nombre de Dios, le confirma como santo patriarca de Israel, al tiempo que le dice que el Hijo de Dios nacerá de uno de sus descendientes.

Un crisol bíblico y teatral

El interés crítico suscitado por esta obra ha sido escaso, más allá del trabajo de Edward Glaser de 1956,[12] que centra su estudio en hacer una revisión general de las pocas comedias que hasta ahora se conocen de la historia de Raquel y Jacob.[13] Son obras que parten del relato bíblico (*Génesis* 25:19-50; 29:1-35). En todas ellas se literaturiza en mayor o menor medida la materia bíblica, sobre todo en la presentación del personaje de Jacob que aparece como un pastor soñador y enamorado a la manera renacentista dentro de una historia que, «por su índole sagrada [los dramaturgos] se sienten obligados a respetar».[14] La pieza de Vélez constituyó un referente fundamental en el caso de la comedia de Cristóbal de Monroy, *El pastor más perseguido y finezas de Raquel*, compuesta en 1612, cuyo plan general es similar al que se refleja en *El más amante pastor y dichoso patriarca*. La mayor diferencia estriba en que en el texto de Monroy se dedica más atención que en la obra de Vélez a profundizar en el alma de los personajes, así como a la relación de Jacob con sus esposas otorgándole a Lía un mayor protagonismo. Por su parte, la *Comedia famosa dos successos de Iahacob e Esaú* publicada en 1699 por los libreros Abraham Ramires e Ishac Castelho se aleja bastante de las anteriores versiones teatrales relativas al tema, pues centra su interés en las disputas de los hermanos, Esaú y Jacob, por la primogenitura y trata superficialmente, y sin hondura psicológica alguna, la historia amorosa de los protagonistas.

Teatralmente, *El más amante pastor y dichoso patriarca* presenta dos niveles de recepción: por un lado, está el ficcional-bíblico en el que se mueven los diferentes personajes que intervienen en la acción dramática; por otro lado, el del público del siglo XVII para quien se escribió la comedia, el cual percibiría

[12] «El patriarca Jacob, amante ejemplar del teatro del Siglo de Oro español».

[13] Entre las obras contenidas en el *Códice de autos viejos*, que se inspiran en el Antiguo Testamento, figura el *Aucto de quando Jacob fue huyendo a las tierras de Ara*n (1: 51-66); la comedia de Cristóbal Monroy, *El pastor más perseguido, y finezas de Raquel* (Valencia, Imprenta de la Viuda de Joseph de Orga, 1764). Asimismo, existe una copia de esta edición en la Biblioteca de Menéndez Pelayo, sig. 31155. El año 1699 los libreros Abraham Ramires e Ishac Castello publicaron en Delft la *Comedia famosa dos Successos de Iahacob e Esaú*, la última versión del siglo XVII de la leyenda patriarcal. Al parecer el desconocido autor pudo ser un dramaturgo judío portugués. Véase Glaser, p. 19. Por último, la obra de Vicente Mascareñas, *Peregrinación de Jacob, y amores de Raquel*, citada por La Barrera y Leirado, *Catálogo bibliográfico y biográfico del teatro antiguo español*, p. 238.

[14] Glaser, p. 22.

esta historia de hebreos y sus costumbres con el respeto que impone la distancia cronológica, y en algunos casos, con el lógico desconcierto sobre algunas prácticas que en la época bíblica resultaban admitidas por la sociedad, como la poligamia o el amancebamiento, y en el siglo XVII estaban castigadas.[15] Por ello, Vélez se muestra muy cauteloso a la hora de adaptar la historia a parámetros teatrales, pues la materia sagrada, en general, era muy sensible para el ojo vigilante de la censura, sobre todo la inquisitorial, siempre muy atenta a que en la representación no hubiera excesos verbales y gestuales que afectaran a las buenas costumbres del tiempo, ya que el mensaje debía ser muy claro para el público.[16]

Vélez se sirve de una historia de hebreos ubicada en el Antiguo Testamento (*Génesis* 25:19-50, 29:1-35), que funciona como cimiento para que la comedia sea reconocible por el público como un texto bíblico, pero no olvida en ningún momento las expectativas teatrales del auditorio para el que escribe y, aunque sigue con bastante fidelidad la fuente bíblica, suprime algunos episodios comprometidos de la historia, pues la judeofobia,[17] impulsada por la Iglesia, todavía latía con fuerza en la sociedad del siglo XVII contra los «infectos» y «manchados» judíos, como los califica Quevedo en *El Buscón*. Vélez, aunque de remota ascendencia judeo-conversa, pero educado en una familia de sinceras vivencias cristianas, sabía que en la España de su tiempo no solo era conveniente vivir como un cristiano, sino, sobre todo, parecerlo.[18]

El más amante pastor y dichoso patriarca refleja las alegrías y tribulaciones de Jacob,[19] sin olvidar a Rebeca y Raquel. La primera, aunque su presencia se reduce a la primera mitad del Acto I, resulta esencial para que se produzca el conflicto dramático que se origina en el engaño que esta inflige a su esposo, Isaac, logrando que Jacob sea bendecido como primogénito:

---

[15] Es importante tener en cuenta el comportamiento de los censores con el teatro de Vélez, donde se ven casos de censura textual y prohibiciones absolutas. Véase a este respecto Javier J. González Martínez, «La censura escénica y literaria del teatro de Luis Vélez de Guevara»; *idem*, «La censura ante los personajes históricos: el caso de Luis Vélez de Guevara»; Héctor Urzáiz Tortajada, «Hagiografía y censura en el teatro clásico».

[16] Héctor Urzáiz, «Sacado de la profundidad de la Sagrada Escritura: la materia bíblica y la censura teatral»; Francisco Florit, «Pensamiento, censura y teatro en la España del Siglo de Oro».

[17] Michéle Escamilla Colin. «Recherches sur les traités judéophobes espagnols des XVIe et XVIIe», pp. 27-51.

[18] Marina Martín Ojeda y C. George Peale, «Historiografía, genealogía y onomástica: la cuestión del judaísmo de Luis Vélez de Guevara».

[19] Glaser, p. 10.

REBECA.	Parte, Jacob, al ganado,
	y dos cabritos traerás,
	y déjame a mí el cuidado
	en todo de lo demás,
	que hoy te verás, hijo amado,
	de Isaac, tu padre, bendito[.]
[...]	
JACOB.	Eres sol de las mujeres.
	A tu intento me acomodo,
	que con tu ayuda no habrá
	cosa que no intente yo. (Vv. 211-16, 234-37)

Sorprende su desenvoltura siendo mujer, esposa y madre, con todo lo que esto suponía, tanto en la sociedad del mundo bíblico como en la de la época de Vélez,[20] donde el modelo femenino perfecto era el de esposa sumisa y entregada madre:[21]

REBECA.	Que, en conclusión,
	hoy le tienes de hurtar
	a Esaú la bendición, (Vv. 206-08)

Rebeca está dispuesta a sobrepasar los límites necesarios para salvaguardar los intereses de su predilecto.[22] Es por ello una mujer decisiva en el destino del pueblo hebreo, del pueblo escogido. Ama a sus dos hijos, pero sobre todo, a Jacob por ser más tranquilo y sensible que su hermano que es rudo, cazador y el preferido por Isaac. Sentimiento al que no es ajeno Esaú, a juzgar por las palabras que le dice a su padre y que traducen una aflicción con la que, como espectadores, es difícil no empatizar. Él es muy consciente de ser un segundón en el corazón de su madre, lo que le conduce a reforzar el vínculo paterno con el fin, muy probable, de paliar una desolación afectiva que solo se verá mitigada cuando su padre lo bendiga como primogénito:

[ESAÚ.]	Ya sé, con la inclinación,
	que quiere a Jacob mi madre,
	que es con notable pasión,

[20] Luis Mariano González, «La mujer en el teatro del Siglo de Oro español».

[21] Lucía Victoria Hernández, «La mujer en el Antiguo Testamento».

[22] Es relevante el papel que Vélez otorga a este personaje, a pesar de que la madre en el sistema dramático del siglo XVII tenía una presencia menos habitual que la figura del padre. *Cf.*, por ejemplo, *Los fijos de la Barbuda*, *Más pesa el Rey que la sangre* y *Reinar después de morir*. Véase la antología crítica de Luciano García Lorenzo, *La madre en el teatro clásico español: personaje y referencia*, donde se aborda, a través de la decena de trabajos que conforman el volumen, el tratamiento dado a este personaje en el teatro áureo.

> pero tú, que eres mi padre,
> me darás la bendición.
>   Para merecella parto
> al monte a matarte caza
> que comas, y pues me aparto
> de ti hasta que vuelva, enlaza
> mi cuello.   (Vv. 172-80)

Vélez aprovecha la condición añosa de Isaac, que subraya en varios momentos, para trasmitir que estamos ante un personaje vulnerable, con una gran merma de sus facultades físicas, razón por la que será víctima de un despreciable engaño. El astigitano, en un alarde de maniqueísmo, consigue entonces que el público empatice con Isaac y condene la conducta taimada de Rebeca para traicionar a su esposo y a su hijo, ya que no está dispuesta a aceptar que todo suceda con inercia patriarcal:

> *Sale Isaac muy viejo, con el cabello largo, ciego, arrimado a un báculo, puesta la mano sobre el hombro de Esaú, su hijo, el cual saldrá vestido de pieles, calzones y gabaneta, y descubiertos la mitad de los brazos, una aljaba al hombro y un cuchillo de monte al lado, y unas sandalias a los pies y lo demás descalzo.* (Acot. A)

Ante esta imagen el público sabría interpretar signos escénicos como «leer en el traje de un actor el lugar y momento donde ocurría la acción»:[23]

> [Isaac.]   [...]
> el amor es muy buen juez,
> querido hijo Esaú,
> báculo de mi vejez.
>   Tú eres mi apoyo y mi arrimo.
> Sin ti cayera en el suelo
> este edificio que animo,
>
> [...]
>
>   Rebeca se aficionó
> a Jacob, como mujer,
> porque más bello le vio,
> y yo a ti por entender
> que el Cielo te señaló.   (Vv. 3-8, 61-65)

Isaac es muy consciente de la responsabilidad patriarcal[24] que, según la ley he-

---

[23] José María Díez Borque, *Sociedad y teatro en la España de Lope de Vega*, p. 190.

[24] No olvidemos que con esta historia de Esaú y Jacob y con el drama que se desarrolla entre José y sus hermanos se sientan las claves de la familia patriarcal, de la historia de esa gran familia que es el pueblo judío.

brea, le corresponde al hijo mayor, pues el pacto de Dios con Abraham se trasmite precisamente a través de los primogénitos.

La primogenitura era una tradición de gran importancia para el pueblo hebreo del Antiguo Testamento,[25] pues el hijo que la ostentaba se convertía en el jefe de la familia, representándola ante la divinidad y también ante la sociedad.[26] Este recibía una porción doble de las posesiones paternas (*Deuteronomio* 21:17) y después de la muerte del padre era responsable del cuidado de la madre y de los hermanos. Rebeca, mujer astuta, conocía perfectamente la situación de privilegio y de responsabilidad que tenía dicha condición. Razón por la que ella misma se había encargado de instruir a Jacob hablándole del valor de las cosas espirituales y de su abuelo Abraham y de las promesas que fueron depositadas en él (*Génesis* 25, 27):

> REBECA.   [...] Tuyo ha de ser
> el mayorazgo, pues hoy
> puedo por obra poner
> este intento.
> [...]
> REBECA.   El que dio
> luz al sol y al campo da
>   el aljófar del rocío
> te bendiga y enderece
> tus intentos, Jacob mío,
> porque en ti su luz comience
> a resplandecer.
> [...]
> REBECA.   Los cielos que están
> viéndote permitirán
> que tanta ventura tengas,
> que a ser la cabeza vengas
> de la casa de Abrahán.   (Vv. 201-04, 239-44, 251-55)

Entre los judíos la condición de hijo mayor se ratificaba con la bendición que el padre, antes de morir, le daba a su hijo con el fin de que heredara el

---

[25] Alberto Colunga, «La ley de los primogénitos y el Pentateuco».

[26] El pueblo, seminómada en la época de Moisés, fue progresando en la vida civil, social y religiosa bajo la influencia de la misma ley mosaica y la dirección de los Profetas, que Dios concedía a su pueblo para preparar los caminos del Mesías. *Cf. ibid.*, p. 450. Pero la ley sobre la primogenitura existía antes que la ley mosaica: «Me darás el primogénito de tus hijos. Lo mismo harás con el primogénito de tus vacas y de tus ovejas» (*Éxodo* 22:28 y ss.). Es decir, Yahvé reclama para sí la primicia que se gesta en un vientre materno, bien sea de persona o bien de animal.

legado espiritual que él había construido.[27] En la comedia, vemos a un impaciente Jacob deseoso de hurtarle a su hermano la condición de primogénito. Este comportamiento vil de Jacob que, en absoluto le honra, teatralmente es muy útil, pues sirve para acentuar, aún más si cabe, su posterior transformación, por obra de Dios, en un hombre de bien:

(Quédase dormido, y corriendo una cortina aparece Isaac sentado en una silla, y Jacob, de rodillas, con un vestido de Esaú, y las manos cubiertas de dos guantes velludos de cabritos.)

Jacob.	Échame tu bendición,
	pues ya tu gusto cumplí
	y la caza traigo aquí.
	No se pase esta ocasión.
[...]	
Isaac.	Ya he acabado de comer,
	no quiero más. Llega y toma
	mi postrera bendición, (Acot. G–v. 349, 365–67)

Esta costumbre no resultaría extraña para el espectador del siglo XVII, pues en España, en esa época, estaba normalizada la figura del mayorazgo como un sistema de reparto de bienes que beneficiaba al mayor de los hijos, de forma que el grueso del patrimonio de una familia no se diseminaba y solo podía aumentar al quedar concentrado en el primogénito. El mayorazgo quedó regulado en España desde 1505[28] y se ha mantenido durante mucho tiempo, aunque ahora esté en declive en Cataluña con *el hereu*.[29]

---

[27] Costumbre esta del judaísmo que hoy todavía se conserva y así ocurre cada viernes, al comenzar el *Sabbat* donde los padres tienen la oportunidad de bendecir a sus hijos, deseándoles que cuenten con la bendición y protección de Dios y reafirmando la tradición milenaria judía de generación en generación, en un emotivo momento familiar y espiritual. Véase Shalom Dov Wolpo, *Manual de conceptos judaicos*, pp. 59–62.

[28] La regulación del mayorazgo se llevó a cabo por medio de las llamadas leyes de Toro en el año 1505, cuando reinaban los Reyes Católicos. Estas surgieron de la actividad legislativa y se fijaron en la ciudad de Toro, luego del fallecimiento de la reina Isabel, en el marco de una reunión de las Cortes. Véase Bartolomé Clavero Salvador, *Mayorazgo: propiedad feudal (1369–1836)*, pp. 49, 211–20.

[29] Por eso las familias que podían contrarrestaban los privilegios y también responsabilidades del primogénito, sobre todo a partir del siglo XV, concediendo al segundón los estudios y la ordenación religiosa, lo cual le eximía de servir a su hermano, librándole de tensiones fraternales y asegurándole un porvenir independiente. Véase, Carmelo Lisón Tolosana, «Familia y herencia: modalidades hispanas», pp. 21–22.

En la tradición hebraica, el hijo, una vez recibida la bendición paterna, besaba la mano de su progenitor en señal de reconocimiento y respeto y el padre le correspondía con el «beso de paz» en la frente:[30]

> Llega y darete primero
> el beso de paz así.
>
> *(Bésale en la frente.)* (V. 374–Acot. J)

Ahora bien, en la comedia de Vélez la fraudulenta primogenitura de Jacob podía suscitar en el público la siguiente cuestión: ¿era Jacob el favorito de Dios como ya había pasado antes con Caín y Abel? La respuesta está en la Biblia donde se dice que Dios sabía que esto iba a suceder y ya lo había predicho cuando los gemelos estaban en el vientre de su madre:

> En tu vientre hay dos naciones, dos pueblos que están en lucha desde antes de nacer. Dos pueblos serán divididos desde tus entrañas. Un pueblo será más fuerte que el otro y el mayor servirá al menor. (*Génesis* 25:23)

Es obvio que el astigitano no entra a valorar esta espinosa cuestión, ya que, de haberlo hecho, habría encendido la ira de los censores, pero lo cierto es que si esto se hubiera podido explicar en la comedia, se habría entendido que la bendición de Isaac no fue al hijo «equivocado», como a primera vista pudiera parecer, sino al «correcto», según la preferencia de Dios cuando dice que «el mayor servirá al menor», con lo que, desde la tradición bíblica, se justificaría el latrocinio de Jacob.

En esta línea de prudencia máxima, Vélez tampoco se explaya con la situación de furia que vive Esaú, así como su deseo de venganza al ser conocedor de la traición de que ha sido objeto por parte de su madre y hermano, esta solo se menciona en su sueño profético:

> ESAÚ.   ¿Qué voces son
> estas? ¡Estraña visión,
> dormido, he visto y soñado!
>   Parece que a Jacob vi,
> que con mi traje engañaba
> al viejo Isaac y me hurtaba
> la bendición. Si es ansí,
> darele muerte al ingrato.   (Vv. 395–402)

Venganza que Rebeca, astutamente, intuye y así se lo hace saber a Jacob:

---

[30] Esta práctica está ampliamente documentada; véanse *Génesis* 33:4 y 45:15:25; *Samuel* 14:33; *Lucas* 15:20. La tradición ha permanecido en el tiempo, pues ya los primeros cristianos la adoptaron refiriéndose al beso intercambiado entre los creyentes como el *osculum pacis* ('el beso de la paz'), o «el beso santo» (*Romanos* 16:16). Esta práctica ha perdurado hasta nuestros días dentro del rito eucarístico.

[REBECA.]   [...] en sabiendo que le hurtaste
la bendición trazará
tu muerte.   (Vv. 423-25)

Es sorprendente la reacción vil que tiene Jacob de ira y de rebeldía hacia su madre y, por qué no, también de egoísmo e ingratitud, al descargar sobre ella la responsabilidad de la felonía cometida por ambos:

JACOB.   Tú que trazaste
mi bien, de mi daño ya
al remedio te obligaste.   (Vv. 425-27)

Esta situación desencadena el exilio de Jacob, organizado por Rebeca que, una vez más, da muestra del inmenso amor que profesa a su hijo menor para que se refugie en casa de su hermano Labán hasta que amaine la tempestad:

REBECA.   Con mi hermano, te enviaré
Labán. Al Asia parte.
  Mejor podrás en su casa
estar, mi Jacob, en tanto
que el enojo se le pasa,
quedándome en este llanto,
rigor de fortuna escasa.   (Vv. 436-42)

De camino a Harán, Jacob se recuesta y duerme. Vélez expone este sueño desde el aspecto humano y cotidiano del episodio bíblico, donde se ve la figura del patriarca como un extenuado viajero, tendido en el suelo, al tiempo que la escala de ángeles casi se confunde y se disuelve en la ráfaga de luz difuminada que se eleva hacia las alturas. Un bello pasaje cargado de sensibilidad, que recuerda mucho al cuadro de Bartolomé Esteban Murillo, *El sueño de Jacob* (*c*. 1655), que podemos contemplar en el Museo Estatal del Hermitage en San Petersburgo:

Recuéstase JACOB y duerme, y aparece una escala que llega
al cielo, y van subiendo y bajando ALGUNOS ÁNGELES por
ella, y DIOS PADRE arriba en el remate de la escala,
y suena música, y dice JACOB entre sueños: (Acot. T)

De los datos que proporciona la acotación, se puede intuir cómo se pudo representar dicho sueño, bien con el uso de la tramoya o bien mediante un lienzo pintado,[31] algo que no era tan raro en las apariciones divinas de comedias tanto bíblicas como hagiográficas:

---

[31] José María Ruano de la Haza, *La puesta en escena de los teatros comerciales del Siglo de Oro*, pp. 211-13. Asimismo, resulta muy interesante el trabajo de Alonso E. Pérez Sánchez, «Los pintores escenógrafos en el Madrid del siglo XVII».

[JACOB.]   Una escala de cristal
de milagrosa labor
pende del cielo a la tierra,
sustentada entre los dos.
Espíritus celestiales
vestidos de resplandor
suben y bajan por ella.
¡Qué estraña revelación!
Allá miro en lo más alto,
donde ninguno alcanzó,
que está arrimado a la escala
el sol de justicia, Dios.   (Vv. 612-23)

El sueño tiene diferentes explicaciones, pues de acuerdo con la realidad bíblico-hebrea, es decir, la de los personajes de la comedia, la escalera por la que suben y bajan figuras celestiales significa la confirmación que le hace Yahvé a Jacob como patriarca de Israel de cuya estirpe nacerá el Mesías (*Génesis* 28: 10-19).[32] Desde la tradición judía del *Midrásh*,[33] la escala simboliza el exilio que el pueblo judío iba a sufrir antes de la llegada del Mesías.[34] En cambio, para los cristianos esta representa a Jesucristo que comunica el cielo y la tierra, al ser al mismo tiempo Hijo de Dios y de los hombres (*Juan* 1:51).[35]

DIOS PADRE.   Yo soy el dios de Abrahán
y de tu padre, Jacob.
[...]
La tierra en que agora duermes
daré a tu generación,
[...]

---

[32] Desde la Biblia el sueño es el medio que Yahvé utiliza para comunicarse con sus siervos escogidos, como ya hiciera con Daniel (*Daniel* 7:1-3, 17) o con José, el padre adoptivo de Jesús (*Mateo* 2:13-15, 19-23).

[33] Se llama así a un tipo de exégesis de textos de la *Torá* y de otros textos bíblicos del Antiguo Testamento como el *Tanaj* o el *Talmud*.

[34] Los ángeles representan los setenta años de exilio que padeció el pueblo hebreo en Babilonia. Antiguas historias bíblicas indican también que escalera de Jacob se inspiró en el *massebá*, considerado un pilar sagrado que solía ser ungido con aceite (*Génesis* 28:11-19).

[35] Lo que el sueño premonitorio prometió se hizo realidad en la Encarnación de Cristo. Hay un interesante trabajo sobre el tema del sueño en el teatro español. Véase Kazimierz Sabik, «La problemática del sueño en el teatro español del siglo XVII», especialmente pp. 112-13.

>   En ti, Jacob, y en tu sangre,
>   benditos los tribus son,
>   naciendo la aurora, madre
>   que ha de ser alba de Dios,
>   que esta escala es la figura
>   de la palabra que oyó
>   tu abuelo, en conformidad
>   de esta verdad que oyes hoy.
>   [...]
>   Con esto, parte seguro,
>   que la palabra te doy
>   de que a tu patria te vuelva.
>   Despierta, y parte, Jacob.   (Vv. 628-55)

Es la voz de Dios que solo puede escuchar Jacob y que nutre su voluntad. La misma voz que oyó su abuelo, Abraham, para que saliera de la tierra de Caldea y comenzaran los trabajos que le valieron el sobrenombre de «Patriarca perseguido». A partir de ahora, el espectador siente que Jacob es un intocable que goza de protección divina.

La Biblia relata que cuando Jacob despertó llamó a aquel lugar Betel[36] (que significa «casa de Dios») y erigió como columna conmemorativa la piedra en la que había reposado la cabeza, después derramó aceite de oliva sobre ella (*Génesis* 28:16-22):[37]

> JACOB.   ¿Qué es esto que he visto? ¡Cielos!,
>   ¿quién tanto bien mereció?
>   ¡Verdaderamente está
>   en esta parte el Señor!
>   [...]
>   Quiero levantar la piedra
>   en que he dormido, y al son
>   que los pajarillos hacen
>   con la venida del sol,
>   reverencialla y ponella
>   por señas de la que vio
>   el alma, durmiendo el cuerpo,
>   y despierta la razón,
>   llamándose este lugar

---

[36] *Betel* es una palabra compuesta por dos términos: *beit* = casa, y *El*, uno de los términos alusivos a la Divinidad en Canaán, un territorio en los que se asentaron los «supuestos» Patriarcas hebreos. Otro de los términos empleados para la divinidad en la primera mitad del II milenio a. C.—la época de los patriarcas—era *Elohim*.

Bethel, que es casa de Dios,
y haciendo voto solene
que es el primero desde hoy,
de reverenciar su nombre,
haciendo en el corazón
sacrificio y trabajando
esperanza, fe y amor,
y dar de lo que ganare
décimas al que me dio
esta palabra que llevo
para seguro y blasón.   (vv. 651-83)

La escena del sueño es fundamental porque marca un punto de inflexión en la comedia, ya que Jacob sufre una trasformación interior dejando atrás al personaje hábil, astuto y engañador, al «segundón» que se rebela contra esta condición ya desde el útero materno, para convertirse en un hombre de fe tocado por la gracia divina.[38] Comienza aquí el camino hacia el patriarcado.

Con su llegada a Harán, a la casa de su tío Labán, vemos a Jacob transformado, pues pasa de ser el hijo obediente, siempre al abrigo maternal, a tener un mayor grado de madurez y autonomía sobre su vida. Es el momento en el que hace acto de presencia Raquel.[39] El público que asiste a la representación la conoce, antes de que aparezca en escena, por la semblanza física y psicológica que de ella y de Lía había hecho con anterioridad el criado Lauro, descripciones, por cierto, coincidentes con las que recoge la fuente bíblica (*Génesis* 29:17-18 y 29:23-26).

[LAURO.]   Por aquí sus ganados acomoda
Labán para dos hijas solamente,
fruto dichoso de su alegre boda.
    Es Lía la mayor, mujer prudente,
sabia y sagaz, que trae la casa en peso,
aunque fea, ¡por Dios!, estrañamente.

---

[37] Además de las estirpes de Abraham, de Isaac y de la suya propia emana la nación de Israel y el pueblo judío que han sobrevivido después de muchos siglos.

[38] Se dice que, siendo un gemelo con Esaú, él batallaba por una posición y nació agarrando el talón de su hermano (*Génesis* 25:23).

[39] Su nombre en hebreo significa «oveja». Era de gran belleza. Fue la segunda esposa de Jacob, además de ser su prima hermana, ya que era hija de su tío Labán, hermano de su madre Rebeca. Fue la mujer a la que más amó. Jacob tuvo con ella a sus dos hijos menores, José y Benjamín (*Génesis* 29:17). Era una de las madres de Israel, como Sarah, Rebeca y Lía. Era la madre de los hebreos en el exilio. Véase Catherine Chalier, *Les Matriarches, Sarah, Rebecca, Rachel et Lea*, pp. 221-23.

>   Raquel es la segunda, de igual seso,
>   sabia, sagaz, prudente y recatada,
>   y en talle y rostro, hermosa con exceso.   (Vv. 744-52)

Raquel es hermosa como tantas otras mujeres de la Biblia: Drusila, Ester, Vastí, Betsabé, Abisag entre otras muchas, pero no es una *femme fatale* que hace un uso pérfido de su belleza como sí hicieron Jezabel o Salomé. Ella es dulce y de modales refinados, pero también es implacable frente a los obstáculos que Labán pone a su amor por Jacob:

> [RAQUEL.]   No desmayes, si porfías,
>   que tengan fin nuestros daños,
>   y quien esperó siete años
>   no desespere en dos días.
>   Tuya he de ser, no lo dudes.
>   Darte esta palabra puedo
>   porque contra tanto miedo
>   tus esperanzas ayudes.   (Vv. 1385-92)

En la comedia se describe con complacencia la relación amorosa de Raquel y Jacob (de hecho, es la primera pasión amorosa de la Biblia); comprende la segunda parte de la jornada primera y toda la jornada segunda. Vélez, sin perder la esencia de la fuente bíblica, se permite una mayor libertad teatral extrayendo a los personajes de su tiempo diacrónico y ubicándolos como pastores en un ambiente bucólico más acorde con los esquemas poético-literarios del siglo XVII (vv. 1576-1724).[40] Son personajes que han suavizado su pátina bíblica y funcionan como galanes y damas a la manera de los de la Comedia Nueva.[41] Vélez los presenta en medio de un ambiente bucólico muy renacentista donde, a menudo, resulta imposible no evocar la huella poética de Garcilaso:[42]

---

[40] Según Glaser (p. 11), es aquí donde se nota la influencia del soneto *Siete años* de Camões. Vélez reescribe en dos ocasiones el citado poema con algunas diferencias formales, respecto al texto del portugués: la primera, al comienzo de la jornada segunda, en un largo monólogo de Jacob donde expresa su deseo de trabajar gratis durante catorce años para su tío Labán, pues el amor que siente por Raquel bien lo vale (vv. 1200-34); la segunda, que sigue más literalmente el soneto de Camões, aparece en la jornada tercera como una canción entonada por un músico, mientras Esaú y Jacob, reconciliados ya, se sientan a cenar (vv. 3296-3309).

[41] El amor de Jacob hacia Raquel es uno de los ejemplos destacados del amor humano en la Biblia (siete años «le parecieron como pocos días, porque la amaba» (*Génesis* 29:20).

[42] Vélez estuvo en torno a 1600 en Italia como soldado con las tropas del conde de Fuentes, y posteriormente combatió junto con las de Andrea Doria y las de don Pedro de

[JACOB.]	El cabello, que al oro más luciente
	afrenta puede dar, suelto le esparce
	sobre la espalda, de su sol oriente.
	No hay alma que le vean que en él no engarce,
	ni hay rama que la toque que, en su falda,
	para más detenella, no se enzarce.
	Ya, con los pies, el campo es esmeralda,
	y con sus ojos, es zafir el cielo,
	despreciando mil soles por la espalda.
[...]	
	Serrana más hermosa
	para mis ojos tristes
	que el alba, cuando sale
	vestida de jazmines[.]
[...]	
	Fuentecillas risueñas,
	al sol de espejos sirven
	en cajas de esmeraldas
	y en marcos de amatistes,
	y Raquel siempre en mi memoria vive. (Vv. 1409-91)
RAQUEL.	Serrano más bizarro
	que el sol, cuando al aurora
	con paños de oro enjuga
	de su llanto el aljófar,
	y más galán que mayo,
	cuando estos campos borda
	de flores diferentes,
	enamorando a Flora,
	más vistoso y robusto
	que este monte que asoma. (Vv. 1577-86)

Jacob está muy seguro del amor que siente por Raquel y le pide a su tío Labán el consentimiento para contraer matrimonio con su prima:

[RAQUEL.]	Este es mi padre, Labán.
JACOB.	Pedirle la mano quiero.
	Dadme, generoso tío,
	para besaros la mano.

Toledo, por lo que es de suponer que pudo conocer de primera mano la literatura italiana del momento.

Labán.	Levantaos, sobrino mío, y abrazadme.	(Vv. 1067-72)

Entre los hebreos no era raro casarse con una pariente, como una herencia de la vida tribal,[43] a pesar de que la Ley Mosaica prohibía los matrimonios entre personas relacionadas por sangre (*Levítico* 18:6-18). Algo que también condenaba la ley canónica de la Iglesia católica por el llamado Impedimento por consanguinidad[44] declarando nulo el matrimonio hasta el cuarto grado en línea colateral, inclusive primos hermanos.

Vélez, tal vez por desconocerlo, elimina todo el protocolo previo al compromiso nupcial, ya que, según la tradición hebrea, cuando el pretendiente hacía la petición de matrimonio al padre de la novia, él mismo, o bien su progenitor, tenía que entregar el *mohar*, que era un dinero por el «precio de la esposa».[45] El padre de la novia no podía tocar el peculio, aunque sí podía beneficiarse de los intereses.[46] A su muerte el *mohar* pasaba a la hija. Ahora bien, si el precio nupcial no se pagaba en efectivo, entonces se saldaba con el trabajo gratis del joven, tal y como hace Jacob en las tierras de su tío por un período de siete años,[47] algo que no necesita explicación alguna en el tiempo bíblico, pero sí hubiera resultado útil aclararlo para el espectador del siglo XVII que contempla la representación de la comedia.

Labán.	Jacob, siendo mi sobrino, no te la puedo negar. Sirve que yo determino dártela.	
Jacob.	Dame a besar, por favor tan peregrino, los pies.	(Vv. 1164-69)

---

[43] Abraham envió a su servidor a buscar una esposa para Isaac en su familia de Mesopotamia (*Génesis* 24:4). Labán declaró que prefería dar su hija a Jacob que a un extranjero (*Génesis* 29:19). El padre de Sansón lamentaba que este no tuviera por mujer a una muchacha del clan (*Jueces* 14, 3.) Tot aconsejó a su hijo que escogiera una mujer dentro de su tribu (*Tobías* 4:12).

[44] *El Código Canónico* lo especifica en el cap. 1091.

[45] Vidal Rivera Sabatés, «El matrimonio según la Biblia», p. 191.

[46] En el *Génesis* 31:35 se dice que Labán infringió la norma y gastó todo el dinero de Raquel.

[47] Como Jacob amase ya a Raquel, contestó: «te serviré siete años a cambio de Raquel, tu hija menor. Respondió Labán: Mejor es dártela a ti que entregarla yo a otro hombre; quédate conmigo... Pues se ha cumplido mi plazo, dame mi mujer para que me llegue a ella. Y Labán congregó a toda la gente del lugar y celebró un festín. (*Génesis* 29:18-24).

Esta costumbre sorprendería al espectador, pues en la España del Barroco, y la de siglos posteriores, el sistema de la dote se hacía de manera muy distinta, ya que era la mujer o su familia quienes entregaban al novio una cantidad de su patrimonio para asegurarse de que este no abandonaría el compromiso, así como para contribuir a la manutención de la mujer y asegurar su porvenir.[48]

Vélez, sin abandonar el cañamazo bíblico de *El más amante pastor y dichoso patriarca*, dirige ahora su mirada hacia otros asuntos más reconocibles teatralmente por el espectador del siglo XVII, dando cabida a personajes no bíblicos como el pastor Liseno, amigo y confidente de Labán, y a otros que funcionan a modo de comparsa como Elisa, Lauro, Alfeo, Timbrio. Destaca el pasaje en el que aparece Jacob, enfermo de celos por un collar que ha visto elaborar al pastor Lauro y cuya destinataria cree que es Raquel:

> JACOB. ¡Ah, perjura!
> ¡Ah, falsa enemiga ingrata!,
> ¿mereciote estas injurias
> mi amor? Mas, quizá me engaño.
> Con pasión el alma juzga,
> pero si lo que vi aguardo,
> esta es, celos, vuestra furia.   (Vv. 2035-41)

A su vez la pastora Elisa, también padece el mismo mal porque cree que su amado Lauro está haciendo el susodicho abalorio para Raquel:

> ELISA. Eso es celos, Alfeo, y en la mano
> de los que quieren bien no está el poderse
> refrenar ni escusar quimeras tantas.   (Vv. 2326-28)

Discrepamos de Glaser cuando considera que estas escenas añadidas por Vélez son innecesarias para el desarrollo de la acción,[49] pues teatralmente es un contrapunto muy útil, ya que contribuye a dar un respiro al espectador con el fin de prepararlo para los posteriores acontecimientos, más tensos, relativos a la trampa que le tiende Labán a Jacob en el día de su boda al sustituir a Raquel por Lía (*Génesis* 29:25):[50]

---

[48] Véase Alberto Corada Alonso. «Matrimonio y nobleza: los litigios en torno a la dote y la herencia (siglos XVIII y XIX)», pp. 84-85.

[49] Glaser, p. 13.

[50] Lía fue la madre de una hija y seis de los hijos varones de Jacob (*Rut* 4:11).

LABÁN.	Como os he dicho, Liseno,
	con aquesta traza mía,
	me importa casar a Lía
	primero.
LISENO.	No estaba ajeno
	de ese pensamiento yo,
	y me parece acertado. (Vv. 2391-96)

Intuimos la perplejidad del espectador del siglo XVII ante las palabras de Labán difíciles de comprender, pues falta la explicación a este cambio de orden, pero Liseno no necesita aclaración alguna, ya que como hebreo entiende perfectamente la razón por la que Lía, que no era agraciada físicamente, debe casarse antes que Raquel, pues en la sociedad veterotestamentaria la mujer soltera con frecuencia estaba expuesta a peligros como la prostitución y la esclavitud.[51] Vélez, una vez más, no arroja luz a la situación dejando al público ayuno de información sobre esta mencionada práctica,[52] que, de haberse explicado, hubiera teñido la decisión de Labán ante los ojos del espectador con un toque de sensatez y no de infamia.

Labán, que ha visto en Jacob una presa fácil para alimentar su codicia, le obliga entonces a trabajar para él siete años más antes de poder casarse con Raquel:

LABÁN.	A mi hacienda, a mi ganado,
	sumamente le importó
	que Jacob viniese a Arán,
	porque parece, después
	que puso en casa los pies,
	que creciendo siempre van,
	porque es grande su cuidado
	y parece que, en el suelo,
	cuanto ve bendice el Cielo,
[...]	
	Yo le prometí a Raquel
[...]	
	y hoy que el amor le promete
	el bien de que queda ajeno,
	he de obligalle, Liseno,
	a que me sirva otros siete,
	porque, viéndose con Lía
	y no dándole a Raquel,

---

[51] Hernández, pp. 231-32.   [52] Wight, pp. 117-27.

> acabará amor con él
> el fin de la industria mía. (Vv. 2397–2422)

En la comedia no se representa la celebración de la boda, todo se hace fuera de escena, con lo cual el público no sabe cómo se ha urdido el engaño de sustituir a Lía por Raquel sin que el novio se haya percatado. Es probable que la oscuridad fuera un factor determinante, pues «a la noche» Labán tomó a Lía, y se la trajo; y él se llegó a ella» (*Génesis* 29:23). Asimismo, podría haber sucedido que al tener la novia el rostro velado, como era costumbre en la ceremonia del matrimonio judío, Jacob no se diera cuenta de que se había casado con Lía y no con Raquel.[53] El público, en fin, tan solo *a posteriori*, sabe de la rabia y la tristeza de Jacob por lo sucedido:

> JACOB. ¿Para esto, ingrato tío,
> dueño tirano del trabajo ajeno,
> ladrón del sudor mío,
> abrasado del sol, de nieve lleno,
> en la noche, en el día,
> siete años de pastor Jacob servía? (Vv. 2471–76)

Es difícil evocar el cúmulo de emociones que debió de traspasar el corazón de Jacob ante esta situación. Apelamos al magnífico soneto de Lope de Vega sobre el tema porque expresa, de una manera tan bella como dramática, la inmensa frustración, amargura y desconsuelo del novio ante semejante perfidia.

> Sirvió Jacob los siete largos años,
> breves, si el fin cual la esperanza fuera;
> a Lía goza y a Raquel espera
> otros siete después, llorando engaños.
>   Así guardan palabra los extraños:
> pero en efecto vive, y considera
> que la podré gozar antes que muera
> y que tuvieron término sus daños.
>   Triste de mí, sin límite que mida
> lo que un engaño al sufrimiento cuesta,
> y sin remedio que el agravio pida.
>   ¡Ay de aquella alma a padecer dispuesta,
> que espera su Raquel en la otra vida,
> y tiene a Lía para siempre en esta![54]

---

[53] *Ibid.*, pp. 138–40.

[54] *Colección de obras sueltas así en prosa como en verso*, 4: 191.

Vélez provoca ahora un salto espacio-temporal de los acontecimientos, que coincide con la jornada III. Encontramos a Jacob en la tierra de Canaán ya casado con Lía y Raquel, así como con los hijos habidos con ambas, de los cuales, el único que tiene presencia en la comedia es el adolescente Josef, hijo de Raquel, por el cual siente Jacob una preferencia afectiva similar a la que le prodigó a él su madre, Rebeca:[55]

JOSEF.	A Judas diera alegría,
	y algunos hijos de Lía,
	porque no me quieren bien,
[...]	
JACOB.	Nunca se logren, si tienen
	en vuestro mal, y en mi daño,
	pensamiento tan estraño.
[...]	
JOSEF.	Ríñalos, padre, muy bien
	porque otra vez no me den.
JACOB.	Mil veces quiero besaros,
	que aun en quejaros tenéis,
	Josef, donaire. (Vv. 2688-708)

Estos hechos conducen inevitablemente a abordar la poligamia de Jacob. La Biblia dice que desde el principio el plan de Dios para la humanidad incluía un hombre y una mujer (*Génesis* 1:27; 2:21-25),[56] pero tampoco se condena la poligamia de manera explícita; para ello existen varias razones, la principal, es que en este tipo de modelo de sociedad patriarcal resultaba inviable que una mujer soltera tuviera autonomía, además de ser totalmente dependiente de sus padres, hermanos y esposo para su provisión y protección. Vélez prefiere no pormenorizar en el asunto para no tener problemas con la censura, pues en el siglo XVII se seguían los parámetros tridentinos monógamos sobre la santidad del matrimonio. Cuando estos se transgredían, los tribunales, tanto secular como eclesiástico encargado de juzgar el delito, aplicaban diversos castigos tales como azotes, vergüenza pública, destierro e incluso pena de cinco años de galeras. Pero más allá de un delito puramente religioso, el individuo que rompía esta rígida norma se autoexcluía del sistema social. Apunta José Martínez Millán:

---

[55] Un favoritismo destructivo el de Jacob por José que causará, en la siguiente generación, un enorme resentimiento entre sus hermanos y casi le cuesta la vida a José.

[56] *Cf.* los pasajes bíblicos que muestran que la monogamia —un hombre y una mujer— es el mandato de Dios para el matrimonio: *Génesis* 2:21-25; *Deuteronomio* 17:17; *Mateo* 19:4-6; *1 Corintios* 7:2; *Efesios* 5:31-32; *1 Timoteo* 3:2-12.

En una sociedad patriarcal, jerarquizada y estructurada mediante el matrimonio (contrato) como es la que ha existido en Europa durante siglos, la persona que rompía esta rígida norma se autoexcluía del sistema social y, por consiguiente, la bigamia no se debe considerar solamente como un delito religioso. La bigamia era considerada mucho más peligrosa que la prostitución porque destruía el sistema social.[57]

De igual forma, el astigitano tampoco menciona la esterilidad de Raquel durante los primeros años de matrimonio y el sufrimiento que esto le produjo, lo mismo que le ocurrió a su antepasada matriarca, Sara (*Génesis* 11:30), así como la envidia que profesaba hacia la maternidad de su hermana Lía, porque, de haberlo hecho, tendría que haber tratado necesariamente el concubinato de Jacob. Asunto delicado este, pues en el siglo XVII el amancebamiento estaba perseguido y castigado tanto por parte de los órganos civiles como por los eclesiales.[58] Sin embargo, la Biblia no condena claramente esta costumbre. Es más, era una práctica habitual cuando la esposa no podía engendrar. A veces, como ocurre en el caso de Raquel y Jacob, era la mujer quien voluntariamente entregaba a su marido su sierva. La concubina ganaba en posición como esposa secundaria (se dice que Jacob tuvo con Bilha, la coima que le da Raquel, dos hijos más) (*Génesis* 30:1-2) y la descendencia resultante podía ser heredera, siempre que fueran adoptados o legitimados por el marido y su mujer. Es decir, la ley hebrea concedía ciertos derechos mínimos (*Deuteronomio* 21:15-17). En otros casos, no era necesario que la esposa fuera estéril,[59] pues la propia Lía dio a su esclava Zilpa a Jacob (*Génesis* 30:9) con la que tuvo otros dos hijos, hecho, por cierto, que tampoco se menciona en la comedia. De la misma forma que queda silenciada la muerte de Raquel al dar a luz a su hijo Benjamín:

> Después partieron de Bet-el, y cuando aún faltaba cierta distancia para llegar a Efata, Raquel empezó a dar a luz; y tuvo un parto muy difícil. Mientras estaba en lo más duro del parto, le dijo la partera: No temas, porque ahora tienes otro hijo. Al salírsele el ama (pues murió), llamo su nombre Benoni, mas su padre lo llamó Benjamín. Así murió Raquel, y fue sepultada en el camino de Efata, la cual es Belén. (*Génesis* 35:16-19)

---

[57] «La Inquisición contra la bigamia: en defensa del orden social», p. 192.

[58] Véase Margarita Torremocha Hernández. «Amancebamiento de casado: el adulterio masculino que sí se castiga en los tribunales (s. XVIII)», pp. 161-62.

[59] Rivera Sabatés, p. 196.

Este suceso beneficiaba a Lía al quedar como única esposa.[60] No más rivalidades y no más desprecios (*Génesis* 49:31) para ella que está muy presente en la comedia a pesar de que nunca aparece en escena, pues solo la conocemos por referencias que sobre ella hacen otros personajes; jamás hemos oído su voz, pero con la que, sin embargo, como espectadores, es fácil empatizar desde la compasión que despierta, ya que es una víctima a la que su padre Labán ha instrumentalizado. Ella nunca planeó el engaño de la boda con Jacob, simplemente se limitó a obedecer a su padre; cuenta la Biblia que amaba a su esposo sin ser correspondida, y no se cansó de buscar su amor, aun a sabiendas de que Raquel era la favorita en el corazón de Jacob; tuvo que aprender a reprimir su inmenso dolor ante la arrebatadora belleza de su hermana y, al no sentirse amada ni deseada por su esposo, trató de ganar su afecto a través de la fidelidad y la dedicación. Representa un prototipo de mujer que se avenía perfectamente con el modelo femenino propiciado en la Biblia y, por supuesto, con el arquetipo de sumisa esposa y entregada madre que se consideraba ideal en el siglo XVII.

¿Y Labán, cómo reaccionó a la huida de Jacob con su familia? En la comedia lo vemos dirigiéndose a Edom[61] para vengarse de su sobrino porque se llevó a sus hijas, le usurpó una buena parte de su patrimonio y le hurtó sus ídolos de madera, aunque según la Biblia en realidad fue Raquel, aquí intrigante y ladina, la causante de tal sustracción, momento este que ha sido recreado por Gianbattista Tiépolo en un precioso fresco titulado *Raquel escondiendo los ídolos domésticos*:[62]

>   RAQUEL.   Ídolos y dioses vanos,
>   que de mi padre os hurté
>   porque con esto pensé
>   verme libre de sus manos,
>   con mi Josef y mi esposo[.]   (Vv, 2839–43)

Tal vez el espectador del siglo XVII percibiera que la cólera de Labán por el robo de estas figurillas era desmedida, puesto que en la comedia no hay ex-

---

[60] La Biblia no dice nada más sobre Lía. No conocemos cómo ni cuándo murió, pero lo que sí sabemos es que fue tratada con honor al ser enterrada en la cueva donde sepultaron a Abraham, Sara, Isaac, y Rebeca, y donde el mismo Jacob sería sepultado (*Génesis* 49:31).

[61] Edom era un antiguo reino en Transjordania. Los edomitas están relacionados en varias fuentes antiguas, incluido el *Tanaj* (la Biblia Hebrea), donde se dice que *Edom* significa «rojo», y relaciona el término con el nombre de su fundador, Esaú, el hijo mayor del patriarca hebreo Isaac, porque nació «rojo por todas partes». Cuando era un adulto joven, vendió su primogenitura a su hermano Jacob por una porción de «potaje rojo». El *Tanaj* describe a los edomitas como descendientes de Esaú.

[62] Realizado entre 1726 y 1728. Se conserva en el palacio arzobispal de Údine.

plicación alguna al respecto, pero desde el contexto bíblico esta furia quedaba plenamente justificada, ya que las tablillas de Nuzi,[63] que permiten conocer muchos detalles sobre la vida y las costumbres de los tiempos de los patriarcas, revelaron que la posesión de pequeños ídolos (comúnmente llamados *Terafines*), además de proteger a la familia y ser símbolo de buena suerte, otorgaba, a quien los tenía en su poder, el derecho a los bienes de su padre cuando éste muriera, algo que seguro no pasó desapercibido para Raquel. Asimismo, Labán es consciente de lo que está en juego y de las nefastas consecuencias que este hecho le puede acarrear a su propiedad. Así, preso de una gran desesperación, le dice a su criado Liseno:

> LABÁN.   ¿Cómo a un ingrato, Rabadán, disculpas
> a un ladrón fiero de la sangre mía,
> y la segunda, que es la hacienda, alabas,
> que no contento con el mal que hacía,
> llevándose mis hijas como esclavas,
> los ídolos sagrados que tenía
> también me llevan hurtados, y no acabas
> de persuadirte a la razón que tengo?
> [...]
> LABÁN.   ¡Jacob muere
> si le alcanzo mañana! ¡A subir, vamos!   (Vv. 2602-17)

Jacob se convierte en el centro de las iras de su suegro y posteriormente de las de su hermano Esaú, pero la intervención divina a través del personaje Amor, que adopta la figura de pastor, trasforma milagrosamente la ira de Labán y la de Esaú en amor, culminando la comedia con la glorificación de Jacob como patriarca de Israel en un final «cinematográfico» donde todo se concentra en perfecto orden.

> JACOB.   Mi nombre
> es Jacob.
> AMOR.   De aquí adelante,
> sea Israel, pues bastante
> ha sido en el mundo un hombre
> a luchar conmigo.
> JACOB.   ¿Y qué
> ese nombre significa?
> AMOR.   Príncipe de Dios.   (Vv. 3140-46)

---

[63] Se refiere a las tablillas de Nuzi, una ciudad de Mesopotamia situada al sudoeste. Estas 5000 tablillas datan de los siglos XV y XIV a. C. Véase Maynard Paul Maidman, *Nuzi Texts and Their Uses as Historical Evidence*, pp. 2-12.

Escenografía y música

Desde el punto de vista escenográfico y musical, *El más amante pastor y dichoso patriarca* tiene bastantes acotaciones que orientan su representación. Es una pieza donde resulta más interesante lo que se dice que lo que se ve, razón por la que Vélez refiere acotaciones kinésicas, así como avisos a entradas y salidas de los personajes por los laterales del escenario para delimitar los espacios interiores y exteriores y para aligerar la trama de la acción. De igual modo, se observa, como en muchas comedias barrocas, el desfase espacial que se produce entre el espacio real y el espacio teatral que afecta a los distintos niveles de recepción que tiene la comedia: el del público del corral y el de los personajes de la ficción. Cuando en acotación se dice que el personaje *sale* a escena, el espectador sabe que en realidad *entra* al espacio de ficción; otras veces se indica que los personajes *entran* cuando el público sabe que, en realidad, los actores *salen* del espacio teatral. Vélez hace uso de una comedida escenografía y solo, de manera aislada se sirve de aparato tramoyístico. Así se dice que:

> *Viene bajando por la montañuela* RAQUEL, *vestida de pastora bizarra, con patenas y corales, y un zurrón, todo el cabello esparcido sobre las espaldas.* (Acot. Z)

El monte es un recurso escenográfico muy usado en el teatro barroco que se hacía mediante una rampa que permitía subir y bajar a los actores desde el primer corredor hasta el tablado.[64] Pero, sin duda alguna, la representación del sueño de Jacob constituye la puesta en escena más compleja con el uso de tramoya y pescante para las subidas y bajadas de los ángeles:[65]

> *Recuéstase* JACOB *y duerme, y aparece una escala que llega al cielo, y van subiendo y bajando* ALGUNOS ÁNGELES *por ella, y* DIOS PADRE *arriba en el remate de la escala, y suena música, y dice* JACOB *entre sueños:* (Acot. T)

El público contempla esta apariencia como algo real porque la ve escenificada, pero desde el universo intraescénico solo es un sueño, el sueño de Jacob, con lo que, una vez más y gracias a la magia del teatro, se hace posible ensamblar en un todo armónico la perspectiva escénica y la real.

---

[64] Véase A. Rodríguez G. de Ceballos. «Escenografía y tramoya en el teatro español del siglo XVII», pp. 39, 59.

[65] Ruano de la Haza, pp. 244-47.

El recurso de la nube o del árbol, como ocurría en la acotación anterior, se consigue también mediante el sistema de polea y pescante:

> *Suena música, bajando una nube, y en ella, el*
> *AMOR DIVINO, de pastorcico, y llega hasta abajo.* (Acot. aa)

Con eficacia, Vélez armoniza los valores bíblicos con los espectaculares; se muestra prudente en la utilización de decorados, pues como hombre con nutridas alforjas teatrales, sabe que un uso prolijo de los mismos haría que la comedia perdiera credibilidad para el espectador; conoce, por tanto, las «reglas de juego» y las aplica en su justa medida para lograr un espectáculo en el que el público pueda sentir y disfrutar de la comedia plenamente, pues como muy bien dice Peale para entender el teatro del Vélez hay que leerlo escenográficamente.[66]

En cuanto a la música, esta cumple con la finalidad de potenciar la acción dramática para anticipar un suceso o bien reflejar un sentimiento.[67] En unos casos, se proyecta a través de cancioncillas cantadas a una sola voz o en coro. La primera de ellas se halla en la jornada II donde Raquel entona una sextilla con estribillo de corte rústico-pastoril en la que resalta la belleza juvenil.[68] Esta pieza viene precedida por la siguiente acotación:

> *Hace que se va a entrar [Jacob] y detiénese, oyendo cantar*
> *dentro a RAQUEL como que viene con su ganado.*

RAQUEL. *Con el aire de la sierra*
torneme morena...

JACOB. *¿Qué dulce acento levanta?*
¿Es espíritu con él,
o es esta voz de Raquel
o es sirena la que canta?

[...]

RAQUEL. *Canta:* *Con el aire de la sierra*
torneme morena,
y de la campiña
torneme morena,
siendo blanca niña,

---

[66] C. George Peale, «Ecdótica, performatividad y la cuestión del aparte», p. 95.

[67] Lola Josa, «Reflexion sobre la música como principio rector en el teatro de Luis Vélez de Guevara», pp. 103-04.

[68] Mariano Lambea y Lola Josá, «Lo rústico pastoril. Sinergias musicales», http://hdl.handle.net/10261/202218.

> *porque el sol de envidia*
> *la tez me quema,*
> *torneme morena.*
> *Con el aire de la sierra,*
> *torneme morena.* (Acot. i–v. 1296)

Al final de esta jornada, los músicos, en un ambiente pastoril y festivo, cantan un romancillo con estribillo con motivo del anuncio que hace Labán de la boda de su hija con Jacob. Estos tonos polifónicos se solían interpretar a cuatro voces acompañadas probablemente de instrumentos de cuerda, como guitarra y laúd; de percusión, como el pandero y tamboril o de viento, como la flauta, dulzaina o gaita. La disposición del coro en el escenario no solo propiciaba un efecto visual, sino que también el sonido contribuía a convertir la vida cotidiana en espectáculo teatral:[69]

> *Salen* LOS QUE PUDIEREN *de pastores galanes,* ELISA, ALFEO, LAURO *y* TIMBRIO, *y* JACOB, *y los* MÚSICOS *cantan.*

MÚSICOS.	*Arroyuelos corren* *de plata y marfil,* *porque viene mayo,* *porque sale abril.* *Arrojan las sierras* *la nieve de sí,* *de cristal haciendo* *arroyuelos mil.* *Comiénzase el día* *y el alba a reír,* *porque viene mayo,* *porque sale abril.*
[...]	
MÚSICOS.	*Arroyuelos corren* *de plata y marfil,* *porque viene mayo,* *porque sale abril.* (Acot. EE–v. 2454)

La siguiente referencia musical se halla en el Acto III: «*Entren los* MÚSICOS, *de pastores, cantando, y* JACOB *detrás de ellos*» (acot. gg). Estos entonan una canción devota en el momento en el que Jacob, que ya está en su tierra junto a sus esposas, Lía y Raquel, tiene un encuentro con su hermano Esaú:

---

[69] Carmelo Caballero Fernández-Rufete, «La música en el teatro clásico», p. 683.

MÚSICOS. *En la primer lumbre*
que dio al campo el sol,
a Esaú, su hermano,
vuelve a ver Jacob. (Vv. 3200-03)

Por último, un músico canta una pieza que es casi una fiel reproducción del soneto de Camões:

MÚSICO. Siete años de pastor Jacob servía
al padre de Raquel, serrana bella,
mas no servía al padre, servía a ella,
que a ella sola por premio pretendía.
   Los días en memoria de aquel día,
pasaba contentándose con vella,
y el cauteloso padre, en lugar de ella,
por su amada Raquel le daba a Lía.
   Viendo el triste pastor que con engaños
le niegan a Raquel, el bien que espera,
como si de él no fuera merecida,
   vuelve a servir de nuevo otros siete años,
y mil sirviera más, si no tuviera
para tan largo amor, tan corta vida. (Vv. 3296-309)

Es una canción *a solo* que probablemente se ejecutaría con una coloratura determinada para lograr la máxima expresividad musical. Es la voz al servicio de un texto dramático y asida al alma de la música. Esta melodía compendia el relato de los avatares vitales de Jacob en casa de su tío Labán durante los catorce años que lo sirvió.

En otros casos, la música refuerza situaciones que requieren solemnidad y gravedad con el uso de trompetas, cajas y chirimías Así, en el Acto III cuando Esaú, ciego de odio, va en busca de su hermano para matarlo, el espectador oye, a modo de prólogo a la situación, el viento y la percusión con ese sonido atronador que anuncia la situación de peligro que se cierne sobre Jacob:

Vase JACOB, y al son de caja y trompeta, sale ESAÚ
cota romana y bastón armado, y UN VASALLO. (Acot. ff)

El anacronismo «cota romana» marca visualmente una situación bélica que augura tragedia. Por su parte, las chirimías aparecen al final de la comedia, en la apoteosis, para expresar la situación de gozo y felicidad que se pretende trasmitir cuando se obra la milagrosa transformación de la ira de Esaú en amor hacia su hermano:

> *Tocan chirimías, y descúbrese un árbol que es la planta y raíz de Jesé,*
> *abriéndose dos puertas grandes de lienzo, y el VERBO DIVINO en lo*
> *más alto del árbol, y haya todas las figuras que se pudieren aquí.* (Acot. ss)

Conclusiones

El más amante pastor y dichoso patriarca es una comedia bíblica que corresponde a la etapa temprana de Vélez como dramaturgo. Presenta unos conflictos endogámicos que, como muchos de los que alberga el Libro Sagrado, no serían del todo desconocidos para el público que acudía a los corrales, ya que estas historias se conocían a través de devocionarios, libros religiosos, prédicas. El astigitano elabora una comedia muy ortodoxa y la adapta a la mentalidad del espectador del siglo XVII. Presenta la historia de Jacob y Raquel, tomada del *Génesis*, como un relato amable de la vida cotidiana de estos personajes que viven de acuerdo a la tradición hebrea, con unas costumbres y normas sociales y religiosas que dan sentido a su identidad como pueblo. Vélez, consciente de la complejidad de la historia para adaptarla a la mentalidad del espectador del siglo XVII, actúa con mucha cautela por lo que suprime algunos pasajes de la historia o deja sin completar otros, con el fin de no poner en peligro la licencia de representación de la comedia, pero, como contrapartida, quedan sin explicación algunos de los conceptos que regían la vida cotidiana del tiempo bíblico en el que se mueven los personajes de esta historia, que, de haberlos aclarado, sin duda hubieran contribuido mucho a elevar el nivel de comprensión del público sobre los hechos dramatizados, y que es lo que se ha intentado poner de relieve en este estudio.

Es meritorio el tratamiento que Vélez hace de los personajes a los que dota de una gran expresividad y fuerza dramática. Son figuras que, sin perder el barniz bíblico que les da sentido en su diacronía, representan prototipos habituales de la Comedia Nueva: padre, galán, damas, etc. Destacan, además de Jacob, los casos de Rebeca y Raquel, haz y envés de una misma moneda. Ambas están unidas por el personaje de Jacob: una, como madre y, la otra, como esposa. Rebeca es la matriarca, astuta y firme, en la cual Jacob ve un seguro refugio de sus anhelos y también de sus ambiciones, que toma decisiones que afectan a la vida de sus hijos, al margen y a pesar de su esposo Isaac. Raquel, por su parte, tiene muchas similitudes con su suegra Rebeca, pues también se conduce por la vida con firmeza de ánimo, tenacidad y constancia, además de demostrar un incuestionable amor por Jacob. Es la perfecta compañera, fiel y generosa, que ha acompañado a Jacob desde su juventud hasta su glorificación como patriarca de Israel. Vélez evita incidir en las sombras del personaje relativas a su esterilidad o la envidia que siente hacia la maternidad de Lía, con el fin de no empañar el modelo de gran mujer que el dramaturgo propone.

Vélez, en fin, es consciente de que adaptar la materia bíblica al espectáculo teatral es algo complejo. Se decanta por hacer una comedia de raíces y costumbres hebraicas, pero sin mensaje codificado alguno y con todos los elementos necesarios de carácter escenográfico y musical que permitan captar la atención del público del siglo XVII para el que se escribió la obra, que, sin duda, la contemplaría tanto desde el punto vista doctrinal, bíblico, cristiano y teatral *cum voluptate*.

La adversa y próspera suerte de Josef

La otra obra que se presenta aquí, que tradicionalmente se ha citado con el título de *La hermosura de Raquel, Segunda parte*, dramatiza la historia del Antiguo Testamento que cuenta la vida del Patriarca—*Génesis* 37:1–50:26[70]—, tema que en el siglo XVII resultó interesante para los dramaturgos, a tenor de las comedias escritas con posterioridad a la pieza que ocupa esta edición.[71] Efectivamente, la obra bien pudiera haber sido el modelo en el que se apoyaron los demás poetas que abordaron el tema, que no solo reflejaron las preocupaciones y valores de la sociedad de la época, sino que también mostraron un especial interés por transmitir una doctrina moral basada en la bondad, el perdón y la fe en la providencia divina.

Trama

ACTO PRIMERO

Salen a escena los hermanos de Josef, que ya, desde el principio, manifiestan la animadversión que le profesan. Pronto se descubre que el origen de tal hostilidad

---

[70] Aquí y *passim*, las referencias al Libro Sagrado remiten a la edición de Eloíno Nácar Fuster y Alberto Colunga Cueto, *Sagrada Biblia, versión directa de las lenguas originales*.

[71] *El patriarca José*, de Tirso de Molina (c. 1620), subraya la bondad de José, así como la protección divina en su vida; *La hermosura de Josef*, de Juan Pérez de Montalbán (1635), destaca la importancia de la justicia y la virtud en la vida de José; *La fineza contra fineza y José en Egipto*, de Agustín Moreto (c. 1670), se centra sobre todo en los conflictos de José con sus hermanos; por último, *José en Egipto*, de Antonio Solís y Ribadeneyra (c. 1689), pone especial atención en los temas de la envidia, el perdón y la gracia divina; *Auto historial alegórico. El cetro de José*, de Sor Juana Inés de la Cruz, del que se ignora la fecha de composición. Más generalmente, véanse Gregorio del Olmo Lete y Rosa Navarro Martínez (dir.), *La Biblia en la literatura española del Siglo de Oro*; Francisco Domínguez Matito y Juan Antonio Martínez Berbel (eds.), *La Biblia en el teatro español*; Germán Vega García-Luengos. «Comedia Nueva y Antiguo Testamento».

radica en la predilección que Jacob siente por Josef y también por Benjamín, los hijos que tuvo con Raquel. Además, Josef guarda un gran parecido con su madre y enseguida el público capta la bondad que define su carácter, el infinito amor que siente por su padre y la dulzura que traduce en el trato familiar, lo cual hace que se agudice la ira de sus hermanos. Josef tiene una capacidad especial para interpretar los sueños, como el que les cuenta a sus hermanos donde vio cómo todos estaban segando la sementera de Jacob, pero el manojo que él segaba se levantó sobre todos los demás. Los hermanos interpretan que Josef quiere gobernarlos. Al paño, se ve a Jacob escuchando la conversación de sus hijos, consciente de la envidia que profesan a su amado Josef; entra en escena para protegerlo restando importancia a la narración de Josef, pues les dice que solo se trata de un sueño y que los sueños, sueños son. A partir de ahora, y siguiendo casi al pie de la letra la historia bíblica, se gesta la venganza de los hermanos hacia Josef: lo tiran a un pozo y esperan que muera atacado por fieras y alimañas. Rubén, que es el más compasivo de todos, tiene la intención de salvarlo, pero finalmente, los hermanos lo venden a unos mercaderes y untan su ropa con sangre para engañar a su anciano padre, diciéndole que su hijo ha muerto devorado por las fieras. La desolación y amargura de Jacob son infinitas al conocer la noticia. A continuación, hay una elipsis narrativa y encontramos ya a Josef en Egipto, en la casa de primer ministro del faraón, Putifar. Allí conoce a la mujer de este, Mitilene, y a la hija de ambos, Asenet, que caen rendidas ante la extrema hermosura de Josef.

ACTO SEGUNDO

Josef disfruta de la protección de Putifar, pues admira al hebreo por su sabiduría y bondad. Este hecho genera un sentimiento de envidia entre aquellos egipcios que rodean al primer ministro. Son escenas que guardan un paralelismo con la envidia que este personaje despertaba entre sus hermanos por el gran cariño que su padre, Jacob, le profesaba.

A continuación, Mitilene, su hija Asenet, y la criada, manifiestan su devoción por Josef; todas y cada una de ellas busca denodadamente ser la elegida en el corazón del joven. Un sentimiento al que Josef se resiste con todas sus fuerzas, sobre todo en los casos de la criada y especialmente en el de Mitilene, quien está dispuesta a satisfacer su lascivia al precio que sea. A continuación, entra en escena Putifar instando a su familia y a Josef para asistir a la fiesta en honor de Apis que se va a celebrar en el castillo del faraón. Mitilene finge un desmayo y Putifar le pide a Josef que se quede acompañándola. Ella intenta por todos los medios seducir vanamente al hebreo. Entonces, inundada por la ira, calumnia al joven ante su esposo de haber querido forzarla sexualmente. Putifar, invadido por el odio, ordena el inmediato encarcelamiento de Josef. Aquí se para en seco la acción para dar un salto a Canaán donde aparece Jacob, a quien los años y el sufrimiento han mellado sus facultades. El patriarca, en un extenso monólogo, apela a esos ojos que ya están secos de tanto llorar. Cada día que pasa espera la llegada de Josef, y aunque tiene el consuelo del pequeño Benjamín, también habido con Raquel, no quiere perder la esperanza de encontrarse algún día con su predilecto. En las siguientes escenas, la acción se sitúa de nuevo en Egipto: ha pasado el tiempo y el faraón manifiesta ante Putifar la zozobra que lo invade ante un sueño que ha tenido y que nadie, ni todos los sabios de Egipto, han sabido descifrar. Su copero le cuenta el caso del prisionero Josef, que goza de fama por ser un excelente intérprete de sueños, y recuerda cómo adivinó su propio sueño y el del panadero real. El faraón ordena que lo lleven a su presencia y Josef interpreta el sueño real relativo a las siete vacas gordas, como señal de siete años de prosperidad para Egipto en contraste con las siete vacas flacas, como años de miseria. Asimismo, Josef, le propone al faraón la siguiente solución: en los años de prosperidad hay que guardar parte de esa riqueza para compensar el tiempo de hambre. El faraón queda muy satisfecho con la explicación y ordena la inmediata liberación de Josef, al que colma de honores. Asimismo, Putifar le ruega que lo perdone, pues ya muerta Mitilene, dejó una carta en la que proclama su calumnia y, por tanto, la inocencia de Josef. El faraón le propone a este que se case con quien quiera y él elige a Asenet.

ACTO TERCERO

La jornada comienza ilustrando la generosidad y bonhomía de Josef como gobernador de Egipto preocupado por paliar la hambruna que padece el pueblo. En este contexto de miseria llegan a esta tierra egipcia los hermanos de Josef para comprar trigo y este los reconoce de inmediato; está dispuesto a venderles el grano que demandan, pero le dice al mayordomo que introduzca en los sacos de trigo el dinero que han pagado. Son detenidos en el camino y llevados de nuevo ante el gobernador Josef, este los acusa de ladrones y de espías, pero les dice que pueden irse con el trigo a Canaán con el compromiso de regresar todos de nuevo, pero esta vez con su hermano Benjamín. Simeón quedará como rehén en Egipto hasta que ellos vuelvan de nuevo. Los hermanos saben del dolor inmenso que esta petición de Josef va a causar en su padre, Jacob, pues desde la «muerte» de Josef, Jacob ha centrado todo el amor que tenía por su amado hijo en la persona de su pequeño Benjamín, al que ve muy parecido en lo físico y moral con el hijo perdido. Jacob, no obstante, acepta el trato de Josef con el fin de salvar a Simeón y no perder a ninguno más de sus vástagos. A continuación, hay unas escenas festivas con motivo del nacimiento de Manasés, primero de los dos hijos de Josef y de su esposa Asenet. La alegría de este se ve acrecentada con la llegada de sus hermanos, incluido Benjamín. Josef siente una gran emoción por la conducta de estos, prestos a cumplir el trato. No obstante, todavía quiere una última prueba y le dice a su mayordomo que les dé más trigo, pero que en el saco de Benjamín introduzca la copa de oro de la que ha bebido en la comida con la que Josef tuvo a bien agasajarlos. Los hermanos, de regreso a Canaán, se detienen para descansar y cada uno de ellos apoya la cabeza en su costal de trigo, cuando llega un grupo de egipcios al mando del mayordomo para detener a Benjamín, ya que en su saco se ha encontrado la copa de oro «robada». Aquellos no disimulan su estupefacción e incredulidad. Una vez en la corte del faraón, Josef les dice que Benjamín será castigado. Los hermanos, conscientes del dolor infinito que este suceso puede causar en su anciano padre, le dicen a Josef que ellos están dispuestos a pagar la pena por Benjamín, pero que a este lo deje regresar al lado de Jacob. Josef contempla con ternura y con una inmensa pena estas escenas en defensa del pequeño de los hermanos, rememorando, sin duda, su caso cuando sus hermanos, movidos por el odio y la envidia, no tuvieron con él atisbo alguno de piedad. Pero Josef demuestra su grandeza moral descubriéndose ante sus hermanos y otorgándoles el perdón, a la vez que les ordena que traigan a su padre a Egipto. A continuación, se escenifica el sueño del faraón en el que se produce un diálogo de este con el personaje alegórico de Egipto, que habla de la importancia de esta estirpe de la que saldrán las doce tribus de Israel y de la que nacerá María, madre de Dios. La comedia se cierra con la llegada de Jacob a Egipto y la inmensa felicidad que supone el encuentro con su hijo Josef.

Género y representaciones

Proponemos aquí una lectura político-religiosa de *La adversa y próspera suerte de Josef*, a sabiendas de que es un texto difícil de adscribir a un subgénero teatral único. Resulta innegable que estamos ante una comedia bíblica, pues la historia de la que trata se toma del Libro Sagrado, pero Josef está tan anegado de bondad y sabiduría que, como espectadores, sentimos también su ensamblaje hagiográfico, ya que la vida de este personaje se ve envuelta en asuntos de envidia y traición, toda vez que ofrece una perspectiva única sobre el plan divino y anticipa, de manera sorprendente, el papel de Jesucristo en la historia de la Redención. Es cierto que Josef no es un santo desde una perspectiva canónica, pero en la comedia se toma su vida como un ejemplo cristiano, pues, a pesar de todas las adversidades sufridas, mantiene firme su fe.[72]

---

[72] *Cf.* Germán Vega García-Luengos, «Sobre la trayectoria editorial de las comedias de santos», pp. 21–37. El éxito editorial de la comedia de santos alcanzó su máximo esplendor en el siglo XVII, con una excelente acogida por parte del público; asimismo, la trayectoria editorial del género hagiográfico llegó hasta finales del siglo XVIII, e incluso principios del XIX, tal y como figura en varias *Partes* dedicadas, bien a un autor, bien en volúmenes colectivos dedicados, a varios dramaturgos. Véase también de Vega García-Luengos, «Comedia Nueva y Antiguo Testamento», que localiza sesenta y dos piezas teatrales cuyo tema está sacado del Antiguo Testamento. Son comedias pertenecientes a una variedad de dramaturgos. Se señalan varios aspectos: a) el tratamiento de la historia bíblica; b) el papel de los censores a la hora de la representación de estas comedias; c) los prejuicios de la ortodoxia católica de esa estricta España de la Contrarreforma, que asimilaba Antiguo Testamento con

| JOSEF. | Yo solo me fundo
en procurar agradaros,
y nunca, hermanos, quisiera,
en mil siglos que os sirviera
pesar ni disgustos daros. | (Vv. 100-04) |

Lo cristológico en la vida de Josef se percibe en dos aspectos fundamentales: el sufrimiento, y el perdón.

| JOSEF. | ¿Cuándo para dejarme no os moviera,
Hermanos, con la nueva dolorosa
de mi muerte ha de ir al padre anciano
vuestro y mío la pena rigurosa,
no más del sentimiento y llanto, en vano,
bastante causa a no matarme daban? | (Vv. 445-50) |

| | ¿Pues en qué pequé, Simeón,
que me habéis tratado ansí? | (Vv. 583-84) |

En efecto, la humillación y desprecio que sufre Josef por parte de sus hermanos prefigura el sufrimiento de Jesús, que también padeció escarnio,[73] siendo la cruz un símbolo de perdón y de reconciliación (*Mateo* 5:44). Josef, a pesar de todos los sinsabores que tuvo que afrontar, mantuvo intacta su fe devolviendo siempre bien por mal, como se aprecia en el reencuentro con sus hermanos que tiene lugar en Egipto, a los que expresa misericordia y perdón:

| SIMEÓN. | Yo estoy
justamente castigado,
que esto es pagar mi pecado. | |
| JOSEF. | (*Ap.:* Un mar de lágrimas soy.
Entrarme quiero a llorar,
que me enternece el rigor.) | (Vv. 2274-79) |

| | [D]adme, hermanos los brazos,
que yo soy Josef, a quien
quisisteis hacer pedazos, | |

---

el judaísmo; d) las trabas que la Iglesia ponía para acceder a los textos sagrados. Todo ello contribuyó, sin duda alguna, a la escasez de comedias veterotestamentarias en el panorama teatral del Barroco, algo que también señalan los colaboradores en la colección editada por Francisco Domínguez Matito y José Antonio Martínez Berbel, *La Biblia en el teatro español*.

[73] La profecía de Isaías sobre el Siervo Sufriente resuena profundamente en la experiencia de ambos: «Despreciado y desechado entre los hombres, varón de dolores, experimentado en quebranto» (*Isaías* 53:3).

>   y le vendisteis también,
>   y hoy conformo con abrazos
>   vuestra necia enemistad
>   y vuestra invidia primera.   (Vv. 3022-28)

En el acto segundo hay una referencia escenográfica con una fuerte carga de simbolismo cristológico. Es el momento en el que Josef, calumniado por Mitilene de haberla forzado sexualmente, es llevado a presencia de Putifar y este ordena que lo desnuden. Se dice en acotación: «*(Lléganle a desnudar)*» (acot. LL). Vemos una superposición de planos entre esta situación concreta vivida por Josef en Egipto, una vez que ha alcanzado el máximo poder, con la evocación de la escena en Canaán en la que sus hermanos lo despojaron de sus vestiduras para venderlo como esclavo:

> JOSEF.   No será la vez primera
>   que me han dejado desnudo,
>   y quizá mi sangre mesma.   (Vv. 1689-91)

Pero es también una imagen crística que nos retrotrae al momento en la residencia de Poncio Pilato, cuando los soldados desnudan a Jesús para azotarlo (*Juan* 19:1-5). Vélez resuelve teatralmente el asunto recurriendo a la escenografía oral:

> PUTIFAR.   A la cárcel le llevad
>   agora de esa manera,
>   y al alcalde le diréis
>   que, si mi amistad profesa,
>   en llegando haga el verdugo,
>   sin género de clemencia,
>   que, amarrado a una coluna,
>   le azore con tanta fuerza
>   que el mármol quede manchado
>   con la sangre de sus venas,
>   y que se sirva en la cárcel
>   de él después hasta que muera. (Vv. 1710-21)

Pero también se percibe en el personaje de Josef su condición de salvador, pues como refleja la Biblia (*Génesis* 42:6-9), y también recoge la comedia, durante el largo período de hambre que asoló a la tierra de Canaán y Egipto, Josef abasteció de trigo a su pueblo y a las naciones vecinas. Del mismo modo que Jesús, que es el pan de la vida, nutre nuestra alma:[74]

---

[74] «El que viene a mí nunca tendrá hambre, y el que cree en mí nunca tendrá sed» (*Juan* 6:35-40).

Dentro.	¡Viva el salvador de Egito!
	¡Viva el gran gobernador!
Dentro.	¡Señor, trigo!
Otros, *dentro.*	¡Pan, señor!
Josef.	Ser su amparo solicito.
	Mayordomo, a todos dad,
	para que trigo les den,
	cédulas. (Vv. 2070-76)

Ahora bien, *La adversa y próspera suerte de Josef* también se puede considerar una comedia de privanza,[75] subgénero que alcanzó su máximo esplendor durante el gobierno del duque de Lerma en el reinado de Felipe III.[76] Aunque a efectos prácticos la privanza había desaparecido desde el reinado de Enrique IV y sus privados, don Pedro Pacheco y don Beltrán de la Cueva, el debate sobre la figura del valido se reavivó en el siglo XV, en la época de don Álvaro de Luna, al que ya se le presuponía más poder del que le correspondía.[77] Durante el Renacimiento la figura del privado va cobrando mayor entidad y participa en el Consejo de Estado, es una figura sobre la que se pronunciaron de manera contrapuesta, acerca de su conveniencia, escritores como Fray Antonio de Guevara en su *Aviso de privados* (1539) o Pero Mexía en *Silva de varia lección*

---

[75] A este respecto véanse los trabajos de Raymond R. MacCurdy, The Tragic Fall: *Don Álvaro de Luna and Other Spanish Favorites in Spanish Golden Age Drama*, pp. 72, 118, 122, 131; C. George Peale, «Comienzos, enfoques y constitución de la comedia de privanza en la *Tercera Parte de las comedias de Lope de Vega y otros auctores*»; Luis González Fernández, «Los espacios de la corte en cinco comedias de Luis Vélez de Guevara»; Teresa Ferrer Valls, «La fiesta en el Siglo de Oro: en los márgenes de la ilusión teatral», pp. 27-37. Interesa cómo *La adversa y próspera suerte* desfamiliariza, por decirlo así, la convención temática al invertir el acostumbrado patrón de los títulos de las comedias sobre el tema de privanza— por ejemplo, *La próspera fortuna de don Bernardo de Cabrera, La adversa fortuna de don Bernardo de Cabrera, Las mudanzas de fortuna y sucesos de don Beltrán de Aragón*, de Lope de Vega Carpio; *La adversa fortuna de Ruy López de Ávalos y próspera fortuna de don Álvaro de Luna*, de Mira de Amescua; y *La próspera fortuna de Ruy López de Ávalos, La adversa fortuna de Ruy López de Ávalos el Bueno, La privanza y caída de don Álvaro de Luna*, de Salucio del Poyo.

[76] Francisco Tomás y Valiente, *Los validos en la monarquía española del siglo XVII*; José Antonio Escudero, «Introducción: privados, validos y primeros ministros». Para cuestiones históricas, véanse John Elliot, *El mundo de los válidos*; Rudy Chaulet, *L'Espagne des 'validos' (1598-1645)*; Marta Pilat-Zuzankiewicz, «La perfecta privanza según Francisco de Quevedo: de la aproximación teórica a la visión dramatizada».

[77] Así lo expresa el marqués de Santillana en su *Doctrinal de privados* (1453). *Cf.* Piłat-Zuzankiewicz, p. 68. Asimismo resulta interesante el repaso histórico a la figura del valido proporcionado por Peale, «Comienzos, enfoques y constitución», pp. 126-28.

(1540).⁷⁸ En España, y coincidiendo con el gobierno del duque de Lerma, el cual llevó a España a un estado de corrupción económica,⁷⁹ los vaivenes político-sociales fueron habituales. El valido, como favorito del rey, gozaba de su confianza adquiriendo un desproporcionado poder en asuntos de estado. Lerma se enriqueció especulando con inmuebles en el traslado de la corte y para evitar ser procesado llegó a hacerse cardenal⁸⁰ y, aunque consiguió ejercer como consejero privado del rey cerca de dos décadas, sus últimos años de gobierno estuvieron marcados por la creciente oposición a su influencia dentro y fuera de la corte. Además, la expulsión de los moriscos, la devaluación del vellón y la corrupción reinante en el país contribuyeron, aun más si cabe, a una situación de verdadera catástrofe. De igual modo, Lerma, que había comprado muchas propiedades en Valladolid, persuadió a Felipe III para que moviera la corte a esta ciudad castellana, lugar en el que consiguió acrecentar su fortuna, ya que la especulación urbanística le convirtió en el hombre más rico del país.⁸¹ Ya advirtió Quevedo las nefastas consecuencias que para un país trae la procrastinación de sus gobernantes dejando sus responsabilidades de gobierno en manos de personajes tan centrados en sus propios intereses:

> Rey que cierra los ojos, da la guarda de sus ovejas a los lobos, y el Ministro que guarda el sueño a su Rey, le entierra, no le sirve [...] Rey que duerme gobierna entre sueños; y, cuando mejor le va, sueña que gobierna.⁸²

Desde el punto de vista teatral, la privanza se trató en comedias y autos sacramentales⁸³ por varios dramaturgos.⁸⁴ Son textos que abordan las relaciones

---

[78] Piłat-Zuzankiewicz, p. 68.

[79] Véanse, por ejemplo, Alfredo Alvar. *El duque de Lerma: corrupción y desmoralización en la España del siglo XVII*; Santiago Martínez Hernández, *Rodrigo Calderón. La sombra del valido: privanza, favor y corrupción en la corte de Felipe III*.

[80] «'Para no morir ahorcado, el mayor ladrón de España se viste de colorado', rezaba una copla que corrió por Madrid cuando el duque de Lerma se cobijó en el clero para salvaguardar su vida de aquellos que le acusaban de ser el mayor ladrón del reino» (Javier Burrieza, «El duque de Lerma, de la corrupción a la huida del mundo», *El Norte de Castilla*, 8 de agosto de 2015.

[81] Alvar, pp. 256-58.   [82] *Política de Dios*, p. 80.

[83] Ignacio Arellano, «Conflictos de poder en los autos sacramentales de Calderón»; Victoriano Roncero López, «Al hombre que es su valido / y que su privado es: el privado en los autos sacramentales de Lope y Calderón», p. 194.

[84] Bastantes son las comedias de privanza que se escribieron a lo largo del siglo XVII por una gran variedad de dramaturgos. Véanse Jesús Gutiérrez. *La Fortuna Bifrons en el teatro*

cortesanas y de poder sirviéndose de argumentos históricos o bíblicos, ubicados en tiempos remotos con el fin de testimoniar y criticar la realidad presente, pero sin obviar el aspecto teatral de enseñanza y entretenimiento. Es cierto que este tipo de dramas de la privanza presentan ante nuestros ojos muchas de las obsesiones, temores, inquietudes y aspiraciones de una sociedad cortesana, pero también invitan a veces a la reflexión crítica sobre el espacio de la corte en que se desarrolla el juego del poder. Espacio en el que se despliegan la envidia y la ambición, en que el monarca puede hacer y deshacer hombres, y está sometido a la influencia de los malos consejeros y de los envidiosos.[85]

En muchas de estas comedias el protagonista asciende al poder por haber demostrado su valía y una recta conducta, bien desde un origen humilde, como es el caso de Josef, o bien, desde una posición más elevada. Tienen estas obras una materia que da cabida a temas como el poder de Fortuna sobre el destino del protagonista, la envidia, la amistad y el desengaño.[86] Asimismo, estas piezas suelen incluir una parte didáctico-doctrinal que, en el caso de la comedia que nos ocupa, se ve en la gracia divina que acompaña a Josef y que le permite *variabilis fortuna* pasar de esclavo a Visir y salvar su vida. De igual forma, la figura de Josef como gobernante, bueno, justo e íntegro, contrasta sobremanera con la de los estadistas españoles del siglo XVII.[87] El hebreo responde al modelo establecido por Fray Pedro Maldonado:

> Un hombre con quien [el rey] a solas y particularmente se comunica, con quien hay cosa secreta, escogido entre los demás para una cierta manera de igualdad, fundada en amor y perfecta amistad.[88]

Vélez hace de Josef un modelo perfecto de estadista similar al que expone Quevedo en *Cómo ha de ser un privado*, que constituye un *ars gubernandi* encarnado en el marqués de Valisero, transparente anagrama de Olivares.

---

del Siglo de Oro; Raymond R. MacCurdy, *The Tragic Fall: Don Álvaro de Luna and Other Spanish Favorites in Spanish Golden Age Drama*; Luis Caparrós Esperante, *Entre validos y letrados: la obra dramática de Damián Salucio del Poyo*; Cynthia Halpern Leone, *The Political Theater of Early Seventeenth-Century Spain*; Jane Albrecht, *The Playgoing Public of Madrid in the Time of Tirso de Molina*; Teresa Ferrer Valls, «El juego de poder: Lope de Vega y los dramas de privanza»; C. George Peale, «Comienzos, enfoques y constitución de la comedia de privanza en la *Tercera parte de Lope de Vega y otros auctores*»; Luis González, «Los espacios de corte en cinco comedias de Luis Vélez de Guevara». En el citado estudio de Peale, pp. 149-51, hay un catálogo resumido de sesenta y cinco comedias de privanza.

[85] Teresa Ferrer Valls. «La fiesta en el Siglo de Oro: en los márgenes de la ilusión teatral», p. 24.

[86] MacCurdy, p. 83.   [87] *Cf.* Alvar, pp. 15-24.

[88] *Discurso del perfecto privado*, fol. 1. *Cf.* Pilat-Zuzankiewicz, p. 69.

No olvidemos que las comedias de privanza son un trasunto de la posición que dentro del universo cortesano ocupa el rey y su valido:

> [...] como dispensadores del patronazgo real, y ofrecen una imagen de la corte como un campo de fuerzas en pugna por el poder y la distribución del patronazgo regio, cuyo equilibrio resulta extremadamente frágil.[89]

La comedia de privanza, como subgénero teatral ofrece, sin duda, una mirada fascinante de la sociedad española del XVII en toda su complejidad.

Por lo que respecta a las representaciones de *La adversa y próspera suerte de Josef*, se han localizado muy pocas. Se sabe que se escenificó una vez en Málaga, el 2 de septiembre de 1612, por la compañía de Alonso de Heredia.[90] Tres años más tarde, el 30 de mayo de 1615, la compañía de Gabriel del Río y Manuel Ribera la escenificó en Lima, aunque no se sabe bien si fue esta comedia o tal vez *El más amante pastor y dichoso patriarca*, porque se identificó por el título de *La hermosura de Raquel*. Asimismo, y según una carta de un jesuita en Filipinas, la tarde del 8 de diciembre de 1619 se representó en Manila.[91] Desde el 21 de noviembre de 1629 hasta el 12 de febrero de 1630 se sabe que la compañía de Antonio Prado hizo seis representaciones en Madrid ante Su Majestad. Por último, en un inventario de bienes que hace Antonio del Prado en 1632 declara «la comedia de Raquel» entre las previstas para ser representadas en ese año.

Dramatis personae

Josef y Jacob

La relación paterno-filial de estos personajes es conmovedora por el inmenso afecto que se profesan. Jacob muestra evidente predilección hacia Josef, lo que supone una fuente de tensiones dentro de la familia debido a la envidia de sus hermanos. Jacob en todo momento trata de proteger a su hijo:

---

[89] Teresa Ferrer, «El juego de poder: Lope de Vega y los dramas de privanza», p. 19.

[90] Toda la información relativa a la representación de La adversa y próspera suerte está tomada de Teresa Ferrer *et al.*, *CATCOM: Base de datos de comedias mencionadas en la documentación teatral (1540–1700)*.

[91] La influencia de los dominicos y jesuitas en Filipinas y Perú fue muy importante para la propaganda del teatro religioso con un fin doctrinal. Véase José Javier Azanza López, «Teatro, ingenios literarios y oratoria sagrada: la fiesta como tablero de ajedrez entre jesuitas y dominicos (Manila, s. XVII)».

JACOB.	Dame tus brazos agora
	Josef amado, y no estés triste.
JOSEF.	Dame tú los pies
[...]	
JACOB.	Toda mi cólera ha sido
	De tus peligros recelo,
	que sé que te quieren mal
	tus hermanos de tal suerte
	que, entre la vida y la muerte,
	corres peligro mortal,
	que la invidia de mirarte,
	Josef, de mí tan amado,
	en sus pechos ha engendrado
	pensamientos de matarte. (Vv. 201-16)

La contestación de Josef a las palabras de su padre tiene una evidente carga doctrinal, al apelar a la fuerza de la fe para vencer todo tipo de adversidad:

JOSEF.	Estén
	con la envidia que quisieren,
	porque si tengo en el suelo
,	padre, de mi parte el cielo,
	hacerme daño no esperen. (Vv. 220-24)

Ahora bien, el amor de Jacob hacia Josef está también mediatizado por el recuerdo de Raquel. No se puede obviar el hecho de que aquel amó a su esposa sin límites y Josef es el recuerdo permanente de ella:

JACOB.	Como, Josef, resplandeces
	tanto a mis ojos, por ser
	el retrato milagroso
	del original hermoso
	de la más bella mujer
	entre las mujeres todas
	que en el mundo hubo jamás
	y que yo he querido más [...] (Vv. 220-27)

La Biblia describe a madre e hijo como excepcionalmente hermosos (*Génesis* 39:6). Pero la belleza externa viene acompañada en ellos de una naturaleza interior muy especial, pues son de noble corazón. No obstante, la relación entre Jacob y Josef está marcada por la tragedia y la separación. Cuando Josef desaparece, presuntamente devorado por una bestia salvaje, su padre cae preso de un profundo dolor:

JACOB.	Romper quiero yo también,
	en vez de sus garras duras,
	mis antiguas vestiduras.
	¡Ay, mi Josef!¡Ay, mi bien!,
	¿adónde estás? ¿Qué te has hecho
	que nuevos males y enojos
	te han quitado de mis ojos,
	y tu hermosura han deshecho? (Vv. 715-22)

Años más tarde, y ya estando Josef en Egipto en la cumbre de todo su esplendor político, se reúne con sus hermanos y con su padre Jacob, un anciano lleno de vida y emoción al ver al hijo que creía muerto. Es un momento de profunda alegría y redención, que nos recuerda la importancia de la empatía, el perdón y el amor incondicional dentro de la familia.

JACOB.	¡Ay, hijo del alma mía!,
	¿es posible que tú eres,
	qué estás vivo, ¿qué te toco?
JOSEF.	Si, padre, vivo me tienes.
JACOB.	Vuelve otra vez a abrazad.
JOSEF.	Abrazaréte mil veces.
JACOB.	¡Ay, amada prenda mía,
	ya no hay temer a la muerte!
JOSEF.	Habla al Rey que está delante,
JACOB.	Quien halla a un hijo no puede
	reparar en cortesías.
	Dame tus pies. (Vv. 3197-3208)

Josef y sus hermanos

Es esta una relación plagada de celos y traiciones, pero también de salvación. Según dice la Biblia, Josef era el hijo predilecto de Jacob (*Génesis* 37:4), lo cual generó una relación con sus hermanos empañada por el resentimiento, agudizada por el don de Josef para interpretar los sueños. En uno de ellos, Josef sueña que él y sus hermanos están atando manojos en el campo, cuando de repente la gavilla de Josef se levanta y las demás se inclinan ante ella. La interpretación de Josef no fue bien recibida por sus hermanos, quienes vieron en sus palabras una presunción de grandeza. Este sueño, que no será el único, no solo fue una predicción personal, sino la manifestación de un plan divino:

JOSEF.	A mí me parecía
	que estábamos cierto día
	segando la sementera

> de nuestro padre Israel,
> y que el manojo que yo
> segaba se levantó
> sobre todos, que con él
> ninguno pudo igualar,
> y que los vuestros después
> le adoraron. (Vv. 66-75)

En un acto de traición, y presos de una incontenible envidia, los hermanos de Josef lo arrojaron a un pozo:

> Por ahí viene el soñador. Vamos a matarlo y lo echaremos en un pozo cualquiera, y diremos que algún animal feroz lo devoró (*Génesis* 37:18-19).

SIMEÓN.   Esto está hecho. Vámonos agora
          a comer, y pues no hay ningún testigo
          de este suceso, al padre que le adora
          diremos que la tierra le ha tragado.
JUDAS.   Y la verdad diremos. (Vv. 459-63)

De los hermanos, Rubén es el que evidencia sentimientos encontrados hacia Josef, pues a pesar de que procura su mal, pretende que este sea con el menor grado de sufrimiento posible:

Vanse TODOS, y queda RUBÉN solo.

RUBÉN.   Aquí me quise quedar
          solo por ver si pudiese,
          sin que ninguno me viese,
          a este inocente librar,
              por la parte que le alcanza
          a mi padre del suceso,
          que vendrá a perder el seso

[...]

          Allí se quedó un cordel.
          Quiero sacarle con él,
          pues tengo tiempo oportuno,
              y, en sacándole del centro
          a Canaán podré envialle,
          que no es razón que se halle,
          de Jacob, sangre aquí dentro. (Acot. M-v. 490)

Finalmente, los hermanos deciden vender a Josef como esclavo a unos mercaderes. Era este un tiempo donde la esclavitud implicaba una variedad de métodos, situaciones y restricciones, tales como la captura de personas y su venta, como si fueran bienes muebles.[92] Se dice en *Éxodo* 21:16 que el secuestro era un delito que implicaba condena de muerte. Sin embargo, también se hallan pasajes en la Biblia en los que Dios permite la esclavitud para evitar la pobreza, dada la precariedad económica de Israel (*Deuteronomio* 14:4). La costumbre no era muy alejada de lo que sucedía en España en el siglo XVII, ya que desde dos siglos antes ya se hallan esclavos que llegan de África a través de Portugal, así como indígenas de Canarias, siendo la época moderna un auténtico foco de mercadería esclava, con especial preferencia por los jóvenes sanos al ser mano de obra barata.[93] El mismo Cervantes, por boca de Sancho Panza, testimonia esta práctica en el capítulo donde se narra la historia del rey de Etiopía que pretende casarse con la princesa Micomicona:

> ¿Qué se me da a mí que mis vasallos sean negros? ¿Habrá más que cargar con ellos y traerlos a España, donde les podré vender y me los pagarán de contado, de cuyo dinero podré comprar algún título o algún oficio con que vivir descansado todos los días de mi vida?[94]

En el devenir de esta historia bíblica, vemos la inmensa tristeza de Jacob al recibir de manos de sus hijos el manto ensangrentado de Josef, al que cree muerto:

> Israel amaba a Josef más que a todos sus demás hijos, por ser para él el hijo de la ancianidad. Le había hecho una túnica de manga larga. Vieron sus hermanos cómo le prefería su padre a todos sus otros hijos. (*Génesis* 37:3-4)

[JACOB.]   ¡Ay, mi Josef! ¡Ay, mi bien!,
                  ¿adónde estás? ¿Qué te has hecho
                  que nuevos males y enojos

---

[92] Entre las jornadas primera y segunda de la comedia existe alguna elipsis temporal que compromete la unidad de tiempo, ya que José fue vendido como esclavo a los diecisiete años (*Génesis* 37:2) y tenía treinta años cuando llegó a ser gobernador de Egipto (*Génesis* 41:46). Por tanto, permaneció cautivo por un período de trece años contando el tiempo que sirvió a Putifar y el que estuvo en la cárcel. Ahora bien, el hecho de que José hubiera llegado a ser mayordomo de la prisión implica que pasó cierto tiempo, aproximadamente tres años, antes de que el copero y el panadero llegaran a reunirse con él.

[93] Ver Antonio Domínguez Ortiz, *La esclavitud en Castilla en la Edad Moderna y otros estudios marginados*. Véanse asimismo Manuel Lobo Cabrera. «La esclavitud en España en la Edad Moderna: su investigación en los últimos cincuenta años», pp. 1092-93; Rocío Periáñez Gómez, «La investigación sobre la esclavitud en España en la Edad Moderna», pp. 280-81.

[94] *Don Quijote*, I, 29, p. 314.

>   te han quitado de mis ojos,
>   y tu hermosura han deshecho?
>   Dame. Besaré mil veces
>   su sangre y la sangre mía.   (Vv. 718-24)

En Egipto, Josef va ganando favores hasta llegar a convertirse en gobernador, o *Chaty*, que era el más alto funcionario en el gobierno después del faraón.[95] Aquí la historia da un giro sorprendente cuando, debido a una hambruna en la región, los hermanos acuden a la tierra egipcia, que vivía una bonanza económica, en busca de alimentos, pues cuando Josef interpretó los sueños del faraón le dio, a su vez, las soluciones para evitar la crisis económica que ya se intuía:

> JOSEF.   Tu Majestad provea, para el medio
>   de esta desdicha, algún varón prudente
>   que gobierne en Egipto, y que presida,
>   y mándale que junte en los siete años
>   primeros de abundancia todo cuanto
>   de rubio trigo pueda en hondos silos,
>   y quedará tu reino proveído
>   contra la hambre que de Egipto espera,
>   y no habrá falta nunca de sustento.   (Vv. 1965-73)

A la vez que Josef reconoce a sus hermanos experimenta en su corazón sentimientos tanto de ira como de dolor:

> JOSEF.   (*Ap.:* Tratallos con aspereza
>   quiero en aquesta ocasión,
>   que no me conocerán
>   mirándome en este estado
>   tan diferente, y mudado.)
> SIMEÓN.   Desde tierra de Canaán,
>   a comprar trigo venimos,
>   diez hermanos estranjeros,
>   luego que de los graneros
>   de Egipto nuevas tuvimos,
>   para que coma unos días
>   un viejo padre, y nosotros.   (Vv. 2168-79)

Pero Josef, que posee en Egipto un alto grado de poder, responde a las expectativas de sus hermanos y les permite regresar a su casa, no sin antes retener a Benjamín a modo de estrategia con el fin de probar la honradez de sus herma-

---

[95] *Génesis* 41:37-56.

nos. La tensión y el drama se intensifican mientras Josef evalúa si perdonarlos o vengarse. Ahora bien, en un giro emotivo de la trama, este revela a los hermanos su identidad: «No os entristezcáis, ni os pese de haberme vendido acá, porque para preservación de vida me envió Dios delante de vosotros» (*Génesis* 45:5). Finalmente, cuando Jacob y sus hijos se reúnen con Josef, el encuentro se torna particularmente emotivo. La reconciliación conduce al enorme poder transformador del perdón, que es capaz de restañar las heridas más profundas alineándose con los principios teológicos de la clemencia divina.[96]

[JOSEF.]   [...] dadme, hermanos, los brazos,
que yo soy Josef, a quien
quisisteis hacer pedazos,
y le vendisteis también,
y hoy confirmo con abrazos
  vuestra necia enemistad
y vuestra invidia primera.
Llegad, ¿qué teméis? Llegad,
que vuestro hermano os espera,
colmado de voluntad.
  Esto el Cielo ha permitido,
que para esto me ha guardado.   (Vv. 3022–33)

Es una doctrina que, a buen seguro, recibiría con agrado el público del siglo XVII, pues en la España contrarreformista el teatro se convirtió en un medio eficaz para comunicar a un público amplio y diverso la fe católica y sus principios de amor a Dios y al prójimo.

Josef y Putifar

El Libro Sagrado denomina a Putifar como «oficial de Faraón, capitán de los guardias» (*Génesis* 39:1). Se le menciona como un hombre importante en la corte egipcia que, aunque su presencia en la Escritura es muy breve, jugó un definitivo papel en la vida de Josef dándole la oportunidad de una nueva existencia de riqueza y esplendor. Putifar reconoce la extraordinaria inteligencia del joven y lo eleva a esferas de poder como su hombre de confianza en asuntos de carácter político y personal, lo cual vuelve a poner al hebreo, una vez más, en el centro de la envidia ajena, en este caso, la de los trabajadores de la corte real:

[96] Según la historia bíblica, cuando José llegó a ser virrey de Egipto, hizo venir al país a toda su familia: la tribu de Israel. Suele considerarse que estos hechos se produjeron a principios del reinado de los hicsos, pastores asiáticos entre los que convivían semitas, y otras etnias, que invadieron Egipto hacia el 1659 a. C., y reinaron en el país más de un siglo. Véase M.ª José Viñas Toledo. «José, Virrey de Egipto: análisis de una atractiva hipótesis arqueológica», p. 273.

[PUTIFAR.] El rey me aguarda en palacio.
　　　　　　Acudid a Josef todos.
MAYORDOMO. ¿A Josef se ha de acudir?
CABALLERIZO. Más que al mismo Putifar,
　　　　　　ha de venir a mandar.
SECRETARIO. ¿Y a más hemos de venir?
CONTADOR. ¿Que a un esclavo, que a un hebreo,
　　　　　　de tan estraña nación
　　　　　　le lleve la inclinación?
　　　　　　Yo lo veo y no lo creo.
CAMARERO. No hay cosa que por su mano
　　　　　　no pase en la casa, y no hay cosa
　　　　　　que, por más dificultosa,
　　　　　　de él no alcance este villano.　　(Vv. 960-73)

JOSEF. Invidia, aquí temo más
　　　　vuestros desvaríos locos,
　　　　porque en privanza muy pocos
　　　　tuvieron buen fin jamás,
　　　　y más ayudando vos,
　　　　que sois con las más subidas
　　　　el peso de sus caídas.　　(Vv. 1130-36)

Las palabras de Josef parecen un «aviso a navegantes», pues es en Egipto, y al lado de Putifar, donde se tejen para el hebreo las primeras mimbres como futuro gran estadista. Así cuando la hambruna golpea de manera inmisericorde al país, él es capaz de reorganizar el entramado administrativo de la corte para asegurar la supervivencia del pueblo egipcio mediante el almacenamiento estratégico de alimentos, que son distribuidos a toda la población y no solo a la élite, al tiempo que se consolidaba su poder en la corte.

Dentro. ¡Viva el salvador de Egito!
　　　　　¡Viva el gran gobernador!
Dentro. ¡Señor, trigo!
OTROS, *dentro.*　　¡Pan, señor!
JOSEF. Sed su amparo solicito.
　　　　Mayordomo, a todos dad,
　　　　para que trigo les den,
　　　　cédulas.　　(Vv. 2070-76)

MAYORDOMO. Señor, obligado estoy
　　　　　　prevenir que para ti
　　　　　　no falta.

JOSEF.   Ya es para mí
                si a los pobres se lo doy.
                  Con lo que ellos comen, como.
                Que falte no temáis vos,
                mayordomo, porque es Dios
                universal mayordomo.   (Vv. 2078-85)

Palabras caritativas plagadas de doctrina, por la extrema bondad de Josef, cuya imagen se proyecta ante el espectador como un útil modelo de vida. Es un político con una responsabilidad ante la sociedad muy distante de la demostrada por los gobernantes de la época de los Austrias menores, los cuales, teniendo la oportunidad de trasformar la sociedad dejando un impacto duradero en la historia, recrudecieron la crisis económica que condujo al país a una terrible estado de pobreza, algo que ya se arrastraba desde finales del reinado de Felipe II, por las malas cosechas, la menor cantidad de oro y metales preciosos llegados de América y por los altos impuestos con los que se gravaba al pueblo.[97] A esto hay que sumar una importante crisis demográfica proveniente de las continuas guerras y de la expulsión de 300.000 moriscos, que recrudeció la ya maltrecha situación socioeconómica del país.[98] Por tanto, no es difícil suponer la empatía y anhelo de un buen gobernante que sentiría el espectador del siglo XVII con la figura de Josef, como un ejemplo firme de honradez y de fe en la providencia de Dios para superar todo tipo de adversidades.

Josef y Mitilene

Mitiline,[99] esposa de Putifar, es la lascivia hecha mujer y supone una tentación a la que Josef tiene que hacer frente.[100] La resistencia del hebreo subraya la importancia de la virtud y la resistencia moral en situaciones tentadoras, pues Josef se niega a mantener relaciones sexuales con ella no porque no lo deseara, sino por dos motivos fundamentales: uno, por no traicionar la confianza de Putifar, su gran protector, y otro, por no pecar contra los mandatos de Yaweh:

[97] *Cf.* Pedro Damián Cano Borrego. «El pensamiento monetario en la época de los Austrias: filosofía, derecho y economía», p. 17.

[98] Véase Ramón Menéndez Pidal, *Historia de España*, pp. 197-213.

[99] A la esposa de Putifar no se le dio nombre hasta que el libro *Sepher Ha-yashar o Libro de la Justicia*, escrito probablemente en el siglo XIII, la llamó Zuleika. Véase Josef Lumpkin. *El libro de Jaser Sepher Ha-yashar*, p. 308.

[100] Historia esta muy similar a la de Susana y los viejos representada en cuadros tan famosos como el de Tintoretto o el también muy famoso de Artemisia Gentileschi. Asimismo, Vélez de Guevara se interesó por este tema en su comedia *Santa Susana*.

Y aconteció después de estos acontecimientos, que la mujer de su amo puso sus ojos en Josef, y le dijo: '¡Duerme conmigo! (*Génesis* 39:7).

Josef resiste y se mantiene fiel a sus principios morales[101] como lo atestigua su respuesta «¿Cómo, pues, haría yo este grande mal, y pecaría contra Dios?» (*Génesis* 39:9), que refleja su compromiso con la virtud y la reverencia hacia lo divino.

> JOSEF.   ¡Ah, mujer más fementida
> que, de cuantas viven hoy
> y han pasado, se tendrá
> entre los hombres memoria,
> tu infame y lasciva historia
> amenazándome está!
>
> [...]
>
> la lascivia resistir,
> podré con el mismo escudo
> de este fuego que sospecho
> salir, pienso, como el sol,
> que la ocasión es crisol
> para resfrïar el pecho[.]   (Vv. 1452-57, 1464-69)

A pesar de todo, las cosas no se tornan fáciles para Josef, ya que tiene que lidiar con la calumnia que la intrigante Mitilene, con una gran desfachatez moral, lanza contra el hebreo en presencia de su esposo:

> Y ella guardó su manto junto a ella, hasta que su señor volvió a casa. Y ella le habló conforme a estas palabras, diciendo: "El siervo hebreo, que nos has traído, vino a mí para burlarse de mí. Y aconteció que cuando alcé mi voz y clamé, dejó su manto junto a mí y huyó". Y aconteció que cuando su amo oyó las palabras de su mujer, que ella le hablaba, diciendo: "Así me hizo tu siervo; que su ira se encendió. Y tomó su amo a Josef, y lo puso en la cárcel, en el lugar donde estaban los presos del rey; y él estaba allí en la prisión". (*Génesis* 39:5-20)   .

> MITILENE.   Ese hebreo, ese villano
> de ingrata naturaleza,
> ese que en mi casa hiciste,
> imagen de la soberbia[.]
>
> [...]
>
> MITILENE.   Hasta mi cama se entró,
> que, intentando con ternezas
> primero manchar tu lecho,

---

[101] La historia del hombre que rechaza a la mujer aparece en los mitos griegos de Biádice y Frixo, Antea y Belerofonte, y Fedra e Hipólito.

> y no pudiendo, por fuerza
> quiso después intentallo,
> y yo, de cólera fiera
> llena el alma, arremetí
> para la justa defensa[.] (Vv. 1634-37, 1646-53)

La difamación en boca de Mitilene, presa de celos, propicia buena parte de la intriga de la comedia, ya que trae como consecuencia la encarcelación de Josef. En los tiempos bíblicos la calumnia y el falso testimonio eran considerados como acciones graves y se abordaban desde una perspectiva moral y legal. Así, la Biblia contiene varias referencias a la importancia de la verdad y la prohibición de la falsedad. Uno de los Diez Mandamientos recogidos en el Antiguo Testamento es muy claro: «No darás falso testimonio contra tu prójimo» (*Éxodo* 20:16, *Deuteronomio* 5:20). Ante este hecho, la justicia en el antiguo Egipto, el *Maat*, recomendaba los azotes y la reclusión como métodos de castigo:[102] «El testigo falso no quedará sin condena, y el que habla mentiras no escapará» (*Deuteronomio* 19:16-21; *Proverbios* 19:5).[103]

Por lo que respecta a España, en el siglo XVII, las penas que se aplicaban a los que cometían calumnia variaban en dureza según la legislación imperante en cada región y del estatus social de los acusados, entre otras causas.[104] Además, no hay que olvidar que la Inquisición también desempeñó un papel significativo en el sistema legal de España durante ese período, especialmente en asuntos relacionados con la herejía y la difamación, sobre todo si afectaban al honor, lo que conllevaba azotes, encarcelamiento o condena a trabajos forzados.[105]

En cualquier caso, la actitud de Mitilene pone a su esposo ante un conflicto moral al tener que elegir entre dar credibilidad a su esposa o castigar a su muy querido amigo Josef:

> *Lléganle a [JOSEF] desnudar.*

JOSEF.   No será la vez primera
          que me han dejado desnudo,

---

[102] Maat es una diosa que simboliza la justicia, la verdad y la armonía del universo. Véase Anna Mancini, *Maat, la filosofía de la justicia en el antiguo Egipto*.

[103] En el Nuevo Testamento, también se trata el tema del falso testimonio. En *Mateo* 15:19, Jesús proclama que lo que sale de la boca procede del corazón, y la calumnia y el falso testimonio son conductas que corrompen el corazón.

[104] Véanse Roger Pérez-Bustamante, *Penas privativas de libertad y represión pública en la Castilla del siglo XVII*; Antonio Álvarez-Ossorio Alvariño, *Delitos de palabra: libelo, difamación, injurias y calumnias (siglos XV-XIX)*.

[105] Margarita Martínez Escudero, *La prueba procesal en el derecho de la Inquisición*, pp. 276-77.

	y quizá mi sangre mesma.
PUTIFAR.	¿Esto tengo yo en mi casa, villano? ¿De esta manera pagas los favores nuevos?
MITILENE. (*Ap.*:	Aun así tiene belleza.)
PUTIFAR.	¡Traed cadenas y esposas!
JOSEF.	¡Vengan daños, males vengan! ¡Desdichas y penas bajen como yo al Cielo no ofenda! (Acot. LL–v. 1699)

De nuevo vemos cómo la historia se repite para Josef, pues este pasaje trae a la mente la escena en la que los hermanos lo despojan de su vestidura, que, a su vez, recuerda también a la escena en la que Jesús de Nazaret, una vez que Poncio Pilato ha liberado a Barrabás, lo entrega a los soldados, quienes lo desnudan para azotarlo (*Mateo* 27:24-31; *Juan* 19:1).[106] Una costumbre, la de dar latigazos a los reos, muy común en la España barroca donde, si los azotes eran menos de veinticinco se consideraba un correctivo, pero si sobrepasaban los cincuenta se consideraba pena.[107]

PUTIFAR.	A la cárcel le llevad agora de esa manera, y al alcaide le diréis que, si mi amistad profesa, en llegando haga el verdugo, sin género de clemencia, que amarrado a una coluna, le azote con tanta fuerza que el mármol quede manchado con la sangre de sus venas, y que se sirva en la cárcel de él después hasta que muera. (Vv. 1710-21)

Estas, en fin, son las consecuencias para Josef de la perfidia de Mitilene, una mujer independiente y muy poderosa, pues en el antiguo Egipto la fémina per-

---

[106] Según cuenta en *Deuteronomio* 25:3, un delincuente debía recibir un máximo de cuarenta latigazos como castigo, «no más; no sea que, si lo hirieren con muchos azotes más que estos, se sienta tu hermano envilecido delante de tus ojo». Esta costumbre se mantuvo en el Nuevo Testamento donde dar treinta y nueve latigazos era todavía una práctica común entre los judíos, porque el apóstol Pablo cuenta que los judíos le dieron treinta y nueve latigazos varias veces. Escribe: «De los judíos cinco veces he recibido cuarenta azotes menos uno» (*II Corintios* 11:24).

[107] Pedro Ortega Gil. «Algunas consideraciones sobre la pena de azotes durante los siglos XVI–XVIII», p. 904.

teneciente a las altas esferas sociales podía desempeñar papeles muy destacados en las estructuras de poder y la religión, gozando de los mismos derechos que el hombre ante la ley,[108] una situación muy diferente a la que se vivía en la España del siglo XVII donde la mujer carecía de todo derecho legal y social, quedando su vida sometida a la autoridad del varón, esposo, padre o hermano, y cuyo papel principal era el de esposa y madre con independencia de la categoría social que ostentara.[109]

Es paradójico que Mitilene, que fue la causa del encarcelamiento de Josef, también lo será de su puesta en libertad al proclamar de manera epistolar su inocencia:

> PUTIFAR. Ya ha partido
> un soldado por él. Ese es mi esclavo,
> a quien yo, por su raro entendimiento,
> estimé de manera que le hice
> en mi casa otro yo, y con testimonio
> de mi difunta esposa Mitilene,
> le puso de la suerte que has oído,
> y a su muerte dejó un papel cerrado
> que, abriéndole, leí aquesto dentro:
> «Josef no te ha ofendido, que fue solo
> vana imaginación del pensamiento.
> Pide por mí perdón a su inocencia». (Vv. 1922-33)

En resumen, Mitilene se muestra independiente para organizar libremente sus sentimientos amorosos, aunque para ello recurra al ejercicio de abuso de poder sobre el esclavo y hoy diríamos también sexual. La enseñanza que se desprende de esta historia es, por un lado, que tanto las traiciones como las intrigas amorosas y los celos son elementos perjudiciales para el buen hacer de un gobernante y, por otro, que, aunque las malas acciones tienen consecuencias nefastas, la verdad, con la ayuda divina, siempre prevalece.

Josef y Asenet

Asenet,[110] hija del primer ministro, sacerdote de On (*Génesis* 41:45) y madre, a su vez de Manasés y Efraím, los hijos que tuvo con Josef (*Génesis* 46:20), es una de las figuras más destacadas de la corte egipcia. Tuvo gran influencia

---

[108] Sabemos tanto de sus vidas como de las de los hombres por el arte, los restos arqueológicos y los textos. Véase el trabajo de Davinia Albalat. «La mujer en el antiguo Egipto», p. 282.

[109] Véase el clásico estudio de Mariló Vigil. *La vida de las mujeres en los siglos XVI y XVII*.

[110] Con este nombre aparece en *La adversa y próspera suerte de Josef*, pero en realidad su nombre es Asenat, Azenate o Azenath (*Génesis* 41:45).

en la vida de Josef, a pesar de provenir de mundos muy diferentes.[111] Su protagonismo en la comedia viene dado por el amor que siente por su esposo desde que sus ojos lo vieron por primera vez:

> ASENET. (*Ap.:* El esclavo es celestial,
> no ha dejado de miralle
> mi madre, y ya tengo celos.
> Parece que es esto amor.)
> [...]
> (*Ap.:* ¡No ha crïado el Cielo cosa
> tan bella.)   (Vv. 860-63, 880-81)

Poco se sabe de su figura histórica, hecho que provocó la proliferación de relatos que justificaran su matrimonio con Josef. Uno de estos, redactado en griego, se creó en el ambiente judío alejandrino de principios de nuestra era. Se trata del conocido hoy como *Historia de Josef y Asenet*, que tuvo una enorme repercusión y fue asumido posteriormente por las comunidades cristiana e islámica respectivamente.[112] En *La adversa y próspera suerte de Josef* la participación de Asenet se fundamenta en el amor que siente por Josef y la rivalidad que ella establece con su propia madre, Mitilene, por el amor del hebreo, a quien ponen en un brete por la lealtad y gratitud que este profesa por Putifar:

> [JOSEF.]   Fuera de lo que yo procuro
> que el Capitán, mi señor,
> presente tenga el honor,
> como ausente, en mí seguro,
> y a ser de importancia alguna,
> mi vida se la ofreciera,
> sábelo el Cielo, aunque fuera
> la recompensa ninguna,
> que, pues siendo irracional
> un perro gradece bien
> un hombre no fuera bien,
> lo agradeciera tan mal.   (Vv. 1258-69)

---

[111] Se menciona a Asenet en el *Génesis* 41:45 donde se dice: «Y el Faraón llamó el nombre de José Zafnate-Paneah; y le dio por mujer a Asenet, hija de Potifera sacerdote de On». La Biblia no proporciona muchos detalles sobre la vida de Asenet; algunos textos apócrifos y tradiciones judías y cristianas han tratado de llenar los vacíos en su historia. Por ejemplo, el *Libro de Asenet* es un texto apócrifo que ofrece una versión más detallada de la vida de esta joven y su matrimonio con José.

[112] Véase *Historia de José y Asenet*, ed. Antoni Biosca i Bas, pp. 25-29.

El asunto se encauza cuando el faraón, que apreciaba sobremanera a Josef tanto por sus cualidades personales como por su valía para las labores de gobierno, quiere hacer de él un egipcio de pleno derecho. Es por ello que le concede como esposa a Asenet.[113] Su unión no solo fue un acto de amor, sino también un testimonio de la providencia divina que guio a Josef desde su difícil pasado hasta un lugar de prominencia en Egipto. Asenet se convirtió entonces en su mejor aliada, en el mejor apoyo emocional para superar todas las adversidades. Ella es consciente de la humildad, virtud y sinceridad que adornan a Josef y que lo capacitan para ser el buen gobernante que fue:

> ASENET.   En ti
> talento igual conoció,
>   porque en tu mucha humildad,
> este rayo descubre,
>   jamás, Josef, se encubre
> la virtud y la verdad,
>   y esto viendo, quiere el cielo,
> demás del hacernos bien,
>   darte la paga también
> sobre la cara del suelo.   (Vv. 2120-29)

Históricamente, tanto Asenet como su padre, Putifar, son figuras que contribuyeron decisivamente al alzamiento social de Josef en el Egipto del segundo milenio a. C., una tierra marcada por el hambre, y por los graves desequilibrios de orden político y social.[114] Asenet resultó ser fundamental en el éxito y prosperidad de su esposo, así como en la preservación de su linaje.[115] Su figura constituye un ejemplo de la importante influencia que muchas mujeres tuvieron en aquellos tiempos bíblicos.[116]

---

[113] La presencia de esta mujer en la corte egipcia fue relevante, ya que jugó un papel activo en la reconciliación de José con su familia y en el establecimiento de Jacob y sus hijos en la tierra de Gosén (*Génesis* 46:1-4). Asimismo, casar a José con una miembro de la casta sacerdotal suponía un gran privilegio, pues estaba formada por hombres eruditos que eran el depósito de la sabiduría de Egipto.

[114] Véase Arne Eggebrecht, *El antiguo Egipto: 3000 años de historia y cultura del imperio faraónico*, pp. 186-97.

[115] Asenet también desempeñó un papel vital en la formación de la identidad cultural y espiritual de sus hijos, Manasés y Efraín. Les transmitió la rica herencia de su linaje hebreo y la sabiduría egipcia, creando así una fusión única de tradiciones que influyó en las generaciones futuras.

[116] Tales como Débora, Betsabé, Jezabel, Atalía y Ester desempeñaron un papel activo en los acontecimientos históricos de su época, bien como esposas o bien como madres de grandes gobernantes.

Josef y el faraón

El faraón[117] es un personaje central con un omnímodo poder político, social, militar, judicial, económico y religioso;[118] su figura emerge en el corazón del antiguo Egipto, en un tiempo marcado por la grandeza de las pirámides y la majestuosidad del Nilo.[119] Se asociaba al faraón con los dioses sol y cielo, especialmente con Horus, el dios cielo con cabeza de halcón. Poseía un cartucho o sello que llevaba su nombre en el interior como símbolo de su poder sobre «todo lo que envuelve el Sol».[120]

En esta época, Josef, que llevaba varios años en prisión, era muy popular por su sabiduría y por su condición especial para interpretar sueños como los del copero y el panadero respectivamente. (*Génesis* 40:1-22). Ahora bien, la oportunidad de Josef para alcanzar la libertad llega cuando el faraón comienza a tener sueños perturbadores, entonces el copero le sugiere que llame a Josef para que interprete el sueño. En efecto, el hebreo explica el significado de las siete vacas gordas y las siete flacas, posicionándose, a la vez, como un intermediario de Dios en dicha interpretación. (*Génesis* 41:16).

FARAÓN.	Levantaos de la tierra, y ved si alguno
	en la declaración del sueño ha dado.
	¿Mudos estáis? ¿Ninguno acierta al blanco
	de mi profundo sueño? ¡Extraña cosa! (Vv. 1873-76)
JOSEF.	Ya sé que vengo a declarar un sueño,
	que ha días que le tengo declarado
	por celestial secreto de los cielos.
[...]	
	Atentamente lo que encierra escucha:
	Las siete vacas gordas que pacían

---

[117] Se menciona, sin mucha convicción, sobre todo, por falta de pruebas que, tal vez, el faraón reinante en la época de José, es decir, 400 años antes de Éxodo, fuera Apepi (Apofis I), último de los reyes hicsos. No olvidemos que este pueblo gobernó Egipto por un espacio de cinco siglos antes de ser expulsados. Véase Javier Martínez Babón, *Los hicsos y su conquista de Egipto*.

[118] El faraón de la época en la que se desarrolla la historia de José era Sesostris II, cuarto faraón de la dinastía XII de Egipto. Gobernó de c. 1880-1874 a. C. Véase Vasileios Liotsakis. «Notes on Herodotus (HDT.II 102-110)», p.501.

[119] Benedicto Cuervo Álvarez. «La sociedad en el Egipto de los faraones», pp. 153-97.

[120] Eggebrecht, p. 280.

> la hierba a un prado fértil y abundante
> y de las siete espigas fertilísimas,
> el manojo señala para Egipto
> años de abundancia copiosísima
> pero las siete vacas que salieron
> macilentas después a las primeras
> se comieron, y esotras siete espigas
> débiles y anubladas le prometen
> de estéril temporal otros siete años
> que seguirán a los primeros fértiles,
> y vendrán a haber de pan tan gran falta
> que olvidarán los años abundantes.   (Vv. 1947-64)

Es evidente que la relación de Josef con el faraón va más allá de la mera interpretación de sueños, pues influye significativamente en la vida de Josef, desempeñando un papel crucial en su ascenso al poder y en la realización del plan divino, ya que es un instrumento del mismo. La confianza que deposita Josef en el faraón es fundamental para su vida, para la de su familia y, por extensión, para la de todo el pueblo de Israel.

> FARAÓN.   No puedo hallarme un momento
> sin Josef, que tanto alcanza
> su divino entendimiento,
> porque pasa su privanza
> a justo conocimiento.
>   Merece cuantos favores
> le hago, y siempre imagino
> que los merece mayores,
> porque su ingenio es divino,
> todos son premios menores.
> Todos me cansan sin él.
> Estrella notable ha sido,
> y deuda a su pecho fiel.   (Vv. 3057-69)

Al tener a Josef como su hombre de confianza,[121] el faraón no solo aseguró la prosperidad de Egipto durante los años de escasez, sino que también consolidó su propia posición como gobernante protector y benefactor de su pueblo. Así cuando el monarca pretende elevar la construcción de grandes monumentos para el país, siente que necesita la aprobación del hebreo:

---

[121] En Egipto el visir se ocupaba, sobre todo, de las cuestiones agrícolas y económicas, aunque es cierto que también ostentaba poder en la administración central y de justicia. Su poder solo era superado por el del faraón. *Cf.* Benedicto Cuervo Álvarez. «La sociedad en el Egipto de los faraones», p. 164.

FARAÓN.	Oh, Arquitecto, hacer querría
	al margen de los raudales
	del Nilo una casería,
	adonde los desiguales
	días del ardiente estío
	pueda pasar, y quisiera
	que la trazases.
[...]	
FARAÓN.	Darasme gusto,
	aunque sin Josef jamás
	de ninguna cosa gusto. (Vv. 3083-99)

Pero también es un personaje agradecido que favorece la felicidad de Josef, sobre todo al final de la comedia cuando propicia la reunión de Josef con su padre y hermanos en Egipto:

JOSEF.	Hoy, confiado que tienes
	de hacerme siempre el favor,
	ínclito señor, que sueles,
	he enviado por mi padre
	que con once hijos que tiene,
	sin mí, contigo procuro
	que en Egipto viva.
FARAÓN.	Puedes
	mandar en él como yo,
	que ya todos te obedecen. (Vv. 3158-66)

El faraón no solo simbolizaba el poder divino,[122] sino que también poseía un poder terrenal inigualable. La historia de Josef ilustra cómo el faraón, en su papel de líder supremo, podía elevar en un instante a individuos de las profundidades de la esclavitud a las alturas del poder:

[FARAÓN.] Poder te doy desde hoy sobre mi reino,
y en su confirmación te doy mis brazos,
y mando que en mi reino te obedezcan,
y tengas el segundo asiento mío,
en señal de lo cual te doy mi sello.
Y mando que de púrpura te vistas,

---

[122] Para representar su poder y estatus divino, el faraón utilizaba una serie de símbolos y atributos en su vestimenta y en la decoración de su palacio. Entre estos símbolos destacaban la corona doble, que simbolizaba la unificación de Egipto, y el ureus, una serpiente que representaba la protección divina y la realeza.

>   y que en carro triunfal por todo Menfis
>   salgas, y con pregones diferentes
>   vayan diciendo todos cómo has sido
>   el salvador de Egipto, y mis vasallos,
>   como a mí, a tu presencia se arrodillen,
>   y que elijas mujer como quisieres.   (Vv. 1978-89)

Escenografía y música

La adversa y próspera suerte de Josef es una comedia con un fuerte carácter bíblico-religioso en la que los recursos escenográficos son escasos, pues es una obra de juventud de Vélez escrita en los albores del siglo XVII donde la escenografía era pobre en técnica y presenta un carácter más funcional que espectacular, con el fin de acentuar la parte doctrinal de la comedia. Son abundantes las indicaciones de salidas y entradas a escena de los distintos personajes, así como el uso, en varias ocasiones, de la oralidad escenográfica para crear un espacio escénico y conducir al espectador, con una notable economía de medios técnicos, a un mundo imaginario donde pueda experimentar la emoción del ambiente como si fuera en vivo.[123]

> SIMEÓN.   ¡Al monte pasa! ¡El río ataja! ¡Ataja!
> JUDAS.   ¡Acá, Rubén, que ya atraviesa el río!
> RUBÉN.   ¡Corre, Isacar, que ya a su orilla baja!   (Vv. 293-95)
>
> [ISACAR.] Por ramas, por arena y piedras, vamos,
>   y esta cisterna inútil cegaremos,
>   que esto, a nuestro escarmiento, es bien que hagamos.
>   (Vv. 359-61)

Es probable que este recurso estuviese completado también por algún telón de fondo pintado que ilustrase este ambiente campestre.[124]

Otro elemento fundamental en la puesta en escena de esta comedia es el vestuario de los personajes para dar un sentido, más o menos afortunado, de autenticidad histórica y también, en esta comedia, para separar las distintas clases y culturas, hebrea y egipcia:

---

[123] Véase Ignacio Arellano. «Valores visuales de la palabra en el espacio escénico del Siglo de Oro», pp. 411-14.

[124] Los pintores se encargaban de hacer los paramentos sobre grandes lienzos, asimismo, pintaban las máscaras y accesorios necesarios para el desarrollo del espectáculo visual. Véase Alonso E. Pérez Sánchez, «Los pintores escenógrafos en el Madrid del siglo XVII», p. 62.

> *Entra JACOB, de viejo, y dice aparte sin llegar a ellos:* (Acot. C)

Llama la atención cómo Vélez matiza que Jacob sale «de viejo» para destacar su ancianidad. Suponemos que aparecería en escena con una conformación física determinada, barba, pelo blanco y postura encorvada para dar verosimilitud visual a su personaje. Posteriormente, aparece otra acotación relativa al paso del tiempo y a cómo el sufrimiento de Jacob, al perder a su amado hijo Josef, ha hecho mella en él. El espectador visualiza este dolor mediante los rasgos del personaje: la barba larga, el pelo descuidado y la ropa negra que acentúan su declive físico y moral:

> *Sale JACOB, la barba más crecida, y la cabellera signada en la cabeza si no es ceniza, y por la cara, con ropa negra, o un saco de jerga ceñido, y un báculo.* (Acot. PP)

De igual forma, se describe a Josef vestido con «almalafa», que es una vestidura moruna que cubre el cuerpo desde los hombros hasta los pies para señalar su condición de semita:

> *Sale JOSEF con vestidura nueva, que es una como almalafa hasta los pies, de mangas anchas.* (Acot. H)

O cuando se dice que los hermanos de Josef van «vestidos como moros» para referirse a las túnicas que usaba este pueblo:

> *Vuelven a salir LOS HERMANOS, y DOS ISMAELITAS con ellos, vestidos como moros.* (Acot. N)

Asimismo, en la corte egipcia, la primera vez que Mitilene aparece en escena, se dice en acotación que va «tocada a la gitana», para señalar que tal vez estaba vestida con ropa llamativa y multicolor y algún tocado en la cabeza. Se trata de un concepto que nada tiene que ver con las modas, usos y costumbres del antiguo Egipto y sí con la moda española del siglo XVII respecto a esta etnia.

> *Sale MITILENE, mujer de PUTIFAR, y UNA CRIADA, con un espejo, y ella tocada a la gitana.* (Acot. Y)

> *Sale ASENET, hija de MITILENE, vestida a lo gitano.* (Acot. Z)

> *Sale PUTIFAR, capitán de la guarda del rey FARAÓN, y JOSEF, como esclavo.* (Acot. a)

Vélez no especifica cómo iban vestidos Putifar y Josef, pero en el antiguo Egipto el esclavo usaba una ropa simple y funcional, diseñada para adaptarse a su trabajo y condiciones de vida. Usaban una falda corta, *schenti*, e iban descalzos o *birn* con sandalias rudimentarias hechas de papiro o cuero. Asimismo, era común que adornasen su cuerpo con collares o pulseras simples hechas de cuentas de cerámica o piedras.[125] En cuanto a Putifar, los egipcios de clase alta vestían prendas lujosas y elaboradas. Los hombres llevaban el *Kalasiris*, una prenda lujosa y elaborada consistente en una túnica larga y ceñida, así como sandalias de cuero. De igual modo era muy habitual el uso de accesorios, collares, brazaletes y diademas, hechos de oro y piedras preciosas.[126]

En otro momento vemos anacronismos:

> *Sale* JOSEF *vestido de galán, y* UN PINTOR *con un cuadro.* (Acot. i)

Se adivina que Vélez se refiere a la manera de vestir del galán del siglo XVII y no a la moda del antiguo Egipto, para describir al muchacho joven, gallardo, valiente y apuesto.

> *Sale* MITILENE *en manteo, asida a la capa de* JOSEF. (Acot. GG)

Tanto el manteo como la capa son prendas muy usadas en España en el siglo XVII. Se detecta en la comedia otro anacronismo cuando sale el faraón a escena con toda pompa vestido «*a lo romano*» con la probable intención de remarcar su autoridad ante los ojos del público, pues el traje «romano» por su carácter bélico le da al personaje un halo de dominio y autoridad.

> *Salgan* LOS QUE PUDIEREN *con ropas como sabios, tocan chirimías, descúbrese un trono y en él,* FARAÓN, *vestido con cota y faldón a lo romano, cetro y corona, y* TODOS *se hincan de rodillas, y a una parte* PUTIFAR, *y* UN COPERO. (Acot. UU)

Ahora bien, estos elementos extemporáneos bien podían responder a la falta de acceso que Vélez pudo tener a la información exacta sobre la moda de la época, bien a la conveniencia estética de utilizar ciertos estilos de vestimenta o simplemente a la poca importancia que se le daba a la precisión histórica en ese momento. En cualquier caso, a principios del siglo XVII, era habitual que las compañías teatrales dispusieran de una gran variedad de vestuario.[127]

La utilería también desempeña un papel importante en la ambientación de la obra:

---

[125] James Laver, *Breve historia del traje y la moda*, p. 15.

[126] *Ibid.*, p. 17.

[127] José María Ruano de la Haza, *La puesta en escena de los teatros comerciales del Siglo de Oro*, p. 75.

Salen TODOS, *con sus hondas y con palos. Delante sale* SIMEÓN *corriendo, y los demás siguiéndole, y tropieza* SIMEÓN *en una cisterna que estará hecha en el tablado, y yendo a caer dentro, se ase a* RUBÉN, *y* RUBÉN *de* OTRO, *y ansí quedan* UNOS *de* OTROS *asidos.* (Acot. G)

Las hondas y palos que portan los hermanos es una manera de informar a los espectadores acerca de la crueldad y malos sentimientos de estos hacia Josef.

En otro momento, con motivo del nacimiento de Manasés, primogénito de Josef y Asenet, acuden los principales a dar los parabienes al joven matrimonio y lo hacen enmascarados:

Salgan TODOS LOS CABALLEROS QUE PUDIEREN, *con libreas de máscara de diferentes colores, y el* REY FARAÓN, *y en entrando se quite la máscara, diciendo a* JOSEF: (Acot. ww)

En el antiguo Egipto la máscara era un elemento usado en celebraciones mortuorias y ceremoniales sagradas, así como en fiestas palaciegas; eran representadas con rostros de animales que simbolizaban sus deidades, como por ejemplo el halcón, que escenificaba a Horus, el dios del cielo, de la guerra y de la caza.[128]

En cuanto a la música, Vélez no hace un uso excesivo de ella; la utiliza para mejorar la atmósfera y añadir profundidad emocional a la obra[129] toda vez que sumerge al público en la vibrante historia de Josef. Resulta llamativo el uso casi exclusivo de la chirimía, instrumento habitual en ceremonias religiosas y celebraciones festivas. La chirimía trasmite emoción y solemnidad a la situación por su capacidad para modular el tono y la intensidad de la música desde los momentos de alegría y celebración hasta los de tragedia y arrepentimiento. Así suenan pomposas en la ceremonia nupcial de Josef y Asenet:

Tocan chirimías y sale JOSEF, *y* ASENET, *de las manos.* (Acot. XX)

En el momento en el que se anuncia el nacimiento de Manasés, se produce una gran explosión musical donde el viento y la percusión se alían en una perfecta armonía para expresar la alegría por la buena nueva:

Vanse TODOS, *y tocan dentro chirimías, y suena grita de cascabeles y atabalillos como que corren dentro, y salen* JOSEF *y su* MAYORDOMO.
(Acot. qq)

---

[128] Véase Eggebrecht, pp. 218–19.

[129] Lola Josa, «Reflexión sobre la música como principio rector en el teatro de Luis Vélez de Guevara», pp. 103–04; Carmelo Caballero Fernández-Rufete, «La música en el teatro clásico», p. 683.

El fin de fiesta de la comedia se produce cuando Josef ha recuperado a su familia, padre y hermanos, y les ha otorgado su perdón, de nuevo las chirimías despiertan su hermoso sonido para contribuir al ambiente de regocijo que sienten los personajes, extensivo al auditorio:

> *Tocan chirimías, y levántase una compuerta y aparezcan* TODOS DOCE
> HERMANOS *juntos por su orden con sus cercos, y solamente* JUDAS
> *con corona, y* EGIPTO *en medio, que la hará una mujer,*[130] *con una
> torre en la cabeza como corona, y de* CADA HERMANO *venga
> una cadena donde está la que hace a* EGIPTO, *que las tendrá
> en las dos manos, tantas a una parte como a otra, y
> CADA HERMANO en la otra una espada desnuda.* (Acot. Vv)

En resumen, la música, el vestuario y los objetos en *La adversa y próspera suerte de Josef* se convierten en argumentos esenciales de la representación teatral, añadiendo perspectivas emotivas a un espectáculo completo y envolvente que, con toda seguridad, cautivaría al público.

Conclusiones

La adversa y próspera suerte de Josef es una comedia que pertenece a la etapa más temprana de la dramaturgia de Vélez. Se trata de un texto que está a medio camino entre la comedia bíblico-hagiográfica de fuerte raigambre doctrinal y el género de privanza, ambos muy oportunos en la España donde la corrupción política, imperante durante el reinado de Felipe III, con el gobierno del duque de Lerma, sumieron al país en una fuerte crisis económica y en una gran desesperanza entre la población que veía una España cada vez más arrumbada al abismo de la pobreza tanto material como espiritual. De ahí que bajo un cañamazo bíblico, alejado en el tiempo, que le permita al astigitano esquivar la acción de la censura[131] ante los

---

[130] La representación alegórica de Egipto en forma de mujer recuerda a Isis, diosa que personifica el trono. Era llamada 'madre de los dioses'. Ella siempre porta un trono en la cabeza. El significado de dicha imagen en la comedia bien pudiera estar relacionada con la belleza y la fertilidad de Egipto, así como el apoyo divino de las fuerzas del universo. Véase Javier Martínez Pinna. «Mitología e historia: dioses egipcios, el nacimiento del mundo», pp. 72-73.

[131] Véanse al respecto Francisco Florit Durán. «Pensamiento, censura y teatro en la España del Siglo de Oro»; Javier J. González Martínez, «La censura escénica y literaria del teatro de Luis Vélez de Guevara»; Héctor Urzáiz Tortajada, «Hagiografía y censura en el teatro clásico»; *idem*, «Sacado de la profundidad de la Sagrada Escritura: la materia bíblica y la censura teatral».

criticables desastres políticos de su época, se proponga a Josef como modelo de vida, cuyo interés dramático alcanza pleno significado en la relación que mantiene con los otros personajes que intervienen en la comedia—su padre Jacob, sus hermanos, Mitilene, Asenet, Faraón—, ya que las situaciones adversas que padece—la envidia de sus hermanos, esclavitud en Egipto, ascensión al poder, tentación lujuriosa y calumnia de Mitilene— se convierten para él en oportunidades de aprendizaje tanto en el aspecto humano como en el político. Vélez presenta a Josef como el utópico gobernante, en contraposición al representado por el duque de Lerma, y le sirve, por antítesis, para criticar la influencia negativa de la mala privanza en la sociedad española de la época con las nefastas consecuencias que esto tenía para el pueblo. Ahora bien, Vélez también enfatiza la idea de cómo a pesar de los desafíos y agobios sufridos por Josef, este siempre mantiene una actitud positiva y perseverante que le permite superar obstáculos y alcanzar el éxito—una resiliencia que el astigitano parece querer trasmitir al auditorio ante la maltrecha situación de España a comienzos del siglo XVII.

Escenográficamente, *La adversa y próspera suerte de Josef* hace uso de unos recursos simples y poco llamativos, de ahí que a menudo Vélez recurra a la palabra como sustituto de una recreación escénica. Esta limitación escenográfica, qué duda cabe, impacta en la experiencia del público, que se ve privado de disfrutar de una puesta en escena más espectacular que le permita transportarse a la época y lugares donde se desarrolla la historia de Josef, sobre todo los relacionados con el esplendor de la corte egipcia, que el espectador capta principalmente por la vestimenta de los personajes, en algunos casos anacrónica, y la utilería correspondiente.

En resumen, *La adversa y próspera suerte de Josef* reflexiona sobre la fortuna que influye, de manera volátil y caprichosa, en aquellos personajes que ocupan poder y privilegios en la corte, como era el caso del duque de Lerma en la realidad española de principios del siglo XVII, o Putifar, influyendo en la ascensión o caída de Josef. Vélez deja claro que la fortuna es un instrumento de Dios para poner a prueba su fe, mostrando, a la vez, cómo la suerte y el azar influyen poderosamente en la vida de las personas y en las relaciones que establecen con los demás.

ELISA DOMÍNGUEZ DE PAZ
Universidad de Valladolid

Testimonios, títulos y fechas

Las dos comedias que se presentan aquí bajo la rúbrica de «comedias veterotestamentarias», *El más amante pastor y dichoso patriarca* y *La adversa y próspera suerte de Josef*, se publicaron en 1615 y 1616 en la *Quinta parte* de la *Flor de las comedias de España de diferentes autores*, considerada como la *Quinta parte* de Lope. Figuran en dicha antología con los títulos respectivos de *La hermosura de Raquel, Primera y Segunda parte*:[1]

QP1   *Fol. 1* | [Barra ancha] | COMEDIA FAMOSA | DE LA HERMO-SVRA | DE RAQVEL. [*sic, El más amante pastor y dichoso patriarca*] | Compueſta por Luys Velez de Gueuara Gentilhombre | del Conde de Saldaña. | PRIMERA PARTE.
Fols. 1, 3v–32r, 8.°, sigs. A, A3–D5. Entre las *dramatis personae* en el fol. 1 y el comienzo del Acto I en el fol. 3v, se imprimen la *Loa curiosa* (fols. 1r–2r, sigs. A–A2r) y el *Bayle de la Colmeneruela* (fols. 2r–3r, sigs. A2r–A3r).[2] Texto a dos columnas, excepto en los fols. 8v–10v, 13r, 19v–25v,

---

[1] Los testimonios impresos están registrados por Juan Isidro Fajardo, *Índice de todas las comedias impresas hasta el año de 1716*, con atribución a Lope, fol. 27v; Francisco Medel del Castillo, *Índice general alfabético de todos los títulos de comedias que se han escrito por varios autores antiguos y modernos*, atribuido a Juan Vélez de Guevara, pp. 193, 362, y a Lope de Vega, pp. 193, 352; Cayetano Alberto de la Barrera, *Catálogo bibliográfico y biográfico del teatro antiguo español*, pp. 466b, 554a, 681a; Pedro Salvá y Mallén, *Catálogo de la biblioteca de Salvá*, p. 539a; Ramón de Mesonero Romanos, *Dramáticos contemporáneos de Lope de Vega, II*, p. LIIa; Emilio Cotarelo y Mori, «Luis Vélez de Guevara y sus obras dramáticas», 4: 287–88; Antonio Paz y Meliá, *Catálogo de las piezas de teatro que se conservan en el Departamento de Manuscritos de la Biblioteca Nacional*, p. 246; Forrest Eugene Spencer y Rudolph Schevill, *The Dramatic Works of Luis Vélez de Guevara: Their Plots, Sources, and Bibliography*, pp. 272–75; Mercedes Agulló y Cobo, «La colección de teatro de la Biblioteca Municipal de Madrid» (1982), núm. 806, p. 333; Maria Grazia Profeti, *La collezione «Diferentes autores»*, pp. 181–82; Héctor Urzáiz Tortajada, *Catálogo de autores teatrales del Siglo XVII*, pp. 696, 702, 707, 708; Germán Vega García-Luengos, «Vélez de Guevara, Luis», p. 591; C. George Peale, «Luis Vélez de Guevara (1578/79–1644)», p. 251; Jaime Moll, «Los editores de Lope de Vega», p. 220; Marie-Françoise Déodat-Kessedjian y Emmanuelle Garnier, «La *Quinta parte*: historia editorial», pp. 5–15; Luigi Giuliani y Victoria Pineda, «La *Sexta parte*: historia editorial», pp. 8–10; https://clemit.uv.es/gestion/ficheros/Parte_Quinta_de_Lope.pdf.

[2] La loa y el baile están editados por Héctor Urzáiz, en *El teatro breve de Luis Vélez de Guevara*, pp. 213–18 y 229–35, respectivamente.

28r–28v, 30v, 31v. Titulillos: *Acto primero* [fols. 4v–12v, *Acto ſegundo* (*sic*) fol. 11v], *Acto ſegundo* [fols. 13v–23v], *Acto tercero* [fols. 24v–31v] || *de la hermoſura de Raquel*.

Fol. 1. | [Barra ancha] | COMEDIA FAMOSA | DE LA HERMOSVRA | DE RAQVEL. [*sic*, *La adversa y próspera suerte de Joseſ*] | Compueſta por Luys Velez de Gueuara Gentilhombre | del Conde de Saldaña. | SEGVNDA PARTE.
Fols. 1, 3v–31r, 8.º, sigs. A, A3–D4. Entre las *dramatis personae* en el fol. 1 y el comienzo del Acto I en el fol. 3r, se imprimen a dos columnas la *Loa curiosa y de artificio* (fols. 1r–2r, col. a) y el *Bayle de la moriscos* (fol. 2r, col. b–2v, col. b).[3] Texto a dos columnas, excepto en los pasajes endecasílabos. Titulillos: [Filete] (fol. 1v), *Bayle de los Moriſcos*. (fol. 2r), *Acto primero de la II.parte* (fols. 3v–10v), *Acto ſegundo de la II.parte* (fols. 11v–19v]), [Filete] (fol. 20v), *Acto tercero de la II.parte* (fol. 21v–30v)|| *Vayle de los Moriſcos*. (fol. 2r), [Filete] (fol. 3r), *de la hermoſura de Raquel*. (fols. 4r–31r). Reclamos: *Vanse*, [A8v], *Puei*. [*sic*, *Puti*. B8v], *Vanse* [C8v].

FLOR DE | LAS COMEDIAS | de Eſpaña, de diferentes | Autores. | *QUINTA PARTE.* | RECOPILADAS POR FRANCISCO | de Auila, vezino de Madrid. | *DIRIGIDAS AL DOCTOR FRAN-* | *cisco Martinez Polo,Catedratico de prima de Medi-* | *cina,en la Vniuersidad de Valladolid.*[4] | Año [Xilografía] 1615. | CON PRIVILEGIO. | En Alcala , Por la Viuda de Luys Martinez Grande:[5] | [Filete] | *Acosta de Antonio Sanchez mercader de libros.*
Censuras firmadas por el Dr. [Gutierre de] Cetina (3–10–1614) y el Maestro [Vicente] Espinel (15–10–1614). Licencia real firmada con fecha al 15–11–1614. Fe de erratas firmada por el Licenciado [Francisco] Murcia de la Llana (1–5–1615).[6] Tasado por Juan de Jerez (5–6–1615). Privilegio firmado por Lucas Núñez de Castañeda (9–5–1615).
Real Biblioteca del Palacio Real de Madrid, XIX/2007.

---

[3] La *Loa curiosa y de artificio* y el *Baile de los moriscos* están editados por Urzáiz, en *ibid.*, pp. 213–18 y 229–35.

[4] Distinguido poeta y catedrático, cuya copiosa biblioteca fue inventariada tras su muerte en 1618. Ver Anastasio Rojo Vega http://www.anastasiorojo.com/#!/1618-testamento-inventario-y-biblioteca-del-doctor-francisco-martinez-polo-catedratico-de-medicina.

[5] Posiblemente fue la última impresión emitida de dicho taller. Ver Juan Delgado Casado, *Diccionario de impresores españoles (Siglos XV–XVII)*, p. 440; Julián Martín Abad, *La imprenta en Alcalá de Henares (1601–1700)*, p. 47; Héctor Urzáiz (dir.), https://clemit.uv.es/gestion/ficheros/Parte_Quinta_de_Lope.pdf.

[6] Ver Fermín de los Reyes Gómez, *El libro en España y América*, p. 289.

QP2 [Barra ancha] | COMEDIA FAMOSA | DE LA HERMOSVRA | DE RAQVEL, [sic, *El más amante pastor y dichoso patriarca*] COMPVESTA | por Luys Velez de Gueuara Gentil hom- | bre del Conde de Saldaña. | PRIMERA PARTE.
Fols. 133r–60v, 4.º, sigs. T–T4, V–V4, X–X4, Y–Y3. Texto a dos columnas, excepto en los fols. 139v–41v, 150r–v, 151v–52r, 153v–54v, 157r–59v. Titulillos: *Comedia famosa* [*Comidea* (sic) fols. 140v, 142v, *famosa*, fol. 135v, *Famosa*. fols. 137v, 157v, *famosa*. fols. 152v, 158v] || *de la hermosura de Raquel* [*De la* fols. 141r, 155r, 159r].

[Barra ancha] | COMEDIA FAMOSA | DE LA HERMOSVRA | DE RAQVEL, [sic, *La adversa y próspera suerte de Josef*] COMPVESTA | por Luys Velez de Gueuara Gentil hom- | bre del Conde de Saldaña. | SEGVNDA PARTE.
Fols. 161r–89v (foliación errónea: 161–79, 182–89), 4.º, sigs. Z–Cc2. Entre la nómina de personajes en el fol. 161v y el comienzo del Acto I en el fol. 162v, se imprimen a dos columnas la *Loa curiosa y de artificio* (fols. 161r–61v, col. b) y el *Bayle de la moriscos* (fol. 161v, col. b–62v). Texto a dos columnas, excepto en los pasajes endecasílabos. Titulillos: *LOA*. (fol. 161r), *Bayle de los Moriſcos.* (fol. 162v), *Comedia famosa, II. parte.* (fol. 163v ss.) || *Bayle de los Moriſcos.* (fol. 162r), *de la hermoſura de Raquel.* (fols. 163r–89r [*De la* fols. 164r, 186r]).

FLOR DE | LAS COMEDIAS | DE ESPAÑA, DE DIFERENTES | AVTORES | Quinta Parte. | RECOPILADAS POR FRANCISCO | de Auila, vezino de Madrid. | DIRIGIDAS AL DOCTOR FRAN- | cisco Martinez Polo, Catedratico de prima de Me- | dicina, en la Vniuersidad de | Valladolid. | Año, [Escudo de Sebastián Cormellas] 1616. | CON LICEN-CIA, | [Filete] | En Barcelona, en casa de Sebastian de Cormellas al Call.[7] Censuras firmadas, como en la edición complutense, por el Dr. [Gutierre de] Cetina (3-10-1614), el Maestro [Vicente] Espinel (15-10-1614) y Lucas de Castañeda (9-5-1615). Tasado por Juan de Jerez (5-6-1615). Hay otra censura más, firmada por Fr. Alberto de Soldevila (28-10-1615).[8]
Biblioteca Nacional de España, T/55314/8.

---

[7] Ver Delgado Casado, pp. 157-60.

[8] La *Tercera parte de Lope de Vega y otros auctores* y también la *Cuarta parte*, ambas impresas en 1614 por Sebastián de Cormellas, llevan la aprobación Fr. Alberto Soldevila, de la Orden de Predicadores. La adición del censor local, Soldevila, a los firmantes de la edición complutense era necesaria porque representaba el imprimátur oficial para la Corona de Aragón. N.B.: La *Tercera parte* publicada en 1612, ostensiblemente por Cormellas, fue aprobada por otros censores. Una aprobación fue firmada simplemente por «Casanova», esto es, el

QP1 se publicó como un tomo facticio compuesto de doce comedias sueltas reunidas, con loas y bailes. Cada comedia era desglosable, con paginación y signaturas independientes; *QP2*, en cambio, se publicó como una antología integrada. *La hermosura de Raquel, Primera parte* y *La hermosura de Raquel, Segunda parte*, esto es, *El más amante pastor y dichoso patriarca* y *La adversa y próspera suerte de Josef*, son la sexta y séptima piezas de ambas colecciones:[9]

— *Comedia famosa de El ejemplo de casadas y prueba de la paciencia*, compuesta por el excelente Poeta Lope de Vega Carpio [Precedida por una *Loa famosa* y el *Baile del ay, ay, ay, y el Sotillo*].

— *Comedia famosa de Las desgracias del Rey don Alfonso el Casto*, compuesta por el Doctor [Antonio] Mira de Mescua [*sic*, Amescua] [Precedida por una *Loa* y el *Baile del amor y del interés*].

— *La gran tragedia de los siete Infantes de Lara*, en lenguaje antiguo, compuesta por [Alonso] Hurtado de Velarde, vecino de la ciudad de Guadalajara [Precedida por una *Loa famosa* y el *Baile curioso de Pedro Brea*].

— *Comedia famosa de El bastardo de Ceuta*, compuesta por el Licenciado Juan Grajales [Precedida por una *Loa* y el *Baile del Sotillo de Manzanares*].

— *Comedia famosa de La venganza honrosa*, de capa y espada, compuesta por Gaspar de Aguilar, secretario del duque de Gandía, poeta valenciano [Precedida por la *Loa famosa de la lengua* y el *Baile de la boda de Foncarral*].

— *Comedia famosa de La hermosura de Raquel*, compuesta por Luis Vélez de Guevara, gentilhombre del conde de Saldaña. *Primera Parte* [Precedida por una *Loa curiosa* y el *Baile de la Comeneruela*].

— *Comedia famosa de La hermosura de Raquel*, compuesta por Luis Vélez de Guevara, gentilhombre del conde de Saldaña. *Segunda Parte*. [Precedida por la *Loa curiosa y de artificio* y el *Baile de los moriscos*].

Dr. Pedro Geñesio Casanova, oficial y vicario general en todo el arzobispado de Valencia; la otra aprobación fue firmada por «Gaspar Escolano»—el Dr. Gaspar Escolano, rector de la parroquia de San Esteban de Valencia y cronista de Su Magestad. El prestigio de aquellas dignidades de la capital levantina pudiera avalar la existencia de una edición valenciana de la *Tercera parte* en 1611, pero jamás se ha conocido ejemplar de dicha publicación. La autenticidad de sus firmas quedó puesta en entredicho por el *princeps* de 1612 porque, como comprobó Jaime Moll, la edición era fraudulenta. En cambio, no hay cuestión acerca de la legitimidad de Soldevila, ni de los censores madrileños antes de él. Véanse Moll, «La *Tercera parte de las comedias de Lope de Vega y otros auctores*, falsificación sevillana»; Luigi Giuliani, «La *Tercera parte*: historia editorial»; C. George Peale, «Comienzos, enfoques y constitución de la comedia de privanza en la *Tercera parte de las comedias de Lope de Vega y otros auctores*», pp. 146-49; idem, *El espejo del mundo*, pp. 83-87; idem, *Los fijos de la Barbuda*, pp. 40-44; Héctor Urzáiz (dir.), https://clemit.uv.es/gestion/ficheros/Parte_Tercera_de_Lope.pdf.

[9] Se cita el índice de *QP2*, que registra los autores y su título o procedencia. El índice de *QP1* trae solo los títulos; los autores están registrados en el primer folio de cada comedia como en el índice de la edición barcelonesa.

— *Comedia famosa del premio de las letras por el Rey don Felipe*, compuesta por Damián Salustio del Poyo, natural de Murcia [Precedida por la *Loa famosa en alabanza de los dedos* y un *Baile pastoril*].

— *Comedia famosa de La guarda cuidadosa*, compuesta por el divino Miguel Sánchez, vezino de la ciudad de Valladolid [Precedida por la *Loa famosa en alabanza de los males* y el *Baile de la Maya*].

— *Comedia famosa de El loco cuerdo*, compuesta por el Maestro Josef de Valdivieso [*sic*, Valdivielso], capellán mozárabe de la santa iglesia de Toledo [Precedida por la *Loa famosa en alabanza del trabajo* y el *Baile de los locos de Toledo*].

— *Comedia famosa de La rueda de la fortuna*, compuesta por el Doctor [Antonio] Mira de Mescua [*sic*, Amescua] [Precedida por una *Loa famosa* y un *Baile curioso y grave*].

— *Comedia famosa titulada La enemiga favorable*, compuesta por el Licenciado [Francisco Agustín] Tárraga [*sic*, Tárrega], vecino de la Ciudad de Valencia [Precedida por la *Loa famosa en alabanza de las mujeres feas* y el *Baile de Leganitos*].

De *El más amante pastor y dichoso patriarca*, o *La hermosura de Raquel, Primera parte,* hay un testimonio manuscrito, conservado en la Biblioteca Nacional:

MS La hermosura de Raquel
Copia en limpio, 56 hojas, letra del siglo XVII. En blanco los fols. 20v–21 y 41v, el fol. 56 está restaurado.
Biblioteca Nacional de España, MSS/15306.

El catálogo de la BNE señala que el documento es de la primera mitad del siglo XVIII, pero la letra empleada no parece corresponder a ese tiempo, ya que refleja la ortografía introducida en España por Juan de Icíar en el siglo XVI.[10] De modo que, dicho manuscrito será de principios del siglo XVII, anterior a la edición de 1615. El documento está copiado por una sola mano, pero en el fol. 56v, una vez concluida la comedia en 56r, hay una redondilla escrita en letra distinta:

> No la púrpura del nilo
> digo yo que os podre dar
> el coral fuerte del mar
> la verde seda del piro [*i. e.*, Epiro].

[10] *Cf. Recopilación subtilissima intitulada Orthographia pratica, por la qual se enseña a escreuir perfectamente* (Zaragoza, Bartolomé de Nájera, 1548), de la que hubo cinco reediciones y numerosas reimpresiones entre 1550 y 1596.

El fragmento resulta ser una pista clave que revela la transmisión de nuestra comedia, porque dichos versos corresponden a los vv. 1173-76 de *El testimonio vengado* de Lope de Vega,[11] representado en 1604 por la compañía de Baltasar de Pinedo. Es posible que la fuente de *MS* y *QP1* fuese el autógrafo, perdido, aunque más probable es que derivaran de un apógrafo, también perdido, comprado de Pinedo por Francisco de Ávila. *QP2* se trasladó directamente del impreso madrileño.[12] Los tres testimonios coinciden en general, aunque hay deslices y descuidos por parte del copista que restan valor a *MS*, y abundan errores que estropean la edición complutense:[13]

Vv.	QP1-QP2	MS
3	es muy buen (*P*)	es buen
10	es [*sic*]	eres (*P*)
11	nacistes (*P*)	nacisteis
13	distes (*P*)	disteis
15	tuvistes (*P*)	tuvisteis
30	escaramuzas (*P*)	escajamuzas [*sic*]
67	a abrir la (*P*)	abrir la [*sic*]
71	tanto (*P*)	tanio [*sic*]
84	que gozas [*sic*]	de que gozas (*P*)
93	vigor (*P*)	rigor
98	defensa y muy malsana (*P*)	defensas y mal sana
104	ya la cabeza (*P*)	ya l [*sic*] cabeza
111	Y así (*P*)	Y ansí
119	acción (*P*)	ación
122	le viste	la viste (*P*)
148	flechas (*P*)	fiechas [*sic*]
157	y ve el estrago (*P*)	y del estrago
157	he trasladado (*P*)	es trasladado
164	como a rey (*P*)	como rey
182	así (*P*)	ansí

[11] Compuesto en 1596-1603, y publicado en la *Primera parte* de Lope (fols. 308v-21 [*sic*, 332]). Véanse S. Griswold Morley y Courtney Bruerton, *Cronología de la comedias de Lope de Vega*, pp. 58-59, 259, 592; Luigi Giuliani *et al.*, «La *Primera parte*: historia editorial», pp. 41-42.

[12] Se puede ver esta misma relación en la *La tercera parte de Lope de Vega y otros auctores* que el taller de Cormellas produjo el año anterior basándose en la edición madrilena de 1613. Véase Luigi Giuliani, «La *Tercera parte*: historia editorial», pp. 11-49.

[13] En las tablas siguientes se contabilizan las variantes de segmentos representativos, en los doscientos versos iniciales, intermedios y finales de la obra. Se indica entre paréntesis la lección de nuestra edición.

190	sucesión (*P*)	subcesión
1675	no le falta (*P*)	no le falsa
1679	señal que la roja (*P*)	señal que aroja
1685	según al cielo tocan (*P*)	según el cielo tocan
1696	olmos salvajes (*P*)	olmos selvajes
1734	tan solo [*sic*]	tan loco (*P*)
1737	No me deis tanto (*P*)	No me deis tantos
1773	ahora (agora *P*)	hora [*sic*]
1777	voy a apacentar (*P*)	vos apacentar [*sic*]
1791	aunque al gusto (*P*)	aunque el gusto
1802	la verde grama (*P*)	la verde gama
1807	se midieron (*P*)	se me dieron
1816	todo un reino de ganado (*P*)	todo el reino de un ganado
1839	envidias (*P*)	invidias
1840	venidos a averiguar (*P*)	venidos averiguar
3267	al Cielo (*P*)	a Dios
3275	más se agrada (*P*)	más te agrada
3299	*pretendía* (*P*)	*petendía* [*sic*]
3353	siviera (*P*)	serviera
3361	hacienda contrario [*sic*]	hacienda contraria (*P*)
3362	que fue (*P*)	y fue
3365	que le naciesen (*P*)	que naciesen
3394	con el peso (*P*)	como el peso
3400	curpo [*sic*]	cuerpo (*P*)
3404	segunda (*P*)	sigunda
3432	santa (*P*)	sancta

Como suele ocurrir en ediciones derivadas, la tipografía de *QP2* corrompe lecturas correctas de *QP1*:

Vv.	*QP1-MS*	*QP2*
6	y mi arrimo (*P*)	y arrimo
25	para algún (*P*)	por algún
27	os encerraba (*P*)	nos encerraba
69	domésticas (*P*)	admonesticas [*sic*]
127	y tú, hambriento (*P*)	y hambriento
134	y ansí	y así (*P*)
147	con el venablo (*P*)	cen el venablo [*sic*]
172	quiere a Jacob (*P*)	quiere Jacob
186	oración (*P*)	ocasión
1715	desventuras (*P*)	desventuraras
1750	pues todo (*P*)	que todo
1762	merecía (*P*)	mereció
1776	valle (*P*)	vaile

1798	de mi manada (*P*)	de mi mano da
1837	Y no hay (*P*)	Y no no hay
1840	averiguar (*P*)	averigar [*sic*]
3274	fue permisión (*P*)	fue per permisión
3315	mi amistad (*P*)	m amistad [*sic*]
3323	pasado (*P*)	pasada
3336	Aumente (*P*)	Augmente
3367	y yo de (*P*)	y de
3386	Quitábalas (*P*)	Quitábales
3417	es esta la planta (*P*)	es esta planta
3432	invidia (*P*)	envidia
3296	*Siete años de pastor Jacob servía* (*P*)	*Años ha de pastor Jacob servía*

En cambio, hay casos —son pocos— en donde la edición de Cormellas subsana la lectura equivocada de su fuente:

Vv.	QP1	QP2-MS
30	estrazas	estrañas (*P*)
37	cerriendo	corriendo (*P*)
73	estrañas	estraños (*P*)
119	primogenico	primogénito (*P*)
161	Otros	Otras (*P*)
200	lentajas [*sic*]	lentejas (*P*)

De *La adversa y próspera suerte de Josef*, o *La hermosura de Raquel, Segunda parte*, hay dos manuscritos:

MS1   + | Comedia famosa De la prospera y aduersa [*sic*] | fortuna de Joseph y segunda De la | hermosa Raquel.
Manuscrito en limpio, encuadernación moderna, letra del siglo XVII, 57 hojas modernamente numeradas. En la hoja de guarda, hay apuntes en letra moderna, escritos con tinta negra: MS. Aut ~~Ynedito~~ | Prospera y adversa fortuna [*sic*] de Josef | 2.ª P.ᵗᵉ de la Hermosa Raquel | [Otra pluma] Guevara | ~~Cordero~~. En el margen izquierdo de la primera hoja del propio texto, hay un apunte en la misma tinta negra y letra como en la hoja anterior: Cordero. Rúbrica en el fol. 57v:

Biblioteca Nacional de España, MSS/15151.

La segunda copia manuscrita de *La adversa y próspera suerte de Josef* lleva un epígrafe equivocado:

MS2 + | Comedia Famosa | El mas amante Pastor, y dicho [*sic*, dichoso] Patriarca. | y por otro título | Joseph Salvador de Egypto. | Y Por otro La hermosura de Raquel. | De Luis Velez de Guebara.
Apunte de teatro manuscrito, 85 hojas en 3 cuadernos, de 23, 29 y 33 fols., letra del siglo XVII.
Biblioteca Histórica Municipal de Madrid, Tea 1-49-25.[14]

QP1, QP2 y los manuscritos conforman una tradición textual que permite apreciar las dos vías por las que se conocía Comedia Nueva durante las primeras décadas del Seiscientos. Los manuscritos son teatrales; siendo apuntes de representación, con sus pequeñas variantes, faltas y deslices dan una idea de la inmediatez y espontaneidad de los espectáculos presenciados por el público de los corrales. En este sentido su ontología puede llamarse «performativa». La ontología de los impresos, en cambio, puede describirse como «literaria». Plasman las obras como una vivencia literaria cuya clave lingüística es más formal, orientada a destinatarios alfabetizados y económicamente acomodados.[15] No obstante esta diferencia, la coincidencia de los testimonios de ambas obras es notablemente coherente. Cuando hay un lapso en uno o más textos, es suplido por el resto de la tradición,[16] y como se verá a continuación en el resumen de los 200 versos iniciales, intermedios y finales, la mayoría de las variantes son de poca consecuencia:

---

[14] Agulló y Cobo, núm. 806, p. 333.

[15] *Cf.* Ramón Menéndez Pidal, «El lenguaje del siglo XVI», pp. 62-74; Juan M. Lope Blanch, «La lingüística española del Siglo de Oro»; Hans-Martin Gauger, «La conciencia lingüística en el Siglo de Oro»; Lore Terracini, «Alabanza de lengua, menosprecio de gente, en la cultura lingüística española de los Siglos de Oro»; Fernando González Ollé, «El habla cortesana, modelo principal de la lengua española»; Don W. Cruickshank, «'Literature' and the Book Trade in Golden-Age Spain»; *idem*, «The Stage in Print—Printed Plays in Early Modern Spain». Para otras perspectivas sobre el tema ontológico de la comedia como «literatura» véanse Marcos A. Morínigo, «El teatro como sustituto de la novela en el Siglo de Oro»; Mariano Baquero Goyanes, «Comedia y novela en el siglo XVII»; Margarita Levisi, «Los aspectos teatrales de *El Diablo Cojuelo*»; Germán Vega García-Luengos, «La transmisión del teatro en el siglo XVII», p. 1313; *idem*, «Sobre la identidad de las partes de comedias», pp. 67-68.

[16] En *El más amante pastor* faltan los vv. 1610-11, y 2493 en *MS*; los vv. 822, 1034-36 en *QP1, QP2*; y el v. 2153 en *QP2*. En *La adversa y próspera suerte de Josef* faltan el v. 1880 en *QP1*; los vv. 50, 685-94, 884, 908-09 en *QP1, QP2*; los vv. 483-86, 1700, 3039 en *QP1, QP2, MS2*; los vv. 362-65, 1374-81, 1458-69, 1636-39, 1824-25, 1961, 1856-941 en *MS1*; y los vv. 834, 996, 2116, 2620, 2726, 2865 en *MS2*.

Vv.	QP1, QP2, MS2	MS1
16	No le quise bien jamás (P)	No la quise bien jamás
68	segando la sementera (P)	segando en la sementera
108	Si es vuestro gusto, escuchad (P)	Si es gusto vuestro, escuchad
112	a vuestro decoro ofendo (P)	a vuestro valor ofendo
119	la tierra y que me adoraban (P)	la tierra que me adoraban
148	sin que me perdones (P)	hasta que me perdones
176	partíos, que ya es hora (P)	partíos ya que es hora
198–99	que os ampare diez / colunas (P)	que os ampare Dios / colunas
200	Matar pienso al soñador (P)	Matar tengo al soñador
1500	No le permitas vencer (P)	No la permitas vencer
1501	que ganarme el alma intenta (P)	que ganar el alma intenta
1518	CRIADA. Sin duda, que determina (P)	Sin duda, que determina
1528	A la cisterna no entré (P)	En la cisterna no entré
GG	*Sale* MITILENE *en manteo, asida a la capa de* JOSEF. (P)	*Sale* JOSEF, *y* MITILENE *en manteo, asida de su capa.*
1587	de haberse en casa quedado (P)	de haber en casa quedado
1591	y el encubrirse este caso (P)	y el encubrir este caso.
1599	me niega su vista *(P)*	me lleva su vista
1606	por que aun memorias no vean	por que aun ni memorias vea
1636–39	ese que en mi casa hiciste, /imagen de la soberbia, / que han / sido las alas para tu ofensa, *(P)*	Faltan. con tantas honras,
1645	adivinando mi afrenta *(P)*	adivinando mi ofensa
KK	*Sale* JOSEF, *y los* CRIADOS. (P)	*Entra* JOSEF, *y los* CRIADOS.
1660	Ah, perro ingrato, villano *(P)*	Oh, perro ingrato, villano
1661	hebreo, hoy verá la tierra *(P)*	hebreo de falsa seta
1662	qué ejemplo dejo de ti *(P)*	qué ejemplo quedo de ti
1681	(*Ap.*: Ya de lo dicho me pesa *(P)*	Ya de lo dicho me pesa
1686	¡Perro, villano!, ¿eso dices?	¡Perro!, ¿eso dices *(P)*
1697	Vengan daños, males vengan *(P)*	Vengan males, daños vengan
3008–09	Mira, que es de su vejez / la prenda más regalada (P)	Mira que de su vejez / es la prenda regalada
3038	Danos, hermano, los pies (P)	Danos, hermanos, los pies
3070	El arquitecto ha venido (P)	El arquitecto está aquí
3088–89	quisiera / que la trazases (P)	quisiera / que le trazases
3104–05	dando al viento / de su fortaleza indicio (P)	dando el viento / de su fortaleza indicio
3116	Quiero salirme allá fuera (P)	Quiero salir allá fuera
3164–65	Puedes / mandar en él como yo (P)	Puedes / en él mandar como yo
3170	en puesto tan eminente (P)	en puesto tan inminente
3185–86	venía / a buscarlos con la gente (P)	venía / a buscarlos juntamente
3206–07	Quien halla a un hijo no puede / reparar en cortesías (P)	Quien habla a un hijo no puede / reparar en cortesías

Vv.	QP1, QP2	MS1, MS2
272	y qué de abrazos	qué de abrazos (*P*)
288	que no acaso	que no ocaso (*P*)
1522	(*Ap.:* Ninguna el jüicio tiene (*P*)	Ninguna el jüicio tiene
1612	Putifar. ¿Qué es esto?	Dentro Putifar ¿Qué es esto? (*P*)
1624	podrás darme venganza (*P*)	podrás tomar venganza
1653	pero la justa defensa	para la justa defensa (*P*)
1670	aora	agora (*P*)
1695	Mitilene. (*Ap.:* Aun así tiene belleza.) (*P*)	Mitilene. Aun así tiene belleza.
2914	las luces tras la dorada	las luces trasladará (*P*)
2918	¿Nosotros, gente ruín? (*P*)	que no somos gente ruín
3065	porque su ingenio es divino (*P*)	porque a su ingenio divino
3171	vinieron mis once hebreos	vinieron mis once hermanos (*P*)
3189	recibirlos	recebillos (*P*)

Llama particular atención una variante al final del Acto III. Dos versos de *QP1, QP2,* y *MS2* subrayan la trascendencia de la inmediata situación dramática e implican un tema global de la obra. La lección de *MS1,* en cambio, trivializa ambos niveles de significación:

| 3206-07 | Quien halla a un hijo no puede reparar en cortesías (*P*) | Quien habla a un hijo no puede reparar en cortesías |

❧   ❧   ❧

*L*a *hermosura de Raquel, Primera* y *Segunda parte* y, a veces, *La hermosa Raquel,*[17] son los títulos que se han citado universalmente en los repertorios antiguos y en los catálogos y referencias críticas de los tiempos modernos, y fueron usados por Baltasar de Pinedo y otros autores de comedias para promocionar sus producciones.[18] pero no son los títulos intencionados por el autor, como se aprecia en los versos finales de cada obra:

[17] Véase *CATCOM, s. v.* «*La hermosa Raquel (primera parte)*»; idem, *s. v.* «*La hermosa Raquel (segunda parte)*».

[18] El cambio de título era un fenómeno común de la Comedia Nueva, aunque se ha estudiado poco. Un filón de la crítica está centrado en la presencia de los refranes en los marbetes de comedias: José Gella Iturriaga, «Los títulos de las obras de Lope de Vega y el Refranero»; Nieves Rodríguez Valle, «Los refranes en los títulos de las comedias del Siglo de Oro: expectativa, argumento y creación»; Noelia Iglesias Iglesias, «"De los títulos y nombres que se han de poner a las poesías": tres tipos de títulos en el *Corpus* de comedias de Calderón». Estudios más recientes problematizan el tema enfocándose en los cambios que ocurrieron en el traspaso de los textos del drama teatral al medio impreso: Gonzalo Pontón, «Imprenta y orígenes del teatro comercial en España (1560-1605)»; Sònia Boadas y Laura Fernández, «Los títulos de las comedias de Lope de Vega: oscilaciones y cambios de los autógrafos a la imprenta».

CRIADO.	Ya Raquel, tu esposa amada,
	y Lía llegan, Jacob.
ESAÚ.	Ellas sean bien llegadas.
	Salgamos a recebillas,
	y aquí, Senado, se acaba
	el más amante pastor
	y dichoso patriarca. (Vv. 3443-49)

FARAÓN.	Hoy quiero haceros a todos
	un espléndido banquete,
	porque vuestro regocijo
	es justo que yo celebre,
	que después, como veréis,
	os haré largas mercedes.
JOSEF.	Esta es de Josef, Senado,
	la adversa y próspera suerte. (Vv. 3211-18)

    Estos títulos reflejan la sucesión generacional de la historia bíblica y anuncian la temática de sendos dramas, pero los epígrafes usados por Pinedo, y después por Francisco de Ávila, probablemente eran comercialmente más rentables. Eran sucintos, y por tanto más memorables, y su tinte voyerista habría tenido mayor atractivo que las connotaciones de ortodoxia de «*El más amante pastor y dichoso patriarca*» y «*La adversa y próspera suerte de Josef*». Además, «*La hermosura de Raquel*» implicaba el protagonismo de la esposa de Pinedo, la notoria actriz Juana de Villalba. La «*Primera*» y «*Segunda parte*» prometían comedias sobre la hermosa madre del patriarca, pero en realidad no hay entre las dos piezas ningún elemento homólogo aparte de la presencia de José y su padre Jacob. De hecho, las respectivas nóminas de personajes son muy distintas; siquiera figura Raquel en la llamada *Segunda parte* de la comedia cuyo título lleva su nombre. Es más, la obra conocida como la *Segunda parte* fue compuesta por Vélez antes de la *Primera*.

⁂ ⁂ ⁂

La fecha de *El más amante pastor y dichoso patriarca* y *La adversa y próspera suerte de Josef* no se ha resuelto hasta ahora. Forrest Eugene Spencer y Rudolph Schevill dan una relación bibliográfica muy completa del contexto temático de las dos comedias y reconocen en particular coincidencias con *Los trabajos de Jacob o sueños hay que verdad* y *Los trabajos de Jacob* de Lope, pero no aventuran ninguna hipótesis acerca de la fecha de composición.[19] Años después, Courtney Bruerton aplicó su metodología analítica, tan lograda para

---

[19] *The Dramatic Works of Luis Vélez de Guevara*, pp. 274-75, 278-81.

numerosos casos de Lope, a Vélez para concluir que las dos obras se compusieron entre 1602 y 1608, pero hay consideraciones, circunstanciales asi como internas, que con fundamento sólido permiten estrechar el marco cronológico de *El más amante pastor* y *La adversa y próspera suerte de Josef*.

La primera es la firma que encabeza las dos comedias, «Luis Vélez de Guevara, gentilhombre del conde de Saldaña». A primera vista el dato parecerá una formalidad insignificante, como Francisco de Ávila identificó a los poetas de la *Quinta parte* por su título o registro oficial—«el Doctor Mira de Mescua», «Hurtado de Velarde, vecino de la ciudad de Guadalajara», «el Licenciado Juan Grajales», «Gaspar de Aguilar, secretario del duque de Gandía», etc.—, pero resulta ser un factor consecuente en el caso de las comedias de Vélez, porque produce una fecha *a quo* segura.

En 1603, a poco de volver del servicio militar en el Milanesado y en las galeras de don Pedro de Toledo, Luis Vélez de Santander tras una breve estancia en Sevilla llega a Valladolid y, supónese, con el aval de haber servido al Arzobispo Rodrigo de Castro, se incorpora a la casa de Diego Gómez de Sandoval, hijo segundo del duque de Lerma.[20] Al casarse el joven Sandoval en agosto de ese año con Luisa de Mendoza, heredera del ducado del Infantado, dejó de usar su propio nombre, adoptando el de don Diego Hurtado de Mendoza y asumiendo el título condal de su esposa para recalcar sus nuevos derechos patrimoniales y darse un grado de autonomía social y política. En esta misma época, Vélez sustituye su apellido «Santander» por el de «Guevara», siempre identificándose durante los quince años subsiguientes como «criado», «secretario», «paje» o «gentilhombre» de Saldaña.[21]

Otra consideración circunstancial ayuda a deslindar las fechas respectivas de las dos obras y a iluminar cuestiones acerca de la transmisión de la *Quinta parte*.

En la citada historia de Déodat-Kessedjian y Garnier se refieren a la relación entre Francisco de Ávila y el autor Baltasar de Pinedo.[22] En febrero de 1604, cuando el autor de comedias estaba representando en Madrid, recibió orden para trasladarse a la corte en Valladolid, adonde se quedó hasta el año siguiente.[23] Habría realizado la mudanza durante la Cuaresma, eso es, durante la intermisión entre una temporada teatral y la siguiente.[24] A poco de llegar a la

---

[20] No debió de tardar en integrarse en la tertulia literaria de la corte vallisoletana, pues figuró entre los ingenios que compusieron poemas encomiásticos para *El viaje entretenido* de Rojas Villandrando, aprobado al 15 de mayo, e impreso a fines del año. Ver Narciso Alonso Cortés, «Noticias de una corte literaria», p. 45.

[21] Véase Marina Martín Ojeda y C. George Peale, «Historiografía, genealogía y onomástica», pp. 9, 17–18.

[22] Pp. 12–13.   [23] Alonso Cortés, p. 47.

[24] En 1604 las fechas de Cuaresma eran del 3 de marzo al 17 de abril. La temporada del teatro comenzó el lunes después del Domingo de Pascua, o sea, el 19.

corte vallisoletana Pinedo habría conocido a Luis Vélez y no dudaría en incorporar *La adversa y próspera suerte de Josef* al repertorio de su compañía para la temporada de 1604-1605. No habría sido una inversión arriesgada: la historia de Jacob, Raquel y Josef era un tema perenne del teatro,[25] y el dramaturgo novel era reputado en la corte como una voz nueva y bien conectada socialmente. Pero el mayor garante de la rentabilidad comercial de *La adversa y próspera suerte* habría sido el apoyo del propio duque de Lerma, porque a través del parangón con la historia bíblica la obra presentaba una apología del favorito del rey justo al tiempo cuando las contracorrientes teóricas y prácticas acerca de su régimen circulaban sin empacho.[26] En vista del esas circunstancias, es plausible suponer que *La adversa y próspera suerte de Josef* fue un encargo del conde de Saldaña y que la obra fue compuesta entre febrero y abril de 1604.

Por cierto, *La adversa y próspera suerte de Josef* tiene sus deficiencias, que probablemente son la consecuencia de una redacción muy apresurada. Los valores dramáticos y poéticos son francamente modestos: algunos hitos del enredo parecen forzados; los personajes son planos; hay poco lirismo y la versificación es rudimentaria, con vueltas estróficas que a veces impresionan como muy abruptas. Los valores de producción son asimismo modestos y fáciles de realizar: no hay tramoyas, efectos especiales ni escenas musicales que habrían dilatado los preparativos del estreno. Aun así, en la animación y color de las escenas multitudinarias y de la guardarropía se aprecian el rumbo, boato, tropel y grandeza que caracterizan la escenografía de Vélez de Guevara:[27]

> *Salen por una parte* RUBÉN, SIMEÓN, LEVÍ, DAM *y* NEPTALÍ,
> *y por otra parte* JUDAS, ISACAR, ZABULÓN, GAD *y* ASER,
> *y dicen* LOS UNOS A LOS OTROS *juntos:*   (Acot. A)

> *Salen* TODOS, *con sus hondas y con palos. Delante sale* SIMEÓN *corriendo,
> y los demás siguiéndole, y tropieza* SIMEÓN *en una cisterna que estará
> hecha en el tablado, y yendo a caer dentro, se ase a* RUBÉN, *y*
> RUBÉN *de* OTRO, *y ansí quedan* UNOS *de* OTROS *asidos.*   (Acot. G)

---

[25] Sobre el tema de Jacob y Raquel Spencer y Schevill (p. 274) citan obras anónimas del siglo XVI y, a principios del XVII, comedias de Diego Sánchez de Badajoz, Fray Damián de Vegas, Vicente Mascareñas y Lope de Vega; sobre el tema de Josef dichos investigadores (p. 278-80) mencionan varias piezas del Quinientos y obras de Mira de Amescua y Sor Juana Inés de la Cruz.

[26] *Cf.* Giuseppe Mrozek Eliszezynski, *Bajo acusación. El valimiento en el reinado de Felipe III: Procesos y discursos, passim.*

[27] Los calificativos son de Cervantes, en el prólogo a sus *Ocho comedias y ocho entremeses,* en *Teatro completo,* ed. Florencio Sevilla Arroyo y Antonio Rey Hazas, p. 11.

Sale JOSEF *con vestidura nueva, que es una como almalafa hasta los pies, de mangas anchas.* (Acot. H)

Sale MITILENE, *mujer de* PUTIFAR, *y* UNA CRIADA, *con un espejo, y ella tocada a la gitana.* (Acot. Y)

Sale JACOB, *la barba más crecida, y la cabellera signada en la cabeza si no es ceniza, y por la cara, con ropa negra o un saco de jerga ceñido, y un báculo.* (Acot. PP)

Salgan LOS QUE PUDIEREN *con ropas como sabios, tocan chirimías, descúbrese un trono y en él* FARAÓN, *vestido con cota y faldón a lo romano, cetro y corona, y* TODOS *se hincan de rodillas, y a una parte* PUTIFAR, *y* UN COPERO. (Acot. UU)

Salgan TODOS LOS CABALLEROS QUE PUDIEREN, *con libreas de máscara de diferentes colores, y el* REY FARAÓN, *y en entrando se quite la máscara, diciendo a* JOSEF: (Acot. ww)

Tocan chirimías, y levántase una compuerta y aparezcan TODOS. DOCE HERMANOS *juntos por su orden con sus cercos, y solamente* JUDAS *con corona, y* EGIPTO *en medio, que la hará una mujer, con una torre en la cabeza como corona, y de* CADA HERMANO *venga una cadena donde está la que hace a* EGIPTO, *que las tendrá en las dos manos, tantas a una parte como a otra, y* CADA HERMANO *en la otra una espada desnuda.* (Acot. Vv)

Posteriormente, durante la temporada de 1604–1605, Vélez compuso *El más amante pastor y dichoso patriarca*, que redondeó el consabido tema veterotestamentario con la precuela de la historia de Josef. Las cualidades dramáticas y poéticas de esta segunda comedia —que, recuérdese, se publicó con el título de *La hermosura de Raquel, Primera parte*— reflejan un concepto más ambicioso y una composición más sosegada.[28] Mientras la trama es fiel a la fuente bíblica, las situaciones dramáticas están estructuradas con más sutileza que en *La adversa y próspera suerte* debido a los móviles matizados que propulsan la acción. Por otra parte, las acotaciones reflejan una concepción escenográfica más exuberante. Las direcciones de *La adversa y próspera suerte* sitúan el movimiento de los personajes al nivel común del tablado y dan interés visual al

---

[28] Las características enumeradas a continuación tienen estrechos paralelos con otra comedia de Vélez, *El cerco de Roma por el rey Desiderio*, encargada por el conde de Saldaña por las mismas fechas para reivindicar los intereses de su amigo, don Alonso de Zúñiga, VI Duque de Béjar, y también para encarecer el linaje de los Sandovales. Véase C. George Peale, *El cerco de Roma por el rey Desiderio*, pp. 47–52.

espacio teatral con detalles del vestuario y atrezo. Puede decirse que se trata de una escenografía genérica, representable con igual eficacia en un salón como en un corral. Las direcciones de *El más amante pastor*, en cambio, reflejan un concepto más aparatoso que aprovecha la totalidad del espacio teatral. Además, el detallismo de la escenografía no solo precisa la guardarropía de los actores, sino que dirige su coreografía y gestualidad:

> *Sale* Isaac *muy viejo, con el cabello largo, ciego, arrimado a un báculo, puesta la mano sobre el hombro de* Esaú, *su hijo, el cual saldrá vestido de pieles, calzones y gabaneta, y descubiertos la mitad de los brazos, una aljaba al hombro y un cuchillo de monte al lado, y unas sandalias en los pies y lo demás descalzo.* (Acot. A)

> *Salen* Rebeca *y* Jacob *a otra parte, también con la mano en el hombro de su hijo.* (Acot. B)

> *(Quédase dormido, y corriendo una cortina aparece* Isaac *sentado en una silla, y* Jacob, *de rodillas, con un vestido de* Esaú, *y las manos cubiertas de dos guantes velludos de cabritos.)* (Acot. G)

También agrega elementos musicales que sonorizan el espacio escénico y prescribe montajes y tramoyas que dinamizan su dimensión vertical:[29]

---

[29] *Cf.* las direcciones con las que Vélez apunta la escena apoteósica de *El cerco de Roma*, acots. dd–nn:

> *Vanse, suena música, y descúbrese un teatro con algunas gradas hasta abajo. En lo alto estarán* Cuatro Cardenales *en pie, y en medio de ellos, unos cojines. En un bufete estará una tiara, y en otro estarán unas llaves, en otro unos pañales, y en otro unas estopas.*

[...]

> *Con la pompa y regocijo que hubiere, entre el triunfo. y sea de esta manera: Salgan delante los* Cautivos que pudieren, *y luego los* Soldados que hubiere, *y* Roldán *y* Reinaldos *arrastrando las banderas, y luego* Íñigo Arista *y* Bernardo, *coronados de laurel, y en las manos las armas° del Emperador, que son las cinco lises. Tras de esto,* Carlomagno, *y el* Papa Leoncio, *coronado de laurel, y dan vuelta al tablado* Todos *juntos, y dice* Carlos Magno:

[...]

> *Hay música. Bajan los* Cuatro Cardenales, *y sube* Leoncio *y siéntase en la silla.*

[...]

> *(Pónele la corona.)*

[...]

> *(Danle el báculo.)*

*Recuéstase JACOB y duerme, y aparece una escala que llega
al cielo, y van subiendo y bajando ALGUNOS ÁNGELES por
ella, y DIOS PADRE arriba en el remate de la escala,
y suena música, y dice JACOB entre sueños:* (Acot. T)

Sale LAURO, mayoral, por una montañuela. (Acot. W)

*Viene bajando por la montañuela RAQUEL, vestida de
pastora bizarra, con patenas y corales, y un zurrón,
todo el cabello esparcido sobre las espaldas.* (Acot. Z)

*Suena música, bajando una nube, y en ella el
AMOR DIVINO, de pastorcico, y llega hasta abajo.* (Acot. ZZ)

*Vuelve a tocar la música, y sube en la
nube por la misma orden que bajó.* (Acot. dd)

Duérmese también JACOB, y sale arriba OTRO ÁNGEL diferente. (Acot. qq)

*Tocan chirimías, y descúbrese un árbol que es la planta y raíz de Jesé,
abriéndose dos puertas grandes de lienzo, y el Verbo Divino en lo
más alto del árbol, y haya todas las figuras que se pudieren aquí.* (Acot. rr)

Asimismo, la versificación de *El más amante pastor* impresiona como más desenvuelta y, hay que decirlo así, más creativa que *La adversa y próspera suerte*, lo cual reafirma la composición apurada de esta. A continuación se facilita un resumen de la disposición estrófica de las dos comedias:

	(Danle las llaves.)
[...]	
	(Siéntase LEONCIO y pone el pie en unos cojines, y con música le besan el pie los CARDENALES.)
[...]	
	(Suena música, y va subiendo CARLOMAGNO por las gradas, y besa el pie al PAPA, y él le abraza y dice:)
[...]	
	Sube BERNARDO, como temiendo, por el respeto del SUMO PONTÍFICE, y dice LEONCIO:
[...]	
	(Hay música y vayan subiendo TODOS, y en acabando digan «¡Viva Leoncio!»)
[...]	
	(Queman las estopas.)

La adversa y próspera suerte de Josef

ACTO I

Redondillas	1–292	292
Tercetos	293–470	178
Redondillas	471–750	280
Quintillas	751–785	35
Redondillas	786–913	128

ACTO II

Redondillas	914–1553	640
Romance (*e-a*)	1554–1725	172
Décimas	1726–1855	130
Sueltos	1856–2011	156

ACTO III

Redondillas	2012–2507	496
Romance (*i-o*)	2508–2613	106
Sueltos	2614–2823	210
Quintillas	2824–3118	295
Romance (*e-e*)	3119–3220	102

RESUMEN TOTAL

Redondillas	1836	57,0%
Romance	380	11,8%
Sueltos	366	11,4%
Quintillas	330	10,2%
Tercetos	178	5,5%
Décimas	130	4,1%[30]

---

[30] *Cf.* el cómputo que trae Bruerton en «Eight Plays by Vélez de Guevara», p. 249:

Redondillas	1828	56,9%
Quintillas	330	10,3%
Romance	380	11,8%
Tercetos	177	5,5%
Sueltos	367	11,4%
Décimas	130	4,0%

Se notarán pequeñas discrepancias con las cifras enumeradas en el respectivo resumen final de las comedias referidas. Esto es porque ahora, en los análisis sumarios de Bruerton se excluyen las canciones, ya que, como ha demostrado la experiencia con el canon de Lope, estas formas incidentales no tienen relación con la cronología. Ver *Cronología de las comedias de Lope de Vega*, p. 27.

El más amante pastor y dichoso patriarca

ACTO I

Quintillas	1–345	345
Redondillas	346–417	72
Quintillas	418–607	190
Romance (-ó)	608–683	76
Tercetos	684–858	175
Quintillas	859–1198	340

ACTO II

Soneto	1199–1212	14
Redondillas	1213–1272	60
Canción	1273–1274	2
Redondillas	1275–1286	12
Canción	1287–1296	10
Redondillas	1297–1408	112
Romancillo con estribillo (*i-e*)	1409–1576	168
Romancillo con estribillo (*o-a*)	1577–1726	150
Quintillas	1727–1921	195
Romance con estribillo (*u-a*)	1922–2127	206
Sueltos	2128–2197	70
Redondillas	2198–2245	48
Soneto	2246–2259	14
Quintillas	2260–2319	60
Sueltos	2320–2390	71
Redondillas	2391–2426	36
Canción	2427–2438	12
Redondillas	2439–2450	12
Canción	2451–2454	4
Redondillas	2455–2470	16
Silvas	2471–2554	84

ACTO III

Octavas reales	2455–2642	88
Redondillas	2643–2990	348
Sueltos	2991–3047	57
Redondillas	3048–3199	152
Canción	3200–3203	4
Redondillas	3204–3295	92
Soneto	3296–3309	14
Redondillas	3310–3349	40
Romance (*a-a*)	3350–3449	100

RESUMEN TOTAL

Quintillas	1130	33,4%
Redondillas	1000	28,9%
Romance	700	20,2%
Sueltos	198	5,7%
Tercetos	175	5,0%
Octavas reales	88	2,5%
Silvas	84	2,4%
Sonetos	42	1,2%
Canciones	32	,9%

Según Courtney Bruerton,

> The versification of *La hermosura de Raquel I* [*El más amante pastor*], with *qu.* heavier than *red.*, light *rom.*, a single long passage of *ter.*, varied act openings and 21.4% [*sic*] of Italian lines, points to an early date. [...] It seems probable that *La hermosura de Raquel I* was written no earlier than Vélez's return to Spain in 1602. The outside dates would seem to be 1602-05.
> [...]
> The versification of *La hermosura de Raquel, II* [*La adversa y próspera suerte*] is somewhat different: about 800 fewer lines of *qu.* and about 800 more lines of *red.*, less varied act openings and closings, much heavier *su.*, and a long passage of *déc.* We find, however, practically the same number of lines of *rom.* as in the previous play and an almost equally long passage of *ter.* Both these meters suggest that the play was written at about the same time as its first part [*El más amante pastor*].[31]

El análisis estadístico de Bruerton no toma en cuenta la complejidad del enredo de *El más amante pastor y dichoso patriarca* ni de los personajes y sus motivos. La versificación, con veintiséis segmentos estróficos—6, 13 y 7 en los actos respectivos—, corresponde a los matices sutiles del enredo. La cifra se destaca al contrastarla con *La adversa y próspera suerte de Josef*, con catorce—dispuestos en 5, 4 y 5—, cuyas únicas variantes rítmicas son tres tramos de endecasílabos que conforman un 16.9% de los versos. En cambio, las alteraciones métricas de *El más amante pastor* están distribuidas entre tercetos, sonetos, sueltos, silvas y octavas, que suman un 16.8% de la obra. La variedad funcional de la versificación, como el uso en el Acto II de dos sonetos—el primero inicia la jornada—, de redondillas contrapunteadas por música, de romancillos con estribillo y de silvas que finalizan la jornada, refleja un concepto desinhibido de mayor soltura lírica que en *La adversa y próspera suerte de Josef*. Por ejemplo, en la historia veterotestamentaria Vélez se tomó la libertad de incorporar cantares tradicionales de Castilla (vv.

---

[31] *Cf.* Bruerton «La versificación dramática española», p. 252.

1273-74, 1287-96) y, en el Acto III, dos canciones de pastores de sabor rústico, posiblemente inventadas por el propio autor (vv. 2437-54, 3200-03). Y para obra tan temprana, llama la atención el uso de tres sonetos, y especialmente el tercero (vv. 3296-3309), que es una traducción musicalizada del notorio soneto de Luis de Camões, *Sete anos de pastor Jacob servia / Labão, pai de Raquel, serrana bela*.[32]

[32] *El cerco de Roma* es otra prueba de la soltura creativa de Luis Vélez como versificador aun en los primeros años de su carrera. La obra ensambla conflictos personales, sociales, culturales, políticos y religiosos ocurridos en diversos países y expuestos en varias tonalidades—histórica, mítico-legendaria y alegórica—, pero curiosamente, se discurren solo en metros octosílabos:

ACTO I
Romance (*o-e*)	1-104	104
Romance (*o-a*)	105-164	60
Quintillas	165-224	60
Redondillas	225-280	56
Quintillas	281-340	60
Redondillas	341-476	136
Quintillas	477-516	40
Romance (*o-a*)	517-572	56
Quintillas	573-647	75
Redondillas	648-904	257
Romance (*a-o*)	840-956	52
Redondillas	957-1020	64
Quintillas	1021-1080	60

ACTO II
Quintillas	1081-1115	35
Redondillas	1116-1351	236
Quintillas	1352-1556	205
Redondillas	1557-1644	88
Romance (*e-o*)	1645-1712	68
Quintillas	1713-2026	315
Redondillas	2027-2104	78

ACTO III
Redondillas	2105-2124	20
Romance (*i-a*)	2125-2188	64
Quintillas	2189-2343	155
Romance (*a-a*)	2344-2427	84
Redondillas	2428-2443	16
Quintillas	2444-2583	140
Romance (*o-a*)	2584-2631	48

RESUMEN TOTAL
    Número de versos: 2631
    Secuencias estróficas: 26 (12, 7, 7)
    Versos españoles: 100,0%
    Redondillas: 36,1%   Quintillas: 43,5%   Romance: 20,4%
    Estrofas aconsonantadas: 79,6%

Principios y procedimientos editoriales

La presente edición se ha realizado siguiendo los principios y procedimientos enumerados a continuación:

—Se regulariza el uso de *b*, *u*, *v*, de *c*, *ç*, *s*, *ſ*, *ss*, *ſſ*, *z*, de *i*, *j*, *y* /I/, de *g*, *i*, *j*, *x* /H/ y de *r*, *rr*. Así mismo, se regulariza el uso de *h*, sobre todo en las formas del verbo *haber* y en las exclamaciones *ah* y *oh*.

—Se ajustan las mayúsculas, se resuelven las abreviaturas y las vocales embebidas, se separan las palabras mal ligadas y se conectan las palabras mal separadas.

—Se siguen las normas de la Real Academia acerca de la acentuación. Se suple la diéresis cuando sea indicado por razones de la métrica. La puntuación es interpretativa.

—Respecto de la presentación formal del texto, se sangra el primer verso de las formas estróficas. Los apartes están indicados entre paréntesis, así como las acotaciones que no delinean «cuadros» o «escenas» con la salida o la entrada de un personaje, es decir, las que apostillan la presencia de los actores en las tablas. En nuestra transcripción de *La adversa y próspera suerte de Josef* hay ochenta y dos apartes. Seis de ellos provienen del apunte *MS2*,[33] cincuenta y cuatro no constan en ningún testimonio,[34] pero en cada caso la irrupción sintáctica, deíctica o referencial justifica concluir que los versos acotados como apartes los dirige el hablante a sí mismo, o afuera del espacio dramático al público, y no a la comparsa en la escena.[35] Así mismo, veintiuno de los treinta apartes en nuestra transcripción de *El más amante pastor* no constan en *MS, QP1* ni *QP2*.

—Por otra parte, se conservan los rasgos del lenguaje de la época, como el vocalismo protónico—e. g., *escuras, invidia, priesa, recebido, recebimos, siguro*—, la tendencia hacia la simplificación consonántica—e. g., *acendientes, efeto, inorancia, satisfación, vitoria*, en lugar de *efecto, ignorancia, satisfacción, victoria*, etc.—, metátesis *-dl- > -ld-* y la asimilación del pronombre enclítico al infinitivo —*rl > ll*—, la terminación verbal *-stes*, que en los siglos XVI y XVII no era vulgarismo, sino forma posible de la segunda persona, tanto en singular como en plural, y los demostrativos y pronombres con el prefijo *aqu-*, que eran

---

[33] Vv. 146, 860, 864, 868, 874, 1141.

[34] Vv. 412, 633, 845, 858, 874–83, 889–90, 893–98, 910–13, 1187, 1198, 1200, 1207, 1210. 1219, 1321, 1337, 1354, 1355, 1366, 1496, 1581, 1687, 1703, 1722, 1724, 2165, 2229, 2237, 2293, 2308, 2328, 2702, 2741, 2757, 2763, 2773, 3016.

[35] Véase William R. Manson y C. George Peale, «Prefacio», *El espejo del mundo*, pp. 34–42.

consideradas como anticuadas, pero todavía muy comunes en la primera mitad del siglo XVII.

—Se distingue entre *cielo* y *Cielo*, transcribiendo la voz con mayúscula cuando está empleada antonomásticamente como sinónimo de 'Dios'.[36]

Merecen atención especial los nombres *Asenet, Josef, Judas* y *Faraón*. La onomástica es un elemento que define el decoro de la obra, pues refuerza la antigüedad y el ambiente de la historia del *Génesis*. *QP1, QP2* y *MS2* transcriben *Asenet* con aféresis, *Senet*, o *Seneth*. Aplicamos la solución de *MS1* por dos razones: primero, porque es más aproximada al nombre hebreo אָסְנַת, *Asenat* o *Asenet*; y segundo, porque el trisílabo satisface las necesidades de la escansión métrica—e. g., «Y ya son más que desvíos, / Asenet, tus pensamientos» (vv. 1302–03), «¿Por qué / también Asenet se fue?» (vv. 1491–92), «Siguiendo su carro viene / todo Egipto, y él, bizarro, / con Asenet deja el carro» (vv. 2062–64); por lo demás el nombre está imbricado en contextos vocálicos, salvo en dos casos donde la escansión métrica requiere el uso de aféresis: «¿Cómo, y con Senet me das / celos?» (vv. 1343–44), «¡Brava máscara / Menfis saca en alegre regocijo / del hijo que en Senet me ha dado el Cielo!» (vv. 2612–14).

Josef deriva del latín *Josephus/Joseph*, y éste del griego Ἰωσήφ y a su vez del hebreo יוֹסֵף.[37]

Respecto del nombre *Judas*, el cuarto hijo de Jacob se llamaba *Judá*, pero en la comedia el patriarca lleva el nombre más familiar del notorio personaje de Nuevo Testamento. No se trata propiamente de un error o *lectio facilior* por parte del autor, pues los nombres, efectivamente, son sinónimos—*Judá* es transliteración del hebreo יְהוּדָה, que traducido al griego es Ἰούδας, o *Judas*. Además, hay tres casos en donde la corrección poética requiere el uso de este último. En el primero, la rima de una redondilla depende de la consonancia de *dudas-Judas*:

[ISMAELITA 1.º]	y es muy pequeño también.	
JUDAS.	¿Qué se os ofrecen de dudas?	
ISMAELITA 1.º	¿Quién hace la venta?	
ISACAR.	Judas.	
ISMAELITA 1.º	Sabrá, pues, hacerla bien.	(Vv. 591–94)

En los otros, el empleo de *Judá* habría producido versos hipométricos:

RUBÉN.	Liberal, Judas, estás.	(V. 598)

[RUBÉN.]	Rubén aqueste vaso te presenta
	de miel virgen.

---

[36] Ver Real Academia Española, *Ortografía de la lengua española*, p. 457.

[37] «Es nombre hebreo; vale *augmentum vel perfectus*, del verbo יָסַף, *iasaf, addere*» (Cov, s. v. «[Josef]»).

JUDAS.   Y Judas, este vaso
                 de mirra, estoraque, y de terebinto[.]   (Vv. 2719-21)

   En cambio, el autor sí se equivocó al usar *Faraón* como nombre propio del
rey de Egipto. El error es comprensible, pues en la Vulgata se perdió la distinción entre el título y el nombre en las declensiones de *Pharao*. No hay en las acotaciones de la comedia siquiera un caso que se refiera al personaje como
«*el Faraón*»—señalan su presencia como «*el REY FARAÓN*» o simplemente,
«*FARAÓN*»—, y dos momentos en el diálogo metrificado no dejan lugar a duda
de que esté empleado como nombre de pila:

PUTIFAR.   Ya volví
             de palacio solamente
             a deciros a las dos,
             como es hoy de nuestro dios,
             Apis, en la egipcia gente,
                la general procesión,
             y va Faraón en ella[.]   (Vv. 1369-75)

MAYORDOMO.   De modo ha sido el gusto de la gente,
              que si fuera por príncipe heredero,
              hijo de Faraón, el rey de Egipto,
              tanta demonstración no hubieran hecho,
              pero deberte a ti más que sus reyes.   (Vv. 2616-20)

   Concluiré esta exposición de principios y procedimientos con unas palabras
acerca de las notas explicativas. La presente edición se funda en premisas cuyo
valor es, en última instancia, «in senso altissimo, 'pedagogico'».[38] Así, se ha
intentado señalar los detalles de los textos fuente y resolver las dificultades de
comprensión que pudieran ofrecerse al lector moderno—vocablos, expresiones
idiomáticas, refranes y particularidades gramaticales, sintácticas, métricas e
incluso ortoépicas—, aprovechando libremente los grandes manuales, el *Tesoro
de la lengua castellana o española* de Covarrubias, el *Diccionario de autoridades*
y el *Diccionario de la lengua española* de la Real Academia, y la *Enciclopedia
del idioma* de Martín Alonso. Como la edición se publica con el propósito de

   [38] «Vi sono essenzialmente due modi di considerare un'opera di poesia: v'è un modo,
per dir così, statico, che vi ragiona attorno come su un oggetto o resultato, e in definitiva
riesce a una descrizione caratterizzante; e v'è un modo dinamico, che la vede quale opera
umana o lavoro in fieri, e tende a rappresentarne drammaticamente la vita dialettica. Il
primo stima l'opera poetica un 'valore'; il secondo, una perenne approssimazione al 'valore'; e potrebbe definirsi, rispetto a quel primo e assoluto, un modo, in senso altissimo,
'pedagogico'» (Gianfranco Contini, *Esercizî di lettura*, p. 311).

dar la obra a conocer al mayor público posible y promover así un hispanismo sin fronteras, la anotación incluye materias bastante elementales. Por otra parte, siendo como toda edición crítica un libro de referencia, se propone establecer sólidas bases filológicas para futuros trabajos analíticos. Por eso se documentan los rasgos paleográficos de los testimonios consultados y también sus pormenores lingüísticos y formales.

C. GEORGE PEALE
California State University, Fullerton

BIBLIOGRAFÍA

AGULLÓ Y COBO, MERCEDES. «La colección de teatro de la Biblioteca Municipal de Madrid», *Revista de Archivos, Bibliotecas y Museos* 11-12 (1982): 259-351.
ALABALAT, DAVINIA. «La mujer en el antiguo Egipto», *Fòrum de Recerca* 13 (2008): 275-82.
ALBRECHT, JANE. *The Playgoing Public of Madrid in the Time of Tirso de Molina*. New Orleans: University Press of the South, 2001.
ALCALÁ, ÁNGEL. *Judíos, sefarditas, conversos. La expulsión de 1492 y sus consecuencias*. Valladolid: Ámbito Ediciones, 1995.
ALEMÁN, MATEO. *Ortografía castellana*. Ed. José Rojas Garcidueñas. Estudio preliminar de Tomás Navarro. México, D.F.: Colegio de México, 1950.
ALLEN, JOHN J. Ver JOSÉ MARÍA RUANO DE LA HAZA.
ALONSO, DÁMASO. *La lengua poética de Góngora*. Madrid: Aguirre, 1950.
ALONSO CORTÉS, NARCISO. *Noticias de una corte literaria*. Valladolid: Ayuntamiento de Valladolid, 2003.
ALONSO HERNÁNDEZ, JOSÉ LUIS. *Léxico del marginalismo del Siglo de Oro*. Salamanca: Univ. de Salamanca, 1976.
ALONSO PEDRAZ, MARTÍN. *Enciclopedia del idioma: diccionario histórico y moderno de la lengua española (siglos XII al XX), etimológico, tecnológico, regional e hispanoamericano*. 3 vols. Madrid: Aguilar, 1958.
ALVAR, ALFREDO. *El duque de Lerma*. Madrid: La Esfera Libros, 2010.
ÁLVAREZ-OSSORIO ALVARIÑO, ANTONIO. *Delitos de palabra: libelo, difamación, injurias calumnias (siglos XV-XIX)*. Madrid: Ediciones Akal, 1996.
AMEZÚA Y MAYO, AGUSTÍN G. DE. *Lope de Vega en sus cartas: introducción al epistolario de Lope de Vega Carpio*. Madrid: Tipografía de Archivos, 1935.
ANÓNIMO. *Auto de quando Jacob fue huyendo a las tierras de Arán*. En *Códice de autos viejos*. Fols. 51-66. Biblioteca Nacional de España, MSS/14711.
——. *Comedia famosa dos Successos de Iahacob e Esaú*. Delft: Abraham Ramires e Ishac Castello, 1699.
ARELLANO, IGNACIO. «Valores visuales de la palabra en el espacio escénico del Siglo de Oro», *Revista Canadiense de Estudios Hispánicos* 19, 3 (1995): 411-43.
—— y RUTH FINE (eds.). *La Biblia en la literatura española del Siglo de Oro*. Pamplona: Univ. de Navarra-Madrid: Iberoamericana-Frankfurt am Main: Vervuert, 2010.
——. «Conflictos de poder en los autos sacramentales de Calderón», *Studi Ispanici* 35 (2011): 67-85.
ASHCOM, BENJAMIN B. «Notes on the *Comedia:* A New Edition of a Vélez de Guevara Play», *Hispanic Review* 30 (1962): 231-39.

Azanza López, José Javier. «Teatro, ingenios literarios y oratoria sagrada: la fiesta como tablero de ajedrez entre jesuitas y dominicos (Manila, s. XVII)», *RILCE* 37, 2 (2021): 451-82.

Baquero Goyanes, Mariano. «Comedia y novela en el siglo XVII». En Emilio Alarcos et al. (eds.), *Serta Philologica. Fernando Lázaro Carreter: Natalem diem sexagesimum celebranti dicata*. Vol. 2. Madrid: Cátedra, 1983. Pp. 13-29.

Barrera y Leirado, Cayetano Alberto de la. *Catálogo bibliográfico y biográfico del teatro antiguo español: desde sus orígenes hasta mediados del Siglo XVIII*. Madrid: Rivadeneyra, 1860; Gredos, 1969.

Biosca i Bas, Antoni (ed). *Historia de José y Asenet*. Edición crítica y traducción de la primera versión latina. Madrid: C.S.I.C., 2012.

Boadas, Sònia y Laura Fernández. «Los títulos de las comedias de Lope de Vega: oscilaciones y cambios de los autógrafos a la imprenta», *Studia Aurea* 14 (2020): 163-212.

Bolaños Donoso, Piedad y Marina Martín Ojeda (eds.). *Luis Vélez de Guevara y su época. IV Congreso de Historia de Écija (Écija, 20-23 de octubre de 1994)*. Sevilla: Ayuntamiento de Écija-Fundación El Monte, 1996.

Brockliss, Laurence. Ver John H. Elliott.

Bruerton, Courtney. «Eight Plays by Vélez de Guevara», *Romance Philology* 6 (1953): 248-52.

——. «La versificación dramática española en el período 1587-1610», *Nueva Revista de Filología Hispánica* 10 (1956): 337-64.

——. Ver S. Griswold Morley.

Burrieza, Javier. «El duque de Lerma, de la corrupción a la huida del mundo», *El Norte de Castilla*, 8 de agosto de 2015. En línea: www.elnortedecastilla.es>Valladolid> 20150808.

Caballero Fernández-Rufete, Carmelo. «La música en el teatro clásico». En Javier Huerta Calvo (dir.), *Historia del teatro español. De la Edad Media a los Siglos de Oro*. Madrid: Gredos, 2003. Pp. 677-715.

Campana, Patrizia. Ver Luigi Giuliani et al.

Cano Borrego, Pedro Damián. «El pensamiento monetario en la época de los Austrias: filosofía, derecho y economía», *Revista Aequitas* 10 (2017): 7-37.

Caparrós Esperante, Luis. *Entre validos y letrados: la obra dramática de Damián Salucio del Poyo*. Valladolid: Univ. de Valladolid-Caja de Ahorros y Monte de Piedad de Salamanca, 1987.

CATCOM: Base de datos de comedias mencionadas en la documentación teatral (1540-1700). Dir. Teresa Ferrer Valls. En línea, http://catcom.uv.es.

Cervantes Saavedra, Miguel de. *Don Quijote de la Mancha*. Ed. Instituto Cervantes, dirigida por Francisco Rico, con la colaboración de Joaquín Forradellas. Estudio preliminar de Fernando Lázaro Carreter. 2.ª ed. corregida. 2 vols. Barcelona: Instituto Cervantes-Crítica, 1998.

——. *Teatro completo*. Ed. Florencio Sevilla Arroyo y Antonio Rey Hazas. Barcelona: Planeta, 1987.

Chalier, Catherine. *Les Matriarches, Sarah, Rebecca, Rachel et Lea*. Paris: Éditions du Cerf, 1991.

Chaulet, Rudy (coord.). *L'Espagne des 'validos' (1598-1645)*. Paris: Ellipses, 2009.

Clavero Salvador, Bartolomé. *Mayorazgo. Propiedad feudal (1369–1836)*. 2.ª ed. Madrid: Siglo XXI, 1989.
CLEMIT. Ver Héctor Urzáiz Tortajada et al.
Colunga, Alberto. «La ley de los primogénitos y el Pentateuco», *Salmanticensis* 1 (1954): 450-55.
——. Ver Eloíno Nácar Fuster.
Contini, Gianfranco. *Esercizî di lettura: sopra autori contemporanei con un appendice su testi non contemporanei*. Firenze: Felice Le Monnier, 1947.
Corada Alonso, Alberto. «Matrimonio y nobleza: los litigios en torno a la dote y la herencia (siglos XVIII y XIX)». En Margarita Torremocha Hernández (coord.), *Matrimonio, estrategia y conflictos (siglos XVI–XIX)*. Salamanca: Univ. de Salamanca, 2020. Pp. 83-98.
Corominas, Joan y José A. Pascual. *Diccionario crítico etimológico de la lengua castellana*. 6 vols. Madrid: Gredos, 1976.
Correas, Gonzalo. *Vocabulario de refranes y frases proverbiales de... (1627)*. Ed. Louis Combet. Bordeaux: Institut d'Etudes Ibériques et Ibéro-Américaines de l'Univ. de Bordeaux, 1967.
Cotarelo y Mori, Emilio. «Luis Vélez de Guevara y sus obras dramáticas», *Boletín de la Real Academia Española* 3 (1916): 621-52; 4 (1917): 137-71, 269-308, 414-44.
Covarrubias Horozco, Sebastián de. *Emblemas morales, 1610*. Nota introductoria de Duncan Moir. Menston: Scolar Press, 1973.
——. *Tesoro de la lengua castellana o española*. Ed. Ignacio Arellano y Rafael Zafra. Madrid: Iberoamericana/Frankfurt am Main: Vervuert, 2006.
Crivellari, Danielle. «Intrigo a palazzo: la tematica del conflitto nelle *comedias de privanza* di Luis Vélez de Guevara». En *Scrittura e conflitto: Actas del XXI Congreso de AISPI. Catania-Ragusa 16–18 de marzo*. Coord. Antonella Cancillier, María Caterina Ruta, Laura Silvestri. Vol. 1. Roma-Madrid: Associazione Ispanisti Italiani, AISPI-Instituto Cervantes, 2006. Pp. 103-14.
—— y Héctor Urzáiz. «Luis Vélez de Guevara y otros entremesistas barrocos». En Javier Huerta Calvo (dir.), *Historia del teatro breve en España*. Madrid: Iberoamericana/Frankfurt am Main: Vervuert, 2008. Pp. 202-24.
Cruickshank, Don W. «'Literature' and the Book Trade in Golden-Age Spain», *Modern Language Review* 73, (1978): 799-824.
——. «Printed Plays in Early Modern Spain». En Alexander S. Wilkinson y Alejandra Ulla Lorenzo (eds.), *A Maturing Market: The Iberian Book World in the First Half of the Seventeenth Century*. Leiden: Brill, 2017. Pp. 143-62.
Cuervo Álvarez, Benedicto. «La sociedad en el Egipto de los faraones», *Historia Digital* 17, 29 (2017): 153-98.
Cunha Monteiro, Luciana da. Ver Henry Wells Sullivan.
Dasilva Fernández, Xosé Manuel. «O soneto camoniano "Sete anos de pastor Jacob servia" à luz do cânone editorial de Leodegário A. de Azevedo Filho», *O Marrare* 15 (2011). En línea: http://www.omarrare.uerj.br/numero15/anahartherly.html.
Delgado Casado, Juan. *Diccionario de impresores españoles (Siglos XV–XVII)*. 2 vols. Madrid: Arco/Libros, 1996.
Déodat-Kessedjian, Marie-Françoise. «Algunas loas "famosas" o "curiosas" de la *Flor de las comedias de España de diferentes autores. Quinta Parte*». En Françoise Cazal (ed.), *Hommage a Francis Cerdan/Homenaje a Francis Cerdan*. Toulouse: CNRS-Univ. de Toulouse-Le Mirail, 2008. Pp. 251-59.

Déodat-Kessedjian, Marie-Françoise y Emmanuelle Garnier. «La *Quinta parte*: historia editorial». En Alberto Blecua y Guillermo Serés (dirs.), *Comedias de Lope de Vega. Parte V.* Lérida: Milenio-Univ. Autònoma de Barcelona, 2004. Vol. 1. Pp. 5-27.

Díez Borque, José María. *Sociedad y teatro en la España de Lope de Vega.* Barcelona: Antoni Bosch, 1978.

Domínguez Matito, Francisco y Juan Antonio Martínez Berbel (eds.). *La Biblia en el teatro español.* Vigo: Academia del Hispanismo, 2012.

Domínguez Ortiz, Antonio. *La esclavitud en Castilla en la Edad Moderna y otros estudios marginados.* Granada: Comares, 2004.

Eggebrecht, Arne. *El antiguo Egipto: 3000 años de historia y cultura del imperio faraónico.* Barcelona: Plaza y Janés, 1984.

Egido, Aurora. «Variaciones sobre la vid y el olmo en la poesía de Quevedo: Amor constante más allá de la muerte». En Víctor García de la Concha (ed.), *Homenaje a Quevedo: Actas de la II Academia Literaria Renacentista.* Salamanca: Caja de Ahorros y Monte de Piedad, 1982. Pp. 213-32; reimpreso en idem, *Fronteras de la poesía en el barroco.* Barcelona: Crítica, 1990. Pp. 216-40.

Elliott, John H. y Laurence Brockliss (eds). *El mundo de los validos.* Madrid: Taurus, 1999.

Escamilla Colin, Michéle. «Recherches sur les traités judéophes espagnols des XVIe et XVIIe siècles». En Daniel Tollet (dir.), *Les textes judéophobes et judéophiles dans l'Europe chrétienne à l'époque moderne.* Paris: PUF, 2000. Pp. 27-51.

Escudero, José Antonio. «Introducción: privados, validos y primeros ministros». En *Los validos.* Madrid: Univ. Rey Juan Carlos, 2004. Pp. 15-34.

Fajardo, Juan Isidro. *Índice de todas las comedias impresas hasta el año de 1716.* Biblioteca Nacional de España. Sig. MS/14706. En línea: http://www.cervantesvirtual.com/nd/ark:/59851/bmcfr0c1.

Faliu-Lacourt, Christiane. «Espejos, reflejos y retratos en la comedia (1600-1660)». En Víctor García de la Concha, Jean Canavaggio, Theo Berchem, María Luisa Lobato (coords.), *Teatro del Siglo de Oro: homenaje a Alberto Navarro González.* Kassel: Edition Reichenberger, 1990. Pp. 141-57.

Fernández, Laura. Ver Sònia Boadas.

Ferrer Valls, Teresa. «La fiesta en el Siglo de Oro: en los márgenes de la ilusión teatral». En Teresa Ferrer Valls y Karl Friedrich Rudolf (eds.), *Teatro y fiesta del Siglo de Oro en tierras europeas de los Austrias.* Madrid: SEACEX, 2003. Pp. 27-37.

—— . «El juego de poder: Lope de Vega y los dramas de privanza». En *Seminario Internacional Modelos de Vida en la España del Siglo de Oro.* Vol. I. Madrid: Casa de Velázquez, 2004. Pp. 15-30.

Fine, Ruth. Ver Ignacio Arellano.

Florit Durán, Francisco. «Pensamiento, censura y teatro en la España del Siglo de Oro». En Jaume Garau (coord.), *Pensamiento y literatura en los inicios de la modernidad.* Nueva York: IDEA, 2017. Pp. 21-46.

Frenk, Margit *Nuevo corpus de la antigua lírica popular hispánica (siglos XV a XVII).* 2 vols. México, D.F.: Facultad de Filosofía y Letras, Univ. Nacional Autónoma de México-Colegio de México-Fondo de Cultura Económica, 2003.

García Lorenzo, Luciano. *La madre en el teatro clásico español: personaje y referencia.* Madrid: Fundamentos, 2012.

Garnier, Emmanuelle. Ver Marie-Françoise Déodat-Kessedjian.

Gauger, Hans-Martin. «La conciencia lingüística en el Siglo de Oro». En Sebastian Neumeister (ed.), *Actas del IX Congreso de la Asociación Internacional de Hispanistas 18-23 agosto 1986, Berlín*. Frankfurt am Main: Vervuert, 1989. Pp. 45-63.

Gella Iturriaga, José. «Los títulos de las obras de Lope de Vega y el Refranero», *Revista de Dialectología y Tradiciones Populares* 34 (1978): 137-68.

Gilabert, Gastón. Ver Lola Josa.

Giuliani, Luigi. «La *Parte de comedias* como género editorial», *Criticón* 108 (2010): 25-36.

——. «*La tercera parte*: historia editorial». En *Comedias de Lope de Vega. Parte III*. Coord. Luigi Giuliani. Vol. 1. Lérida: Milenio-Univ. Autònoma de Barcelona, 2002. Pp. 11-49.

——, Patrizia Campana, María Morrás y Gonzalo Pontón. «La *Primera parte*: historia editorial». En Alberto Blecua y Guillermo Serés (dirs.), *Comedias de Lope de Vega. Parte I*. Vol. 1. Lérida: Milenio-Univ. Autònoma de Barcelona, 1997. Pp. 11-40.

—— y Victoria Pineda. «La *Sexta parte*: Historia editorial». En Alberto Blecua y Guillermo Serés (dirs.), *Comedias de Lope de Vega, Parte VI*. Vol. 1. Lleida: Milenio, 2005. Pp. 7-53.

Glaser, Edward. «El patriarca Jacob, amante ejemplar del teatro del Siglo de Oro español», *Bulletin Hispanique* 58, 1 (1956): 5-22.

González, Luis Mariano. «La mujer en el teatro del Siglo de Oro español», *Teatro. Revista de Estudios Teatrales* 6-7 (1995): 41-70.

González Martínez, Javier J. «Datos históricos y bibliométricos del corpus de Luis Vélez de Guevara para la fecha de escritura de *El alba y el sol*», *Lectura y Signo* 6 (2011): 119-38.

——. «La censura escénica y literaria del teatro de Luis Vélez de Guevara», *Talía. Revista de Estudios Teatrales* 1 (2019): 67-86.

——. «La censura ante los personajes históricos. El caso de Luis Vélez de Guevara», *Revista de Literatura* 84, 168 (2022): 447-67.

González Ollé, Fernando. «El habla cortesana, modelo principal de la lengua española», *Boletín de la Real Academia Española* 82, 286 (2002): 153-231.

Gutiérrez, Jesús. *La Fortuna Bifrons en el teatro del Siglo de Oro*. Santander: Sociedad Menéndez Pelayo, 1975.

Halpern, Cynthia Leone. *The Political Theater of Early Seventeenth-Century Spain*. New York: Peter Lang, 1993.

Hernández, Lucía Victoria. «La mujer en el Antiguo Testamento», *Cuestiones Teológicas* 34, 81 (2007): 227-35.

Herrero García, Miguel. «Los rasgos físicos y el carácter según los textos españoles del siglo XVII», *Revista de Filología Española* 12 (1925): 157-77.

Icíar, Juan de. *Recopilación subtilissima intitulada Orthographia pratica, por la qual se enseña a escreuir perfectamente*. Zaragoza: Bartolomé de Nájera, 1548.

Iglesias Iglesias, Noelia. «"De los títulos y nombres que se han de poner a las poesías": tres tipos de títulos en el *Corpus* de comedias de Calderón». En Germán Vega García-Luengos y Héctor Urzaiz Tortajada (coords.), *Cuatrocientos años del "Arte nuevo de hacer comedias" de Lope de Vega: actas selectas del XIV Congreso de la Asociación Internacional de Teatro Español y Novohispano de los Siglos de Oro. Olmedo, 20 al 23 de julio de 2009*. Olmedo-Valladolid: Univ. de Valladolid, Secretariado de Publicaciones, 2010. Pp. 635-44.

Josa, Lola. «Reflexiones sobre la música como principio rector en el teatro de Luis Vélez de Guevara». En C. George Peale (ed.), *Luis Vélez de Guevara, dramaturgo: nuevas pistas y proyecciones críticas. Criticón* 129 (2017): 103–17.

——. Ver Mariano Lambea.

——, Mariano Lambea y Gastón Gilabert. *Digital Música Poética: Base de datos integrada de Teatro Clásico Español. DIGITAL* En línea: http://hdl.handle.net/

Keniston, Hayward. *The Syntax of Castilian Prose: The Sixteenth Century.* Chicago: Univ. of Chicago, 1937.

Lambea, Mariano y Lola Josa. «Lo rústico pastoril. Sinergías musicales». En Lola Josa, Mariano Lambea y Gastón Gilabert (dirs.), *Digital Música Poética: Base de datos integrada de Teatro Clásico Español. DIGITAL.* En línea: http://hdl.handle.net/10261/202218.

Laver, James. *Breve historia del traje y de la moda.* 13.ª edición. Madrid: Cátedra, 2017.

Lee, Rensselaer W. *'Ut pictura poesis': The Humanistic Theory of Painting.* New York: Norton, 1967.

Levisi, Margarita. «Los aspectos teatrales de *El Diablo Cojuelo*». En C. George Peale et al. (eds.), *Antigüedad y actualidad de Luis Vélez de Guevara: estudios críticos.* Amsterdam-Philadelphia: John Benjamins, 1983. Pp. 207–18.

Liotsakis, Vasileios. «Notes on Herodotus», *Maia: Rivista di Letteratura Clásica* 66, 3 (2014): 500–17.

Lisón Tolosana, Carmelo. «Familia y herencia: modalidades hispanas». En Yue Daiyun, Alain Le Pichon, José Antonio Fernández de Rota y Monter (eds.), *Antropología de la trasmisión hereditaria.* A Coruña: Univ. da Coruña, 1999. Pp. 13–30.

Lobo Cabrera, Manuel. «La esclavitud en España en la Edad Moderna: su investigación en los últimos cincuenta años». *Hispania* 3, 176 (1990): 1091–1110.

Lope Blanch, Juan M. «La lingüística española del Siglo de Oro». En A. David Kossoff, José Amor y Vázquez, Ruth H. Kossoff, Geoffrey W. Ribbans(eds.), *Actas del Octavo Congreso de la Asociación Internacional de Hispanistas : celebrado en Brown University, Providence Rhode Island, del 22 al 27 de agosto de 1983.* Madrid: Ediciones Istmo, 1986. Pp. 37–58.

Lumpkin, Josef. *El libro de Jaser Sepher Ha-yashar.* Trad. Michelle Flores. Detroit: Fifth Estate Publishing, 2022. ebook/dp/B0B7FF9CXS.

MacCurdy, Raymond R. *The Tragic Fall: Don Álvaro de Luna and Other Spanish Favorites in Spanish Golden Age Drama.* Chapel Hill: UNC [Univ. of North Carolina] Department of Romance Languages, 1978.

Maidman, Maynard Paul. *Nuzi Texts and Their Uses as Historical Evidence. Writings from the Ancient World.* Atlanta: Society of Biblical Literature, 2010.

Maldonado, Fray Pedro. *Discurso del perfecto privado,* 1609. (Biblioteca Nacional de España, Mss. 6778). En línea, http://bdhrd.bne.es/viewer.vm?id=0000135746&page=1&bt=europeanaapi.

Mancini, Anna. *Maat, la filosofía de la justicia en el antiguo Egipto.* París: Buenos Books América, 2007.

Martín Abad, Julián. *La imprenta en Alcalá de Henares (1601–1700).* 2 vols. Madrid: Arco/Libros, 1999.

Martín Ojeda, Marina y C. George Peale. «Historiografía, genealogía y onomástica: la cuestión del judaísmo de Luis Vélez de Guevara». En C. George Peale (ed.), *Luis Vélez de Guevara, dramaturgo: nuevas pistas y proyecciones críticas. Criticón* 129 (2017): 7–22.

Martín Ojeda, Marina y C. George Peale. *Luis Vélez de Guevara en Écija: su entorno familiar, liberal y cultural.* Newark, Delaware: Juan de la Cuesta, 2017.

Martínez Babón, Javier. *Los hicsos y su conquista de Egipto.* Barcelona: Dstoria Edicions, 2015.

Martínez Berbel, Juan Antonio. Ver Francisco Domínguez Matito.

Martínez Escudero, Margarita. *La prueba procesal en el derecho de la Inquisición.* Tesis doctoral. Murcia: Univ. de Murcia, 2015.

Martínez Hernández, Santiago. *Rodrigo Calderón. La sombra del valido. Privanza, favor y corrupción en la corte de Felipe III.* Madrid: Marcial Pons, 2009.

Martínez Kleiser, Luis. *Refranero general ideológico español.* Ed. facsímil. Madrid: Hernando, 1993.

Martínez Millán, José. «La Inquisición contra la bigamia: en defensa del orden social», *Edad de Oro. Revista de Filología Hispánica* 38 (2019): 173-96.

Martínez Pinna, Javier. «Mitología e historia: dioses egipcios, el nacimiento del mundo», *Clío, Revista de Historia* 194 (2017): 72-73.

Medel del Castillo, Francisco. *Índice general alfabético de todos los títulos de comedias que se han escrito.* Madrid: Alfonso de Mora, 1735; *Índice general alfabético de todos los títulos de comedias que se han escrito por varios autores, antiguos y modernos.* Ed. J. M. Hill. En *Revue Hispanique* 75 (1929): 144-369.

Menéndez Pidal, Ramón. *Manual de gramática histórica.* 12.ª ed. Madrid: Espasa-Calpe, 1966.

Mesonero Romanos, Ramón de, ed. *Dramáticos contemporáneos a Lope de Vega: colección escogida y ordenada, con un discurso, apuntes biográficos y críticos de los autores, noticias bibliográficas y catálogos.* Biblioteca de Autores Españoles, 43 y 45. Madrid: M. Rivadeneyra, 1857-1858.

Moll, Jaime. «Los editores de Lope de Vega», *Edad de Oro* 14 (1995): 213-22.

——. «La *Tercera parte de las comedias de Lope de Vega y otros auctores,* falsificación sevillana», *Revista de Archivos, Bibliotecas y Museos* 77 (1974): 619-26.

Monroy y Silva, Cristóbal. *El pastor más perseguido, y finezas de Raquel.* Valencia: Imprenta de la Viuda de Joseph de Orga, 1764.

Morínigo, Marcos A. «El teatro como sustituto de la novela en el Siglo de Oro», *Revista de la Universidad de Buenos Aires,* 5.ª época, 2 (1957): 41-61.

Morley, S. Griswold. «La modificación del acento de la palabra en el verso castellano», *Revista de Filología Española* 14 (1927): 256-72.

—— y Courtney Bruerton. *Cronología de las comedias de Lope de Vega.* Versión española de María Rosa Cartes. Madrid: Gredos, 1968.

Morrás, María. Ver Luigi Giuliani et al.

Mrozek Eliszezynski, Giuseppe. *Bajo acusación. El valimiento en el reinado de Felipe III: Procesos y discursos.* Madrid: Editorial Polifemo, 2015.

Nácar Fuster, Eloíno y Alberto Colunga Cueto, eds. *Sagrada Biblia. Versión directa de las lenguas originales.* Madrid: BAC [Biblioteca de Autores Cristianos], 1978.

Navarro Martínez, Rosa. Ver Gregorio del Olmo Lete.

Nougué, André. «Le genre du mot 'enigma'», *Bulletin Hispanique* 79, 1-2 (1977): 211-21.

Olmo Lete, Gregorio del y Rosa Navarro Martínez, eds. *La Biblia en la literatura española del Siglo de Oro.* Madrid: Editorial Trotta-Fundación San Millán de la Cogolla, 2008.

Ortega Gil, Pedro. «Algunas consideraciones sobre las penas de azotes durante los siglos XVI-XVIII», *Hispania* 62, 3 (2002): 849-905.

Pascual, José A. Ver Joan Corominas.

Paz y Melia, Antonio. *Catálogo de las piezas de teatro que se conservan en el Departamento de Manuscritos de la Biblioteca Nacional*. 2.ª ed. Ed. Julián Paz y Melia. Vol. 1. Madrid: Blass, 1934.

Peale, C. George. «Comienzos, enfoques y constitución de la comedia de privanza en la *Tercera parte de las comedias de Lope de Vega y otros auctores*», *Hispanic Review* 72, 1 (2004): 125-56.

——. «Ecdótica, performatividad y la cuestión del aparte». En Ysla Campbell (ed.), *El escritor y la escena VIII: estudios sobre teatro español y novohispano de los Siglos de Oro: actas del VIII Congreso de la Asociación Internacional del Teatro Español y Novohispano de los Siglos de Oro*. Ciudad Juárez: Univ. Autónoma de Ciudad Juárez, 1999. Pp. 141-58.

——. «Luis Vélez de Guevara (1978/79-1644)». En Mary Parker (ed.), *Spanish Dramatists of the Golden Age: A Bio-Bibliographical Sourcebook*. Westport, Connecticut-London: Greenwood Press, 1999. Pp. 244-56.

—— et al., eds. *Antigüedad y actualidad de Luis Vélez de Guevara: estudios críticos*. Ed. C. George Peale, en colaboración con William R. Blue, Joseph R. Jones, Raymond R. MacCurdy, Enrique Rodríguez Cepeda y William M. Whitby. Amsterdam-Philadelphia: John Benjamins, 1983.

——. Ver Marina Martín Ojeda.

—— y Héctor Urzáiz, «Luis Vélez de Guevara». En Javier Huerta Calvo (dir.), *Historia del teatro español. I*. Madrid: Gredos, 2003. Pp. 929-59.

Pedraza Jiménez, Felipe B. «Los judíos en el teatro del siglo XVII: la comedia y el entremés». En Jacob M. Hassán y Ricardo Izquierdo Benito (coords.), *Judíos en la literatura española*. Cuenca: Ediciones de la Univ. de Castilla-La Mancha, 2001. Pp. 153-211.

Pérez, Joseph. *Los judíos de España*. Madrid: Marcial Pons, 2005.

Pérez-Bustamante, Roger. *Penas privativas de libertad y represión pública en la Castilla del siglo XVII*. Salamanca: Ediciones Univ. de Salamanca, 1999.

Pérez Sánchez, Alonso E. «Los pintores escenógrafos en el Madrid del siglo XVII». En Aurora Egido (ed.), *La escenografía del Barroco*. Salamanca: Univ. de Salamanca, 1989. Pp. 61-91.

Periáñez Gómez, Rocío. «La investigación sobre la esclavitud en España en la Edad Moderna», *Norba: Revista de Historia* 21 (2008): 275-82.

Pilat-Zuzankiewicz, Marta. «La perfecta privanza según Francisco de Quevedo», *La Perinola* 21 (2017): 67-97.

Pineda, Victoria. Ver Luigi Giuliani.

Pontón, Gonzalo. «Imprenta y orígenes del teatro comercial en España (1560-1605)», *Arte Nuevo* 4 (2017): 555-649.

——. Ver Luigi Giuliani et al.

Profeti, María Grazia. *La collezione «Diferentes autores»*. Kassel: Edition Reichenberger, 1988.

——. «Note critiche sull'opera di Vélez de Guevara», *Miscelánea di Studi Ispanici* 10 (1965): 47-174.

Quevedo, Francisco de. *Política de Dios, Gobierno de Cristo*. Ed. James O. Crosby. Madrid: Castalia, 1966.
Quevedo, Francisco de. *Cómo ha de ser el privado*. Ed. Ignacio Arellano. Pamplona: Servicio de Publicaciones de la Univ. de Navarra, 2017.
Real Academia Española. *Diccionario de autoridades*. Ed. facsímil. 6 vols. en 3. Madrid: Gredos, 1963.
———. *Diccionario de la lengua española*. 8.ª ed. Madrid: Real Academia Española, 1837.
———. *Diccionario de la lengua española*. En línea: https://dle.rae.es/.
———. *Ortografía de la lengua española*. Ed. rev. Madrid: Real Academia Española, 1999.
Reyes Gómez, Fermín de los. *El libro en España y América*. Madrid: Arco Libros, 2000.
Rivera Sabatés, Vidal. «El matrimonio según la Biblia», *Foro. Nueva época* 13 (2011): 189-201.
Rodríguez G. de Ceballos, A. «Escenografía y tramoya en el teatro español del siglo XVII». En Aurora Egido (ed.), *La escenografía del Barroco*. Salamanca: Univ. de Salamanca, 1989. Pp. 33-60.
Rodríguez Valle, Nieves. «Los refranes en los títulos de las comedias del Siglo de Oro: expectativa, argumento y creación», en Germán Vega García-Luengos y Héctor Urzaiz Tortajada (coords.), *Cuatrocientos años del* Arte nuevo de hacer comedias *de Lope de Vega: actas selectas del XIV Congreso de la Asociación Internacional de Teatro Español y Novohispano de los Siglos de Oro. Olmedo, 20 al 23 de julio de 2009*. Olmedo-Valladolid: Univ. de Valladolid, Secretariado de Publicaciones, 2010. Pp. 865-74.
Rojas Zorrilla, Francisco de. *No hay ser padre siendo rey*. Ed. Enrico Di Pastena, En *Obras completas. Vol. I. Primera parte de comedias*. Felipe B. Pedraza y Rafael González Cañal (dir.), Elena E. Marcello (coord. del volumen). Cuenca: Ediciones de la Univ. de Castilla-La Mancha, 2007. Pp. 145-306.
Rojo Vega, Anastasio. «Testamento, inventario y biblioteca del Doctor Francisco Martinez Polo, catedrático de medicina». En línea: http://www.anastasiorojo.com/#!/1618-testamento-inventario-y-biblioteca-del-doctor-francisco-martinez-polo-catedratico-de-medicina.
Roncero López, Victoriano. «Al hombre que es su valido / y que su privado es: El privado en los autos sacramentales de Lope y Calderón», *Anuario Calderoniano*, volumen extra, 2 (2017): 193-219.
Ruano de la Haza, José María. *La puesta en escena de los teatros comerciales del Siglo de Oro*. Madrid: Castalia, 2000.
——— y John J. Allen. *Los teatros comerciales del siglo XVII y escenificación de la Comedia*. Madrid: Castalia, 1994.
Sabik, Kazimierz. «La problemática del sueño en el teatro español del siglo XVII». En *Atti del XVII Convegno (Associacione Ispanisti Italiani). Milano 24-25-26 ottobre 1996. (Vol. I Sogno e scrittura nelle culture iberiche)*. [Roma]: Bulzoni Editore, 1998. Pp. 109-22.
Salvá y Mallén, Pedro. *Catálogo de la biblioteca de Salvá*. 2 vols. Valencia: Ferrer de Orga, 1872.
Spencer, Forrest Eugene y Rudolph Schevill. *The Dramatic Works of Luis Vélez de Guevara: Their Plots, Sources, and Bibliography*. Berkeley: Univ. of California Press, 1937.

Sullivan, Henry Wells y Luciana da Cunha Monteiro. «Tirso de Molina and His Nephew: The Case for the Real Existence of Francisco Lucas de Ávila», *Bulletin of the Comediantes* 64, 2 (2012): 101-36.

Terracini, Lore. «Alabanza de lengua, menosprecio de gente, en la cultura lingüística española de los Siglos de Oro». En Antonio Vilanova (ed.), *Actas del X Congreso de la Asociación Internacional de Hispanistas : Barcelona, 21-26 de agosto de 1989*. Barcelona: Promociones y Publicaciones Universitarias, 1992. Pp. 55-76

Tomás y Valiente, Francisco, *Los validos en la monarquía española del siglo XVII*. Madrid: Siglo XXI, 1982.

Torquemada, Antonio de. *Coloquios satíricos*. En Marcelino Menéndez y Pelayo, *Orígenes de la novela*. Madrid: Bailly-Baillière e Hijos, 1907. Pp. 485-581.

Torremocha Hernández, Margarita. «Amancebamiento de casado: el adulterio masculino que sí se castiga en los tribunales (s. XVIII)». En Margarita Torremocha Hernández (coord.), *Matrimonio, estrategia y conflictos (siglos XVI-XIX)*. Salamanca: Univ. de Salamanca, 2020. Pp. 143-62.

Tyler, Richard W. «Unos pasajes 'calderonianos' en las comedias de otros». En Luciano García Lorenzo (ed.), *Calderón: Actas del Congreso Internacional sobre Calderón y el teatro español del Siglo de Oro (Madrid, 8-13 de junio de 1981)*. Vol. 3. Madrid: Consejo Superior de Investigaciones Científicas, 1983. Pp. 1331-42.

Urzáiz Tortajada, Héctor. *Catálogo de autores teatrales del siglo XVII*. 2 vols. Madrid: Fundación Universitaria Española, 2002.

———. «Hagiografía y censura en el teatro clásico», *Revista de Literatura* 77, 153 (2015): 47-73.

———. «Sacado de la profundidad de la Sagrada Escritura: la materia bíblica y la censura teatral». En Francisco Domínguez Matito y Juan Antonio Martínez Berbel (eds.), *La Biblia en el teatro español*. Vigo: Academia del Hispanismo, 2012. Pp. 283-302.

———. *El teatro breve de Luis Vélez de Guevara: estudio y edición*. Madrid: Iberoamericana/Frankfurt am Main: Vervuert, 2002.

———. Ver Daniele Crivellari.

———. Ver C. George Peale.

———. et al. CLEMIT. *Censuras y licencias en manuscritos e impresos teatrales*. En línea: http://buscador.clemit.es.

Valdés, Juan de. *Diálogo de la lengua*. Ed. José F. Montesinos. Madrid: Espasa-Calpe, 1946.

Vega Carpio, Félix Lope. *Rimas sacras*. Ed. Antonio Carreño y Antonio Sánchez Jiménez. Pamplona: Univ. de Navarra-Madrid: Iberoamericana-Frankfurt am Main: Vervuert, 2006.

———. *La serrana de Tormes*. En *Obras de . . .* Ed. Ángel González Palencia. Ac.N., 9. Madrid: Tipografía de Archivos, 1930. Pp. 436-78.

———. *La Virgen de la Almudena (Poema histórico)*. Ed. José Fradejas Lebrero. Madrid: Instituto de Estudios Madrileños, 1993.

Vega García Luengos, Germán. «Comedia Nueva y Antiguo Testamento». En Emilia I. Deffis, Jesús Pérez Magallón y Javier Vargas de Luna (eds.), *El teatro barroco revisitado: textos, lecturas y otras mutaciones*. Puebla: El Colegio de Puebla-Montreal: McGill Univ.-Quebec: Univ. de Laval, 2013. Pp. 53-75.

Vega García Luengos, Germán. «Los servicios teatrales del primer Vélez de Guevara». En Bernardo García García y María Luisa Lobato (coords), *Dramaturgia festiva y cultura nobiliaria en el Siglo de Oro*. Madrid: Iberoamericana/Frankfurt am Main: Vervuert, 2007. Pp. 307-22.

——. «Sobre la identidad de las partes de comedias», *Criticón* 108 (2010): 57-78.

——. «La transmisión del teatro de Luis Vélez de Guevara». En Alejandro Cassol y Blanca Oteiza (eds.), *Los segundones: importancia y valor de su presencia en el teatro aurisecular*. Pamplona: Univ. de Navarra/Madrid: Iberoamericana/Frankfurt am Main: Vervuert, 2007. Pp. 237-55.

——. «La transmisión del teatro en el siglo xvii». En Javier Huerta Calvo (dir.), *Historia del teatro español*. Vol. 1. Madrid: Gredos, 2003. Pp. 1289-1320.

——. «Vélez de Guevara, Luis». En Pablo Jauralde Pou, Delia Gavela y Pedro C. Rojo Alique (eds.), *Diccionario filológico de literatura española, Siglo XVII*. Madrid: Castalia, 2010. Pp. 580-612.

Vélez de Guevara, Luis. *El Águila del Agua, representación española*. Ed. William R. Manson y C. George Peale. Estudio introductorio de C. George Peale. Newark, Delaware: Juan de la Cuesta, 2003.

——. *El alba y el sol*. Ed. William R. Manson y C. George Peale. Estudio introductorio de Maria Grazia Profeti. Newark, Delaware: Juan de la Cuesta, 2010.

——. *El amor en vizcaíno, los celos en francés y torneos de Navarra*. Ed. William R. Manson y C. George Peale. Estudio introductorio de Evangelina Rodríguez Cuadros. Newark, Delaware: Juan de la Cuesta, 2002.

——. *Los amotinados de Flandes*. Ed. Desirée Pérez Fernández y C. George Peale. Estudio introductorio de Desirée Pérez Fernández. Newark, Delaware: Juan de la Cuesta, 2007.

——. *El asombro de Turquía y valiente toledano*. Ed. William R. Manson y C. George Peale. Estudio introductorio de Javier J. González Martínez. Newark, Delaware: Juan de la Cuesta, 2010.

——. *Atila, azote de Dios*. Ed William R. Manson y C. George Peale. Estudio introductorio de Sebastián Neumeister. Newark, Delaware: Juan de la Cuesta, 2009.

——. *El Caballero del Sol*. Edición crítica y anotada de William R. Manson y C. George Peale. Estudio introductorio de María Luisa Lobato. Newark, Delaware: Juan de la Cuesta, 2011.

——. *El cerco de Roma por el rey Desiderio*. Ed. William R. Manson y C. George Peale. Estudio introductorio de Alma Mejía González. Newark: Juan de la Cuesta, 2015.

——. *El Conde don Pero Vélez y don Sancho el Deseado*. Ed. William R. Manson y C. George Peale. Estudio introductorio de Thomas E. Case. 2.ª ed. Newark, Delaware: Juan de la Cuesta, 2002.

——. *El Conde don Sancho Niño*. Ed. William R. Manson y C. George Peale. Estudio introductorio de Daniele Crivellari. Newark, Delaware: Juan de la Cuesta, 2023.

——. *La conquista de Orán*. Ed. C. George Peale y Javier J. González Martínez. Newark, Delaware: Juan de la Cuesta, 2020.

——. *La creación del mundo*. Ed. William R. Manson y C. George Peale. Estudio introductorio de Jonathan Thacker. Newark, Delaware: Juan de la Cuesta, 2018.

——. *La cristianísima lis y azote de la herejía*. Ed. C. George Peale y Raquel Sánchez Jiménez. Newark, Delaware: Juan de la Cuesta, 2021.

Vélez de Guevara, Luis. *El Diablo Cojuelo*. Ed. Ramón Valdés. Estudio preliminar de Blanca Periñán. Barcelona: Crítica, 1999.

——. *El diablo está en Cantillana*. Ed. William R. Manson y C. George Peale. Estudio introductorio de Juan Matas Caballero. Newark, Delaware: Juan de la Cuesta, 2015.

——. *Don Pedro Miago*. Ed. William R. Manson y C. George Peale. Estudio introductorio de C. George Peale. 2.ª ed. corregida y aumentada. Newark: Juan de la Cuesta, 2005.

——. *El espejo del mundo*. Ed. William R. Manson y C. George Peale. Estudio introductorio de Maria Grazia Profeti. 2.ª ed. Newark, Delaware: Juan de la Cuesta, 2002.

——. *Los fijos de la Barbuda*. Ed. William R. Manson y C. George Peale. Estudio introductorio de Javier Irigoyen-García. Newark, Delaware: Juan de la Cuesta, 2022.

——. *El hijo del águila*. Ed. William R. Manson y C. George Peale. Estudio introductorio de Raquel Minian de Alfie. Newark, Delaware: Juan de la Cuesta, 2003.

——. *El jenízaro de Albania*. En «*Comedias escanderbecas*». Ed. William R. Manson y C. George Peale. Estudio introductorio de Germán Vega García-Luengos. Apostillas temáticas de Mehmet Sait Şenet. Newark, Delaware: Juan de la Cuesta, 2019. Pp. 67–141.

——. *La Luna de la Sierra*. Ed. William R. Manson y C. George Peale. Estudio introductorio de Arturo Pérez Pisonero. Newark, Delaware: Juan de la Cuesta, 2006.

——. *Más pesa el Rey que la sangre, y Blasón de los Guzmanes*. Ed. William R. Manson y C. George Peale. Estudio introductorio de Javier J. González Martínez. Newark: Juan de la Cuesta, 2011.

——. *La mesa redonda*. Ed. William R. Manson y C. George Peale. *(En preparación)*

——. *La niña de Gómez Arias*. Ed. Ramón Rozzell. Granada: Univ. de Granada, 1959.

——. *El Niño Diablo*, Ed. William R. Manson y C. George Peale. Estudio introductorio de Alfredo Rodríguez López-Vázquez. Newark, Delaware: Juan de la Cuesta, 2011.

——. *El primer Conde de Orgaz, y Servicio bien pagado*. Ed. William R. Manson y C. George Peale. Estudio introductorio de Sebastian Neumeister. Newark, Delaware: Juan de la Cuesta, 2002.

——. *Reinar después de morir*. Ed. William R. Manson y C. George Peale. Estudio introductorio de Donald R. Larson. Newark, Delaware: Juan de la Cuesta, 2010.

——. *El Rey en su imaginación*. Ed. William R. Manson y C. George Peale. Estudio introductorio de Thomas A. O'Connor. Newark, Delaware: Juan de la Cuesta, 2002.

——. *Santa Susana*. Ed. C. George Peale. Estudio introductorio de Elisa Domínguez de Paz. Newark, Delaware: Juan de la Cuesta, 2021.

——. *La Serrana de la Vera*. Ed. William R. Manson y C. George Peale. Estudio introductorio de James A. Parr y Lourdes Albuixech. 2.ª ed. Newark, Delaware: Juan de la Cuesta, 2002.

——. *Teatro breve*. Ed. Héctor Urzáiz Tortajada. Newark, Delaware: Juan de la Cuesta, 2002.

Viñas Toledo, M.ª José. «José, Virrey de Egipto. análisis de una atractiva hipótesis arqueológica», *Rudesindus* 7 (2011): 271–76.

Vigil. Mariló. *La vida de las mujeres en los siglos XVI y XVII*. Madrid: Siglo XXI, 1987.

Wade, Gerald E. «The Orthoëpy of the Holographic *Comedias* of Vélez de Guevara», *Hispanic Review* 9 (1941): 459–81.

WHITBY, WILLIAM M. «Pinturas, retratos y espejos en la obra dramática de Luis Vélez de Guevara». En Ángel González, Tamara Holzapfel y Alfredo Rodríguez (eds.), *Estudios sobre el Siglo de Oro en homenaje a Raymond R. MacCurdy*. Albuquerque: Univ. of New México Department of Modern and Classical Languages-Madrid: Cátedra, 1983. Pp. 241-51.

WIGHT, FRED H. *Usos y costumbres de las tierras bíblicas*. 17.ª ed. Grand Rapids, Michigan: Editorial Portavoz, 2018.

WILLEFORD, WILLIAM. *The Fool and His Sceptre: A Study in Clowns and Jesters and Their Audience*. Evanston, Illinois: Northwestern Univ. Press, 1969.

WOLPO, SHALOM DOV. *Manual de conceptos judaicos*. Buenos Aires: Editorial Ner, 2015.

ZAMORA VICENTE, ALONSO. «*De camino*, función escénica». En Dieter Kremer (ed.), *Homenagem a Joseph M. Piel, por ocasiō do seu 85º aniversário*. Tubingen: Max Niemeyer, 1988. Pp. 639-53.

EL MÁS AMANTE PASTOR
Y DICHOSO PATRIARCA

Personas

Isaac, viejo venerable.
Rebeca, su mujer.
Esaú } sus hijos.
Jacob }
Labán.
Raquel } sus hijas.
Elía }
Lauro.
Alfeo.
Un Vasallo de Esaú.
Elisa.
Timbrio } pastores.
Liseno }
Josef, niño.
Criados.
Músicos.
El Amor Divino.
Dios Padre.
Ángeles.

* QP1:   Hablan en ella las perfonas figuientes.
Ifac viejo venerable.   Elifa.
Rebeca fu muger.   Timbrio.   Pastores.
Efau.   Lifeno.
Iacob.   Sus hijos.   Iofeph niño.
Lauan.   Criados.
Raquel.   Muficos.
Elia.   Sus hijas.   El amor diuino.
Lauro.   Dios Padre.
Alfeo.   Angeles.

QP2:   Hablan en ella las perfonas figuientes.
Ifac viejo venerable.   Elia.   fus hijas.   Iofeph niño.
Rebeca fu muger.   Lauro.   Criados.
Efau.   Alfeo.   Muficos.
Iacob.   fus hijos.   Elifa.   El amor diuino.
Lauan.   Timbrio. Pastores.   Dios Padre.

ACTO PRIMERO**

Sale ISAAC muy viejo, con el cabello largo, ciego, arrimado a un báculo,   A
puesta la mano sobre el hombro de ESAÚ, su hijo, el cual saldrá
vestido de pieles, calzones y gabaneta,° y descubiertos la mitad
de los brazos, una aljaba al hombro y un cuchillo de monte°
al lado, y unas sandalias en los pies y lo demás descalzo.

ISAAC.	Con tu bizarra° altivez	
	eres solamente tú,	
	el amor es muy buen juez,	
	querido hijo Esaú,	
	báculo de mi vejez.	5
	Tú eres mi apoyo y mi arrimo.	
	Sin ti cayera en el suelo	
	este edificio° que animo,	
	y por Abrahán, tu abuelo,	
	que eres lo que más estimo.	10
	Tú y Jacob juntos nacistes°	
	de mi querida Rebeca,	
	a quien recio parto distes,	
	y siendo una sangre, trueca	
	con la estrella° que tuvistes,	15
	amor las inclinaciones,	
	que Rebeca a Jacob ama,	
	y yo a ti, sin más razones	
	del influjo que nos llama	

** Primera Parte de la Hermosura de Raquel Acto I *MS*.   ACTO PRIMERO DE LA HERMOSURA DE RAQVEL. *QP1*.

A. *Sale... en los pies. MS. ...sandialias a los pies y lo demás del calzo* [sic] *QP1, QP2*.

3. es buen *MS*.

6. y arrimo *QP2*.

10. es *QP1, QP2*.

11. nacisteis *MS*.

13. disteis *MS*.

15. tuvisteis *MS*.

a diversas intenciones.   20
      Antes de nacer, sentía
   Rebeca de ambos a dos
   una trabada porfía,
   secretos que guarda Dios
   para algún dichoso día.   25
      Parece que en las entrañas
   que os encerraba por puntos,°
   como en armadas campañas,
   formabais entrambos juntos
   escaramuzas estrañas.   30
      Esto a Rebeca traía
   confusa porque el azote
   temió del Cielo, y un día
   declaró esta profecía
   Melquisedec sacerdote,   35
      diciendo que habías de ser,
   corriendo los tiempos varios
   con espantoso poder,
   cabeza de dos contrarios
   pueblos que se han de ofender.   40
      Esto es secreto del Cielo
   que con el tiempo tendrá
   el fin que pensar recelo,
   que en los secretos de allá
   no puede meterse el suelo.   45
      Llegado el parto temido,
   fuiste el primero que dio
   luz, de cabellos vestido,
   y luego, Jacob nació,
   de tu pie derecho asido.   50
      El parto fue prodigioso,
   aunque dio a Rebeca gusto,
   y a mí, de veros gozoso.
   Naciste tú más robusto,
   pero Jacob más hermoso.   55
      Sacaste rojo el cabello°

25. por *QP2*.

27. nos *QP2*.

30. escajamuzas [*sic*] *MS*. estrazas [*sic*] *QP1*.

37. cerriendo [*sic*] *QP1*.

     y crespo tú, y lo demás
     del cuerpo lleno de vello
     de que agora muestras das
     desde las plantas al cuello.   60
       Rebeca se aficionó
     a Jacob, como mujer,
     porque más bello le vio,
     y yo a ti por entender
     que el Cielo te señaló.   65
       Tú te inclinaste a cazar,
     a abrir la tierra y sembrar
     las semillas provechosas,
     él, a domésticas cosas
     y a los cultos del altar.   70
       Pudieron tanto los daños
     del tiempo con los enojos,
     del humano ser estraños,
     que me han quitado los ojos
     porque son cuervos los años.°   75
       Hoy cumplo ciento y sesenta,
     y ya mi caduca edad
     la muerte me representa,
     que es pesada enfermedad
     la vejez.

          Salen REBECA *y* JACOB *a otra parte, también*   B
          con la mano en el hombro de su hijo.

REBECA.   Mira qué intenta   80
          tu padre Isaac, Jacob mío,
          a solas con Esaú,
          sin que nos sientan.
ISAAC.   Ya el brío
          de que agora gozas tú

---

59 y *passim*. aora *QP1, QP2*.   73. estrañas *QP1*.

67. Falta «a» en *MS*.   B. ...*JACOB, también*... *MS*.

69. admonesticas [*sic*] *QP2*.   84. que gozas tú *QP1, QP2*.

71. tanio [*sic*] *MS*.

    tengo helado, muerto y frío. 85
  Ya la mucha edad me avisa
que va este edificio ya
desmoronándose aprisa,
y aunque apuntalado, está
besando el suelo que pisa. 90
  Con la frente helada, toco
el pecho donde se encierra
sangre fría y vigor poco,
que va buscando la tierra
la cabeza poco a poco. 95
  La muerte está tan cercana
que casi a tocalla llego,
sin defensa y muy malsana
mi muralla, el foso ciego,
en tierra mi barbacana.° 100
  Rendiré a su brazo fuerte
la humana naturaleza
agravada, y de tal suerte,
que bajo ya la cabeza
para el yugo de la muerte. 105
  Quisiera...

JACOB.   ¡Madre, escuchad!
ISAAC. ...echarte la bendición
antes que mi mucha edad
impida igual ocasión°
con muerte o enfermedad. 110
  Y así, a solas te he llamado,
porque Rebeca no quiero
que lo sepa, y a su amado
Jacob bendecir primero
me obligue, que ya han pasado 115
  con ella estrañas porfías
sobre esta misma razón,
diciendo que no tenías
de primogénito acción,
porque los pasados días, 120

---

93. rigor *MS*.

98. sin defensas y mal sana *MS*.

104. ya l [*sic*] cabeza *MS*.

111. ansí *MS*.

119. primogenico *QP1*.   ación *MS*.

viniendo tú de cazar
cansado, comer la viste
no sé qué humilde manjar,
de que parte le pediste
y no te lo quiso dar,   125
   si primero no le dabas
el mayorazgo, y tú, hambriento,
como comer deseabas,
dijiste con juramento
que tu acción lo traspasabas.   130
   Esto dice que bastó
a quitártela, y yo digo
que su hijo te engañó,
y así, a dártelo me obligo
porque soy tu padre yo.   135
   Parte al monte, cazador
de mi voluntad, y mata
que coma con tu valor,°
pues tu mano, nunca ingrata
a las obras de mi amor,   140
   de regalarme ha dejado
siempre que del monte viene.

ESAÚ.   No quedará, padre amado,
entre los brutos que tiene
seguro corzo o venado.   145
   Haré de su caza alarde
con el venablo vistoso
y las flechas esta tarde,
desde el jabalí cerdoso
hasta la liebre cobarde,   150
   que ya han sido tus umbrales
testigos de este valor,
que he adornado en casos tales,
dando a mis brazos honor,
de cabezas de animales,   155
   y tantas, que cuando pasa

---

122. le *QP1, QP2.*   147. cen [*sic*] *QP2.*

127. y hambriento *QP2.*   148. fiechas [*sic*] *MS.*

134. ansí *MS, QP1.*

gente y ve el estrago fiero,
los troncos cuenta y repasa,
dice que este monte entero
he trasladado a tu casa.   160
   Otras, que de hazañas tales
ocupan los horizontes,
dicen, viendo tus umbrales,
que como a rey de estos montes
tengo guarda de animales,   165
   y yo, al salir y al entrar,
viendo esos umbrales llenos,
me entristezco por pensar
que mueren, quedando menos
en el monte que matar.   170
   Ya sé, con la inclinación,
que quiere a Jacob mi madre,
que es con notable pasión,
pero tú, que eres mi padre,
me darás la bendición.   175
   Para merecella parto
al monte a matarte caza
que comas, y pues me aparto
de ti hasta que vuelva, enlaza
mi cuello.

ISAAC.   El alma reparto   180
   en dos partes cuando partes,
y así, cuando partes tú,
vive tu padre en dos partes.
Si partes, con Esaú
va Isaac, porque a Isaac repartes. 185
   Yo, entretanto, en oración
pediré, postrado al Cielo,
que asista a esta bendición,
y que de Abrahán, tu abuelo,
propagues la sucesión.   190

---

157. y del estrago *MS*.

160. es trasladado *MS*.

161. Otros *QP1*.

164. como rey *MS*.

172. quiere Jacob *QP2*.

182. ansí *MS*.

186. ocasión *QP2*.

190. subcesión *MS*.

Esaú.	Dame tu mano, señor.	
	Partiré.	
Isaac.	Toma la mano,	
	mi querido cazador,	
	y adiós.	

(Abrázale.) C

Jacob.	Ya parte mi hermano.	
Rebeca.	¡Tu daño dirás mejor!	195
Isaac.	Lleno de llanto me dejas.	
Esaú.	Madre, causa de mi miedo	
	que en mi daño te aconsejas,	
	no te ha de valer, si puedo,	
	la escudilla de lentejas.	200

Vanse Isaac *y* Esaú. D

Rebeca.   Sí, valdrá. Tuyo ha de ser
el mayorazgo, pues hoy
puedo por obra poner
este intento.
Jacob.   Jacob soy,
y te sabré obedecer.   205
    ¿Qué mandas?
Rebeca.   Que, en conclusión,
hoy le tienes de hurtar
a Esaú la bendición,
que mientras va a cazar
tienes lugar y ocasión.   210
    Parte, Jacob, al ganado,
y dos cabritos traerás,
y déjame a mí el cuidado°
en todo de lo demás,
que hoy te verás, hijo amado,   215
    de Isaac, tu padre, bendito
antes que vuelva tu hermano,
y pues es su sobrescrito
el cuello, en brazo y en mano
tú de una piel de cabrito   220

200. lentajas [*sic*] *QP1*.   220. de un cabrito *MS*.

219. en cuello *MS*.

	los tuyos podrás cubrir,	
	y un vestido, el más preciado	
	de Esaú, te has de vestir,	
	y así, tu padre, engañado,	
	hoy te podrá bendecir	225
	antes que vuelva del monte	
	Esaú. Al ganado parte,	
	y a obedecerme disponte,	
	que ya el sol con rayos parte	
	la mitad del horizonte.	230
	Yo le guisaré de modo	
	el cabrito que trujeres,°	
	que pueda obligarle a todo.	
JACOB.	Eres sol de las mujeres.	
	A tu intento me acomodo,	235
	que con tu ayuda no habrá	
	cosa que no intente yo.	
REBECA.	Ya es tarde, pártete ya.	
JACOB.	Dame tu mano.	
REBECA.	El que dio	
	luz al sol y al campo da	240
	el aljófar° del rocío	
	te bendiga y enderece	
	tus intentos, Jacob mío,	
	por que en ti su luz comience	
	a resplandecer.	
JACOB.	Hoy fío	245
	en el Cielo que ha de darme	
	mi padre la bendición.	
REBECA.	El cargo puedes dejarme,	
	que, si gozas la ocasión,	
	no hay que pueda recelarme.	
JACOB.	Adiós.	250
REBECA.	Los cielos que están	
	viéndote permitirán	
	que tanta ventura tengas,	
	que a ser la cabeza vengas	
	de la casa de Abrahán. *Vanse.*	255/E

224. ansí *MS*.

232. los cabritos *MS*.

234. de mujeres *QP2*.

245. yo fío *MS*.

Sale Esaú con el arco en las manos. F

ESAÚ.   Imposible cosa ha sido
               escapárseme el venado,
               yendo por el pecho herido.
               ¿A este arroyuelo argentado,
                 entre las guijas, dormido   260
                 bajó? No parece aquí,
               o no tengo vista yo,
               pues tras él tanto corrí,
               que antes mi aliento llegó
               que el suyo al arroyo. Allí   265
                 aquellas ramas se mueven.
               Si entre ellas muerto ha caído,
               haré que a casa le lleven.
               Todo el árbol, sacudido,
               al suelo esmeraldas llueven.   270
                 Un corzo sale ligero
               al agua de la espesura,
               que no es él. Tirarle quiero.
               ¿Hay tan notable ventura
               que se escapase? No espero   275
                 llevar hoy ninguna caza,
               pues según los lances tengo,
               suerte infeliz me amenaza.
               Con mal pie a este monte vengo.
               Fortuna algún mal me traza   280
                 que no haya acertado tiro.
               No entiendo qué pueda ser.
               De mi desdicha me admiro.
               Hoy es contra mi poder
               todo el celestial zafiro.°   285
                 Una cabrilla montés
               viene al arroyo abrasada.
               Su fin en las aguas es.

E, F. *Vanse* REBECA *y* JACOB, *y sale . . . en la mano.* MS.

256. Impusible MS.

264. allento QP2.

270. lleven QP2.

281. tirol QP2.

282. entindo [sic] QP1.

288. sus aguas MS.

Sintió el arco y, espantada,
se ha escapado por los pies.   290
   No haré tiro de provecho.
Día desgraciado ha sido
para mí, según sospecho,
el de hoy. ¡Estoy sin sentido!°
Nada en dos horas he hecho.   295
   El día que más tenía
necesidad de llevar
caza, la fortuna mía
me impide el bien que alcanzar
puedo, con ella, este día.   300
   ¿Qué será tanto rigor
del Cielo, pues nunca fui
desdichado cazador?
Una liebre viene allí.
Encontrará su furor   305
   el acero de una flecha.
Volviose con el ruido.
Iba a los perros derecha
en el bien que he pretendido.
La industria, ¿qué me aprovecha?   310
   No hay que porfiar. Yo estoy
desgraciado, y de correr
el monte cansado voy.
Aquí me he de detener,
y si del Cielo no soy   315
   enemigo, entre estos ramos
probar quiero mi ventura,
que este es paso de los gamos
y corzos de la espesura,
es donde los aguardamos.   320
   Aquí, sentado, podré
ver y herir sin ser sentido,
que el sol en el mar se ve
ya de arreboles teñido.°
Ya es tarde y volver podré   325
   para que mi padre coma

---

305. encontrare a *MS*.   324. tenido *MS*.

322. huir *QP1*.

  con alguna caza presto.
Ya un corzo en el agua asoma,
y el arco está en orden puesto.
Si él baja de aquella loma,   330
 no habrá sido el lance malo.
Paciendo la grama viene.
En el pecho le señalo,
que dos blancas manchas tiene,
blanco a quien el tiro igualo.   335
 Gana me da de dormir
agora. ¡Suceso estraño!
No me puedo resistir
para más fuerza a mi daño.
Me quiere el sueño rendir.   340
 ¡No me sucedió jamás
tal cosa! Ya el corzo llega.
¡Sueño, déjame! ¿En qué das?
Si con su licor me ciega,
resistirle es por demás.   345

(Quédase dormido, y corriendo una cortina° aparece Isaac sentado G
en una silla, y Jacob, de rodillas, con un vestido de Esaú,
y las manos cubiertas de dos guantes velludos de cabritos.)

JACOB.   Échame tu bendición,
      pues ya tu gusto cumplí
      y la caza traigo aquí.
      No se pase esta ocasión.
ISAAC.   ¿Cómo tan presto has hallado   350
      caza en el monte?
JACOB.   Señor,
      fue del Cielo este favor,
      que tiene de mí cuidado,
      y el cuidado es muy veloz.
ISAAC.   Llega y veré si eres tú.   355

---

330. cama *MS*.

335. rico *QP2*.

337. sube eso *MS*.

340. sueño a rendir *MS*.

341. sudedió [*sic*] *QP2*.

G. ...dormido. Corriendo... *MS*.

345. resistile *MS*.

350. aliado *MS*.

(Tiéntale las manos.) H

               Las manos son de Esaú,
               pero de Jacob la voz.
JACOB.   ¿Cómo, señor?, que yo soy,
               y tu bendición espero.
ISAAC.   Dame, y comeré primero.   360

(Come.) I

JACOB.   (*Ap.*: De Esaú, temblando estoy,
                  en alcanzando° a saber
               que con la traza que he dado
               la bendición le he quitado.)
ISAAC.   Ya he acabado de comer,   365
                 no quiero más. Llega y toma
               mi postrera bendición,
               que más, en esta ocasión,
               no es bien que tu padre coma,
                 estando loco de gusto   370
               por ver tan alegre día,
               porque la mucha alegría
               suspende como el disgusto.
                 Llega y darete primero
               el beso de paz así.°   375

(Bésale en la frente.) J

               ¡Qué suave olor de ti
               despides! Un campo entero
                 de flores es tu vestido,
               comenzando a amanecer,
               cuando le empieza a poner   380
               abril bizarro y pulido.

H. *Tíntale* [sic]... *QP2*.

358. Come *QP1*.

J. *Come* ISAAC. *MS*.

361. Falta *Ap.* en *MS, QP1, QP2*. templando *QP2*.

375. ansí *MS*.

379. comenzando amanecer *MS*.

                    Dete Dios eternamente
                    de la grosedad del suelo,
                    y del rocío del cielo,
                    y abundancia suficiente   385
                        de rubio vino y de pan.
                    Sírvante los pueblos todos
                    y, con diferentes modos,
                    las tribus te adorarán,
                        serás con santo valor,   390
                    por bendecirte tu padre,
                    de los hijos de tu madre,
                    y tus hermanos, señor.

            Cúbrese la apariencia, y gritan dentro, y al ruido   K
            despierta ESAÚ, *y se levanta alborotado.*

Dentro.   ¡Herido va ese venado!
                       ¡Seguilde!
ESAÚ.   ¿Qué voces son   395
                    estas? ¡Estraña visión,
                    dormido, he visto y soñado!
                        Parece que a Jacob vi,
                    que con mi traje engañaba
                    al viejo Isaac y me hurtaba   400
                    la bendición. Si es ansí,
                        darele muerte al ingrato.
                    Pero no se atreverá.
                    Mil sobresaltos me da
                    el alma. Fuera retrato   405
                        de otro Abel y de Caín
                    nuestra encontrada hermandad,
                    mas no puede ser verdad,
                    sueño vendrá a ser al fin.
                        El mismo venado herido   410
                    de mi mano venir veo.
                    Esta vez de mi deseo

---

382. Dé tu *MS*.   389. los *MS, QP1, QP2*.

385. Falta «y» en *QP1, QP2*.   390. sancto *MS*.

387. sírvanse *MS*.   396. estas y estraña *MS*.

        a la medida ha venido.
          Quiero salirle a encontrar,
        que por este cerro asoma,   415
        y podré, para que coma
        mi padre, caza llevar.   *Vase.*   L

          Sale REBECA, *y* JACOB.   M

JACOB.   Ya tengo la bendición,
        madre, de mi padre. Agora
        temo a Esaú.
REBECA.   Y con razón,   420
        porque es ingrata y traidora
        en toda su condición,
          y en sabiendo que le hurtaste
        la bendición trazará
        tu muerte.
JACOB.   Tú que trazaste   425
        mi bien, de mi daño ya
        al remedio te obligaste.
          Tú, madre, me has de librar
        de Esaú porque a sus manos
        no venga a morir, y a dar   430
        de los primeros hermanos°
        nuevo ejemplo.
REBECA.   Con no estar
        cerca de él podrás librarte.
JACOB.   ¿De qué manera podré,
        si no hay más segura parte?   435
REBECA.   Con mi hermano, te enviaré
        Labán. Al Asia parte.
          Mejor podrás en su casa
        estar, mi Jacob, en tanto
        que el enojo se le pasa,   440

---

414. salir a encontrar *QP2*.

415. certo *QP2*.

L, M. *Vase* ESAÚ, *y salen*... *MS*.

421. todo *QP1*.

422. todo *QP1, QP2*.

423. que hurtaste *MS*.

436. inviará *MS*.

437. Labam; a la Asia *MS*.

        quedándome en este llanto,
rigor de fortuna escasa.
   En Mesopotamia vive,
de Siria provincia hermosa,
que si una vez apercibe   445
que eres mi prenda dichosa,
verás qué bien te recibe.
   Tiene ganado y labor
donde podrás sin contienda
entretenerte mejor,   450
porque heredó grande° hacienda
de nuestro abuelo Nacor.
   Hijas tiene con quien puedes
casarte en este destierro
para que también le heredes.   455
No aguardes que de este perro,
si rabia, mordido quedes.
   Huye a Esaú, pues ya llevas
del amor que te he mostrado
a Siria bastantes pruebas.   460
Darás a mi hermano amado,
con mi salud, estas nuevas.
   Esto te conviene al fin,
antes que el rigor crüel°
de Esaú trate tu fin,   465
siendo el inocente Abel
de este segundo Caín.
   Ya pienso que en casa suena.

JACOB.   Dadme vuestra bendición,
madre, y quedad norabuena.°   470
REBECA.   Llévasme allá el corazón.
JACOB.   No os dé mi partida pena,
   pues voy en cas° de Labán
que es vuestro hermano y mi tío,
donde los vuestros están.   475
REBECA.   Quiero hacerte, Jacob mío,

---

443. Mesopotania *MS, QP1*. Mesepotania *QP2*.

452. Falta «de» en *MS*. dentro *MS*.

453. puedas *MS*.

461. a hermano *QP2*.

462. con salud *QP2*.

	la alforja de carne y pan,
	y darte joyas algunas
	para las necesidades
	que se ofrecen importunas. 480
	El oro en adversidades
	es escudo a mil fortunas.
Jacob.	Vamos, madre.

Sale Esaú con las manos ensangrentadas. N

Esaú.	Yo he llegado
	a casa al anochecer
	y, aunque he puesto gran cuidado, 485
	no ha podido menos ser.
Rebeca.	Esaú, Jacob, ha entrado.
Jacob.	Temblando estoy de miralle.
	Vámonos de aquí, señora.
	¡Qué espantosa vista y talle, 490
	tan lleno de sangre agora!
	¡Por monstro° pueden juzgalle!
	Sangrientas manos y brazos
	trae, que la caza que mata
	hace con ellos pedazos. 495
Esaú.	(*Ap.*: Aquí está mi madre ingrata,
	y Jacob, que en dulces lazos
	siempre su hiedra° hecha está,
	pero antes que llegue a colmo,
	mi brazo derribará 500
	por tierra, si puedo, el olmo
	que subiéndose al sol va.)
	¿Dónde está mi padre?
Rebeca.	Aquí
	viene ya. Guárdete el Cielo.
	¡Ah, Jacob, vente tras mí! 505
Jacob.	Su furia, madre, recelo.

Vanse Rebeca y Jacob. O

---

492. monstruo *QP1.* mostruo *MS.*   500. derribarás *QP1, QP2.*

496. Falta *Ap.* en *MS, QP1, QP2.*   506. Injuria *QP1, QP2.*

ESAÚ.	(*Ap.:* ¡Si me has vendido, ay de ti!)	
	Sale ISAAC.	P
ISAAC.	¡Gracias al Cielo, que el día	
	vi de todo mi consuelo	
	y gocé tanta alegría!	510
	¡Gracias a Dios que dio el Cielo	
	colmo a la esperanza mía!	
ESAÚ.	Dadme, padre, vuestra mano,	
	que ya caza os he traído	
	para que comáis ufano,	515
	de alcanzar, he merecido,	
	bien que pretendió mi hermano.	
	Vuestra bendición espero.	
	Ya el día alegre llegó.	
ISAAC.	¿Quién eres?	
ESAÚ.	(*Ap.:* ¡Prodigio fiero!)	520
	¿Quién puede ser, sino yo,	
	mi retrato verdadero?	
ISAAC.	¿Quién, Esaú?	
ESAÚ.	¡Esaú!	
ISAAC.	Hijo amado,	
	¿qué quieres?	
ESAÚ.	Tu bendición.	
ISAAC.	¿No eres tú a quien se la he dado?	525
ESAÚ.	(*Ap.:* Sin duda, que con traición	
	hoy Jacob me la ha usurpado.)	
ISAAC.	¿Luego no eres tú a quien di	
	la bendición?	
ESAÚ.	No, señor.	
ISAAC.	Rebeca me engañó aquí.	530
ESAÚ.	(*Ap.:* El Cielo, hermano traidor,	
	hoy me ha de vengar de ti.)	

---

507. Falta *Ap.* en *MS*.

P. *Sale su padre* ISAAC. *MS, QP2*.

508. Falta «ISAAC.» en *QP1*.

520. Falta *Ap.* en *MS, QP1, QP2*. Pródigo *QP2*.

523. ISAAC. ¿Quién? ESAÚ. ¡Esaú! ISAAC. ¡Hijo amado *MS*.

526. Falta *Ap.* en *MS, QP1, QP2*.

531. Falta *Ap.* en *MS, QP1, QP2*.

	Yo soy Esaú, que vengo,	
	padre, con la caza agora,	
	y de comer te prevengo.	535
(Ap.:	¡Venza su industria traidora	
	la acción principal que tengo!)	
	Bendíceme.	
Isaac.	Ya no puedo,	
	que se la he dado a tu hermano,	
	y en él empeñado quedo.	540
Esaú.	Si él me ganó por la mano,	
	ya ves que soy quien te heredo.	
	Échame tu bendición.	
Isaac.	La que a tu hermano le di	
	no tiene contradición,	545
	y sin duda, el darla así	
	fue celestial permisión.	
	Desde hoy estará sujeto	
	a tu hermano y cuantos vengan	
	de su sangre.	
Esaú.	(Ap.: ¡Tuvo efeto	550
	mi sueño!) ¡Mis males tengan	
	la venganza que prometo!	
	¡Morirá Jacob, si puedo!	
Isaac.	Esaú, sosiegaté,°	
	y ten a los cielos miedo.	555
Esaú.	¿Cómo en mi vida podré,	
	viendo del modo que quedo?	
Isaac.	Entra, y otra bendición,	
	de tu hermano diferente	
	te daré. *Vase.*	

Esaú. Por dilación 560
del bien que tuve presente
gozó Jacob la ocasión.
¿Yo, sujeto he de vivir
a un vil y menor hermano?
¿Esto tengo de sufrir? 565
¡Vive Dios, que por mi mano

---

536. inda tria [*sic*] *QP1*.

537. accisión *QP2*.

546. ansí *MS*.

550. Falta *Ap.* en *MS*. efecto *MS, QP1, QP2*.

551. tenga *QP1, QP2*.

	como Abel ha de morir! *Vase.*	R
	Sale Jacob, de camino.°	S
JACOB.	Aquí aun no pienso que estoy	
	seguro, hermano, de ti,	
	y como huyéndote voy,	570
	pienso que estás sobre mí	
	a cada paso que doy	
	tu imagen me representa	
	la tiniebla en tu favor,	
	y con sombras me amedrenta,	575
	porque la noche al temor	
	mil imágenes inventa.	
	Mas va de mi parte el Cielo.	
	No temo cosa ninguna,	
	que, siendo Dios en el suelo	580
	la verdadera fortuna,	
	otra ninguna recelo.	
	Cansado estoy del camino,	
	porque en poco tiempo he andado	
	muy grande espacio, imagino	585
	que es un medroso cuidado	
	caminante peregrino.	
	Esta es Luza,° una ciudad.	
	No pienso entrar en su muro.	
	Mejor es la soledad,	590
	y este campo es más seguro	
	pues hay en él más verdad.	
	Este es sitio acomodado	
	para dormir y pasar	
	la noche, y el sol dorado	595
	me podrá aquí despertar.	
	Una peña está a este lado.	
	Sírvame de cabecera,	
	ya que me sirve la grama	
	que tejió la primavera	600

R, S. *Vase Isaac, y...* MS.   575. sombra *QP2.*

S. *...sale...* MS.   577. imágines *QP1, QP2.*

568. pienso, estoy *MS.*

con otras flores de cama
para que de campo fuera.
 Sueño, que me estás haciendo
mil caricias, y llamando
por que descanse durmiendo,   605
pues mis ojos te voy dando,
en tus manos me encomiendo.

Recuéstase JACOB y duerme, y aparece una escala que llega°   T
al cielo, y van subiendo y bajando ALGUNOS ÁNGELES por
ella, y DIOS PADRE arriba en el remate de la escala,
y suena música, y dice JACOB entre sueños:

 ¿Duermo o velo? ¿Velo o duermo?
¡Qué soberana visión,
como si se puso agora,   610
tan presto ha salido el sol!
Una escala de cristal
de milagrosa labor
pende del cielo a la tierra,
sustentada entre los dos.   615
Espíritus celestiales
vestidos de resplandor
suben y bajan por ella.
¡Qué estraña revelación!
Allá miro en lo más alto,   620
donde ninguno alcanzó,
que está arrimado a la escala
el sol de justicia, Dios.
Agora se han puesto atentos
el cielo y tierra a su voz   625
y parece que me habla.
¡Mil veces dichoso yo!

DIOS PADRE.   Yo soy el Dios de Abrahán
y de tu padre, Jacob.
No temas, pasa adelante,   630
que mi seguro te doy.
La tierra en que agora duermes
daré a tu generación,

T. ... *y parece una ... suene* ... *QP2.*   615. sustenida *MS.*

608. JACOB. *MS.*   627. dichoso mil veces yo *MS.*

EL MÁS AMANTE PASTOR Y DICHOSO PATRIARCA 139

      dilatándose en el mundo
      con tu sangre y mi favor.   635
      Como el polvo de la tierra
      será el número desde hoy,
      como la arena del mar
      y los átomos del sol.
      En ti, Jacob, y en tu sangre,   640
      benditos los tribus° son,
      naciendo la aurora, madre
      que ha de ser alba de Dios,
      que esta escala es la figura
      de la palabra que oyó   645
      tu abuelo, en conformidad
      de esta verdad que oyes hoy.
      Tocar el cielo y la tierra
      la escala señales son
      de las dos naturalezas   650
      que se han de juntar en Dios.
      Con esto, parte seguro,
      que la palabra te doy
      de que a tu patria te vuelva.
      Despierta, y parte, Jacob.   655

    Cúbrese la escala con música, y despierta JACOB.   U

JACOB.   ¿Qué es esto que he visto? ¡Cielos!,
      ¿quién tanto bien mereció?
      ¡Verdaderamente está
      en esta parte el Señor!
      ¡Oh, cuán terrible lugar   660
      es este, pues le° escogió
      para su casa real°
      el rey de los reyes, Dios!
      Quiero levantar la piedra
      en que he dormido, y al son   665
      que los pajarillos hacen
      con la venida del sol,
      reverencialla y ponella
      por señas de la que vio

---

636. tierara [*sic*] *QP1*.   U. *... y parte* ISAAC. *MS*.

652. siguro *MS*.

                    el alma, durmiendo el cuerpo,　　　　　670
                    y despierta la razón,
                    llamándose este lugar
                    Bethel, que es casa de Dios,
                    y haciendo voto solene°
                    que es el primero desde hoy,　　　　　675
                    de reverenciar su nombre,
                    haciendo en el corazón
                    sacrificio y trabajando
                    esperanza, fe y amor,
                    y dar de lo que ganare　　　　　　　680
                    décimas al que me dio
                    esta palabra que llevo
                    para seguro y blasón.　　　*Vase.*　　V

            Sale LAURO, *mayoral, por una montañuela.*　　W

LAURO.　　　　¡Por acá, Manso! ¡Rita, acá, que subes,
                    llevando a despeñar todo el ganado　　685
                    a coronar de tu vellón las nubes!
                    　Mirad dónde se va descarriado
                    agora por las peñas, mas, ¿qué veo?,
                    que tengo de envïar allá el cayado.
                    　Él va, sin mirar más, tras su deseo.　690
                    Al fin, bruto, que el daño no le espanta,
                    que se ha de despeñar al valle creo,
                    　o lo que del ganado se adelanta.
                    Harto debe de estar y busca modos
                    de entretenerse. ¡A los demás levanta!　695
                    　Por aguas, por pantanos y por lodos,
                    atravesando su derrota siguen.
                    ¡Oh, mala roña, amén, os manche a todos!
                    　Yo haré que su propósito mitiguen
                    si me quito la honda con dos guijas,　700
                    como cuando los lobos los persiguen.

                    (Tira la honda y da un chasquido.)　　X

---

674. solemne *MS*.　　　　　　689. inviar *MS*.

V, W. *Vase* JACOB, *y* ... *sale* ... *MS*.　　692. el *QP2*.

684. Rito *MS, QP2*.　　　　　X. Falta en *MS*.

686. valcón [sic] *MS*.

	Allá va la primera. Las vedijas	
	el manso del vellón dejó en los riscos,	
	que en él fueron de plata, antes sortijas.	
	Los demás, tropezando en los lentiscos,	705
	bajan tras de él al valle presurosos.	
	Mucho importa el castigo en los apriscos.	
	Ya del día los rayos calurosos	
	a la mitad del cielo van llegando,	
	y la siesta a estos árboles umbrosos	710
	los corderos, rindiendo al sueño blando,	
	con el calor del sol, los miembros flojos	
	se van unos en otros recostando.	
	No me darán agora más enojos,	
	pues después de bebidos y comidos,	715
	será el sueño la llave de sus ojos.	
	Sale JACOB.	Y
JACOB.	No sé, plantas, si dais pasos perdidos,	
	que la tierra que piso no conozco.	
	Aquí hay ganado, que escuché balidos,	
	y, si mal desde aquí no reconozco,	720
	de aquel humilde monte un pastor baja.	
LAURO.	Este pastor que miro desconozco.	
	Forastero será, que acaso° ataja	
	por aquí alguna parte que es camino	
	para todo ese valle y tierra baja.	725
JACOB.	Llegar a preguntarle determino	
	qué tierra es esta, y quién es dueño de ella.	
LAURO.	Que el paso guía para mí, imagino.	
	Buen traje trae y la presencia es bella.	
JACOB.	Guárdete el Cielo.	
LAURO.	Él os prospere, amigo,	730
	y os dé dichosa y favorable estrella.	
	¿A dónde camináis?	
JACOB.	Dios es testigo,	
	que no sé de la tierra que atravieso	
	un palmo apenas. Un viaje sigo	

706. tras él *MS*.

711. rendiendo *MS*.

713. entre *MS*.

727. quién el dueño *MS*.

728. Falta «LAURO.» en *MS*.

	forzoso por mi vida, que os confieso	735
	que desde que nací le he caminado,	
	aunque aguardo en el fin un buen suceso.	
	¿Qué tierra es esta?	
LAURO.	Desde aqueste° prado	
	y aquese pozo que con esa peña	
	entre esos sauces dos miráis cerrado,	740
	hasta aquel monte cuya frente enseña	
	llena de nieve, tierra es de Arán toda,	
	de la Siria provincia no pequeña.	
	Por aquí sus ganados acomoda	
	Labán para dos hijas solamente,	745
	fruto dichoso de su alegre boda.	
	Es Lía la mayor, mujer prudente,	
	sabia y sagaz, que trae la casa en peso,	
	aunque fea, ¡por Dios!, estrañamente.	
	Raquel es la segunda, de igual seso,	750
	sabia, sagaz, prudente y recatada,	
	y en talle y rostro, hermosa con exceso.	
	Aunque os he detenido la jornada,	
	larga cuenta os he dado, porque creo	
	que lo que voy contando os agrada.	755
	Si me he engañado, perdoná el deseo	
	que de serviros tuve.	
JACOB.	He recebido	
	muy grande gusto.	
LAURO.	Dárosle deseo,	
	porque mostráis en talle y en vestido	
	ser hombre noble y no pastor grosero.	760
	Mucho os habéis conmigo detenido.	
	Decidme a dónde camináis, que quiero	
	mostraros el camino y adiestraros.	
JACOB.	Ya, pastor, he llegado donde espero.	

737. saceso [sic] *QP1*.

740. do *MS*.   cerrada *QP1*.

752. rostro hermoso *QP1*.   esceso *MS*.

753. no he *MS, QP2*.

755. contándoos os [sic] *QP1*.

756. me engañado *MS*.

757. recibido *MS*.

758. gran *MS*.

759. mnstrais [sic] *QP1*.

763. adestraros *MS, QP2*.

	Ya los cielos, que nunca son avaros	765
	en dar lo que prometen, me trujeron	
	donde pienso algún tiempo acompañaros.	
	Mis padres que viniese me dijeron	
	a servir a Labán, por diferencias	
	que entre mí y un hermano mayor vieron,	770
	que a veces suelen ser las competencias	
	de los hermanos causa de algún daño,	
	viniendo a ser sus treguas las ausencias,	
	y así, dejando el mío, al reino estraño	
	vengo por esta causa.	
LAURO.	Vuestro nombre	775
	saber quisiera, que, si no me engaño,°	
	fuera de ver que sois principal hombre,	
	sangre sois de Labán, el dueño nuestro,	
	y de que lo adivine no os asombre,	
	que lo mostráis en vos.	
JACOB.	¿En qué lo muestro?	780
LAURO.	En vuestro talle, y en haber venido	
	solo a buscalle desde el clima° vuestro.	
	Que vuestro nombre me digáis os pido.	
JACOB.	Jacob me llamo.	
LAURO.	Dadme aquesos brazos,	
	y seáis a estos campos bienvenido.	785
JACOB.	Pues me recibe Siria con abrazos,	
	dichoso en ella pienso ser.	
LAURO.	Los míos	
	de inmortal amistad sirvan de lazos.	
JACOB.	De mi hermano Esaú los desvaríos	
	hacen que la hermandad conmigo trueca	790
	en agravios, injurias y desvíos.	
LAURO.	Como es hermana de Labán Rebeca,	
	vuestra querida madre, los pastores	
	que de este valle hasta esa tierra seca,	
	con su ganado ocupan los alcores,°	795
	escuchan vuestros nombres cada día,	
	y crecen escuchándolos las flores,	

---

765. nuuca [sic] *QP1*.

774. así *MS, QP2*.

778. dueño mío *QP1, QP2*.

779. adevine *MS*.

781. Falta «y en haber venido» en *MS*.

790. hermaudad [sic] *QP1*.

     y a vos, principalmente, se os tenía
     por esta tierra inclinación notable,
     viendo lo que de vos Labán decía,   800
      que sois más generoso,° más afable,
     más sosegado, más prudente y cuerdo,
     y al contrario, Esaú, que es intratable,
      si mal de lo que dicen no me acuerdo.
     En este pozo que miráis cerrado,   805
     donde el enojo y la tristeza pierdo,
      cuando le doy brebaje° a mi ganado
     y veo los sedientos corderillos
     llegar, el uno en otro atropellado,
      que agora repartidos en corrillos   810
     callan, sin que el mastín del hato ladre,
     durmiendo entre romeros y tomillos,
      Eliecer vio a Rebeca, vuestra madre,
     la primera vez cuando Abrahán le envía
     a buscalle mujer a vuestro padre.   815

JACOB.   Parece que la sangre me decía,
     cuando entré en estos montes, que ocupaba
     el señorío de ellos sangre mía.

LAURO.   A nadie, de los dos, nos engañaba
     el corazón.

JACOB.   Espera. ¿Qué pastora   820
     es la que de dar luz al monte acaba,
     y tras una manada baja agora?

LAURO.   Es tu prima, Raquel.

JACOB.   ¡Es sol del día,
     y al mismo sol da envidia y enamora!

LAURO.   ¿No te parece hermosa?

JACOB.   No podía   825
     el pincel del deseo retratalla.

LAURO.   Pues es, más que ella hermosa, fea Lía.

JACOB.   Que el sol también, poniéndose a miralla,
     —(*Ap.*: ¡Qué hermosos ojos, qué divina frente!)—

---

814. primer *QP1*.   invía *MS*.

819. naide *MS*.

821. es la que dar *QP1*.

822. Falta en *QP1, QP2*.

823. El sol *QP1, QP2*.

824. invidia *MS, QP2*.

828. puniéndose [*sic*] *MS*.

829. Falta *Ap.* en *MS, QP1, QP2*.

no creo que el marfil pueda igualalla! 830

Viene bajando por la montañuela RAQUEL, *vestida de* Z
pastora bizarra, con patenas y corales, y un zurrón,
todo el cabello esparcido sobre las espaldas.

   El cabello, que al oro más luciente
 afrenta puede dar, suelto le esparce
 sobre la espalda, de su sol oriente.
   No hay alma que le vean que en él no engarce,
 ni hay rama que la toque que, en su falda, 835
 para más detenella, no se enzarce.
   Ya, con los pies, el campo es esmeralda,
 y con sus ojos, es zafir el cielo,
 despreciando mil soles por la espalda.

LAURO. ¡Enamorado estás!
JACOB.   ¿Pues soy de hielo, 840
 que no me ha de abrasar belleza tanta?
   ¡Por Abrahán, mi generoso abuelo,
 que si Labán al cielo me levanta
 de su divina luz con merecella,
 y su belleza a mi humildad no espanta, 845
 siete años de pastor sirva por ella,
 y catorce también, y un siglo entero,
 porque es corto el vivir para querella!

LAURO.   Habla a Raquel, que yo entre tanto quiero
 ir a pedir de tu venida albricias,° 850
 pues de Labán muy grandes las espero,
   y si a Raquel para mujer codicias,
 sirve, y verás que te la da tu tío,
 que lo echarás de ver en las caricias,
   y queda a Dios, Jacob.

JACOB.   Amigo mío, 855
 pues, mientras en quietud que da el ganado,
 tendré del gran Labán lo que confío.

LAURO. (*Ap.:* Él queda en su Raquel embelesado.) *Vase.* a

---

830. creo el *QP2.* puedo *QP1, QP2.*   845. Falta «y» en *MS.*

Z. ...*patena*... *QP2.*   852. cudicias *MS.*

837. campo de esmeralda *QP2.*   858. Falta *Ap.* en *MS, QP1, QP2.*

Queda Jacob suspenso mirando a Raquel, y   b
llega Raquel al pozo a ver si está abierto.

RAQUEL. Con la peña está cerrado
 el pozo, y no puedo dar 860
 agua al sediento ganado.
 Desde aquí quiero mirar
 si hay un pastor en el prado
   que la peña me levante.
 Allí hay uno, y forastero 865
 parece en talle y semblante.
 Con todo, llamarle quiero
 antes que pase adelante.
   ¡Pastor amigo!, ¿con quién
 hablo que suspenso está? 870
JACOB. Que he sentido tanto bien
 esto me suspende.
RAQUEL.   Ya
 respondió.
JACOB.   Y llego también.
 Mandarme verla es sustento.
RAQUEL. Hacedme tanto placer, 875
 porque en este pozo intento,
 como veis, dar de beber
 a mi ganado sediento,
   de levantar esta peña
 con la cual está cerrado, 880
 que, para mí, no es pequeña,
 y este monte y este prado
 otro pastor no me enseña,
   y el trabajo perdonad.
JACOB. No hay trabajo que lo sea, 885
 mirando vuestra beldad.
RAQUEL. Tiéneme ya el sol muy fea.
JACOB. Será de invidia.
RAQUEL.   Acabad.

---

b. ... *queda Jacob suspenso mirando a Raquel ... a ver si está abierto diciendo:* MS. ... *pozo a ver si está abierto.* QP2.

874. Mandadme verla es contento MS.

886. mirando a vuestra QP1, QP2.

865. uno forastero MS.

JACOB.	De amor podrá ser primero.	
RAQUEL.	Levantad la losa pues,	890
	que dar de beber espero	
	a mi ganado.	
JACOB.	¿No ves	
	que ver tu muerte no quiero?	
RAQUEL.	¿Cómo?	
JACOB.	Mirándote a ti,	
	pues que tu hermosura viendo,	895
	te enamorarás de ti,	
	y gozarte pretendiendo,	
	vendrás a matarte así.	
RAQUEL.	No entiendo esos desvaríos.	
	Alzad la losa, o dejalda.	900
JACOB.	No me paguéis con desvíos,	
	que es ingratitud.	
RAQUEL.	Alzalda.	

(Alza la piedra.)   c

JACOB.	Con los pensamientos míos.	
RAQUEL.	No quiero más. Guárdeos Dios,	
	que yo el agua sacaré.	905
JACOB.	No he de permitir que vos	
	la saquéis.	
RAQUEL.	Parece, a fe,	
	mal estar solos los dos,	
	y así, quisiera que os vais.°	
JACOB.	Seguro con vos estoy.	910
RAQUEL.	¿Conmigo os aseguráis?	
JACOB.	Sí, porque estranjero soy,	
	Raquel, ¿de mí os receláis?	
	Asegúroos que podéis	
	muy bien serviros de mí.	915
RAQUEL.	Hombre noble parecéis.	
JACOB.	Mirad si noble nací,	

---

891. que a de *QP1*. que a dar *MS, QP2*.

898. ansí *MS*.

c. *Alza la piedra del pozo. MS.*

909. ansí *MS*.

913. mí receláis *MS*.

pues que mi sangre tenéis.
RAQUEL. ¿Cómo?
JACOB. Después de sacar 920
el agua podéis sabello.

(*Echa la cantarilla aberrada en el pozo.*) d

¿Dónde la tengo de echar?
RAQUEL. En esa pila.
JACOB. (*Ap.:* ¡Qué bello
rostro!)
RAQUEL. Acabad de tirar,
ya que placer me habéis hecho
de sacar el agua vos. 925
JACOB. Lo mismo fuera del pecho,
haciendo los ojos dos
fuentes, a ser de provecho,
que, si los alzo a mirar,
ciego de vuestro arrebol, 930
luego los vuelvo a bajar,
que como quien mira al sol,
me hacéis, serrana, llorar.
RAQUEL. Tierno° sois.
JACOB. Estoy deshecho
al sol que esta sierra abrasa, 935
y tengo de cera el pecho.
RAQUEL. Ved que he de volver a casa
con él, y según sospecho,
no tenéis talle en verdad,
de sacar agua en el día 940
que queda.
JACOB. De esa beldad
nace la esperanza mía
que me suspende.
RAQUEL. Acabad,
que está sediento el ganado
y balando por beber. 945

(*Va tirando poco a poco.*) e

---

d. ... *barrada*... *MS.*   935. tierra *MS.*

923. Falta *Ap.* en *MS.*

JACOB.	Y yo, de haberos mirado,	
	más sediento, que ha de ser	
	hidrópico mi cuidado,°	
	porque cuanto os miro, más	
	crecen de vuestros antojos,	950
	que enfrenar es por demás,	
	y estar bebiéndoos los ojos	
	no matan la sed jamás.	
RAQUEL.	Filósofo estáis, a fe,	
	y en detenerme cansado.	955
	Vuestra diligencia fue	
	rodeo para el ganado.	
JACOB.	Presto a beber le daré.	
	Así le diera el amor	
	a mi sediento deseo	960
	de esas manos un favor,	
	aunque con mayor rodeo	
	lo esperara este pastor,	
	así, de tanta beldad	
	como en vos miro, pastora,	965
	un rato de voluntad	
	mereciera el que os adora	
	después de un siglo.	
RAQUEL.	Acabad.	
	¿Hemos de estar aquí un año?	
JACOB.	Acabaldo vos con vos,	970
	que vos os hacéis el daño.	
RAQUEL.	¿Por qué?	
JACOB.	Porque os hizo Dios	
	de beldad milagro estraño,	
	y viendo vuestra belleza,	
	la adoro tan divertido,	975
	de los pies a la cabeza,	
	que de mí propio me olvido	
	con nueva naturaleza.	
RAQUEL.	Sin duda, que eres gitano°	
	que me vienes a engañar	980

---

946. Falta «Y» en *MS, QP2*.

949. mira *MS*.

959. dirá *QP2*.

961. Estas *MS, QP2*.

964. ansí *MS*.

del Nilo, que baja ufano
de Mesopotamia al mar,
con su blanca plata, cano,°
   porque tus palabras son
de pastor que habita el Nilo,   985
y los de aquesta región
aprenden del cocodrilo
el engaño y la traición,°
   que no son esas palabras
de humilde pastor serrano   990
que guarda ovejas y cabras,
y si con las de gitano
piensas que en mi pecho labras,
   engañado estás, que el suelo
que pisas hombres encierra   995
que, andando al rigor del cielo,
han tomado de esa sierra
ser de peña y ser de hielo.
   Yo os agradezco el placer
que me habéis hecho, pastor,   1000
y adiós, que no ha menester
palabras de falso amor
una serrana mujer,
   porque son más verdaderas
por acá nuestras serranas,   1005
cuyas entrañas sinceras
no admiten de las gitanas
apariencias lisonjeras.
   Son acá nuestros pastores
más firmes, más verdaderos,   1010
en la fe de sus amores,
y todos los estranjeros,
mentirosos y traidores.
   Líbreme Dios de creer
de ganaderos estraños   1015
palabras, porque han de ser
el fruto de los engaños
cuando se llegue a coger.
   Andad con Dios a engañar
en otra parte a quien quiera   1020

982. Mesopotania *MS*.   995. hembras *QP1*.

	vuestra falsa fe estimar,	
	y verá qué sementera	
	vuestro amor le viene a dar.	
Jacob.	Vuelva la razón por mí	
	contra vuestra sinrazón,	1025
	aunque si pudiera aquí	
	ser testigo, el corazón	
	que por despojos rendí	
	testigo abonado fuera,	
	que viéndoos a vos en él	1030
	satisfación de mí os diera,	
	mas yo juraré, por él,	
	de que esta fe es verdadera,	
	y, para que de gitano	
	pierda el nombre con vos hoy	1035
	de que tanta gloria gano,	
	sabed, serrana, que soy	
	Jacob, vuestro primo hermano.	
	Rebeca, menor hermana	
	de vuestro padre, Labán,	1040
	que por gracia soberana	
	fue eligida de Abrahán,	
	mi abuelo, en su edad anciana,	
	para Isaac, mi padre, como	
	sabéis también por acá...	1045
Raquel.	Ya gusto en mirarle tomo.	
Jacob.	...que ambos a la muerte ya	
	caminan con pies de plomo.	
	Es mi madre vuestra tía.	
Raquel.	No más bien se echa de ver,	1050
	Jacob, que sois sangre mía,	
	puesto que ha venido a ser	
	el corazón me decía.	
	Dadme los brazos.	
Jacob.	(*Ap.*: ¡Qué gloria	
	el Cielo me ha apercebido!	1055
	¡Amor, vitoria, vitoria!	
	¡Ya mi desdicha ha vencido,	
	y es mi ventura notoria!)	

1034-36. Faltan en *QP1, QP2*.   1049, madre y vuestra *MS*.

1042. elegida *QP2*.   1054. Falta *Ap.* en *MS, QP1, QP2*.

Abrázanse JACOB *y* RAQUEL, *y salen* LABÁN *y* LAURO, *y* OTROS PASTORES, *y venlos abrazados.*

LAURO.	Con Raquel le dejé aquí.	
LABÁN.	Y los brazos le está dando.	1060
	Déjame llegar. ¿Así	
	estáis, Raquel, abrazando	
	a quien no visteis, decí,	
	a un pastor, a un forastero?	
	¡Buenos los abrazos van!	1065
RAQUEL.	Que me disculpes espero.	
	Este es mi padre, Labán.	
JACOB.	Pedirle la mano quiero.	
	Dadme, generoso tío,	
	para besaros la mano.º	1070
LABÁN.	Levantaos, sobrino mío,	
	y abrazadme.	
RAQUEL.	*(Ap.:* ¡No hay serrano	
	de mayor donaire y brío!	
	No he visto gracia mayor.	
	Ya me comienza a agradar.	1075
	¡Qué buen talle de pastor!	
	¡Ah, quién le diese a guardar	
	la esperanza de mi amor!)	
LABÁN.	¿Cómo mi hermana quedaba?	
JACOB.	Muy deseosa de verte,	1080
	y con salud, aunque estaba	
	temerosa de la suerte	
	con que el Cielo me aguardaba	
	en la jornada que he hecho	
	a Siria, por el furor	1085
	de Esaú contra mi pecho,	

1055. ha percebido *MS.* ha apercibido *QP2.*

1056. victoria, victoria *MS.*

1057. he *MS.*

1060. brozos [*sic*] *QP2.*

1061. Dejadme llegar. ¿Ansí *MS.*

1072. Falta *Ap.* en *MS, QP1, QP2.*

1075. comienza agradar *MS.*

1077. Ha *QP1, QP2.*

1083. aguardaría *QP1.*

1085. ~~contra~~ por *MS.*

	porque de hermano mayor	
	le quité todo el derecho.	
LABÁN.	¿Cómo?	
JACOB.	Hurté la bendición	
	a mi padre, por estar	1090
	ciego ya en esta ocasión,	
	y esto pudiera causar	
	mi muerte acaso a traición,	
	y por evitar el daño	
	que me amenazaba luego,	1095
	y escusar el desengaño,	
	cumplo de mi madre el ruego	
	y me ausento como estraño.	
	Para servirte, Labán,	
	me envía a Mesopotamia	1100
	y hoy llegué a tierra de Arán.	
LABÁN.	Aquí, de muerte o de infamia,	
	los cielos libre os tendrán,	
	y entreteneros podréis	
	hasta que de los enojos	1105
	de Esaú no os receléis.	
	Haced cuenta que en mis ojos	
	a vuestra madre tenéis,	
	que por vos pienso mirar,	
	como Rebeca, mi hermana.	1110
JACOB.	Tanto se venga aumentar	
	de tus vellones la lana	
	como la espuma del mar,	
	y parezca aqueste prado,	
	con innumerable suma	1115
	de vellones ocupado,	
	mar imitando a su espuma,	
	más que campo de ganado,	

1089. Hurtele la *QP1*.

1096–98. Escúchase el desengaño, / porque de cólera ciego / me quería matar mi hermano *MS*.

1100. imvía *MS*. Mesopotania *MS, QP1, QP2*.

1102. Aquí y de *MS*.

1107. y haced *MS*.

1115. mi innumerable *QP2*.

1117. mas *MS*.

1118. mar *MS*.

>   pareciendo olas mayores
>   que las que en él sobresaltan,   1120
>   cerros de la mar menores,
>   los corderillos que saltan
>   retozando con las flores.
>   Nieve parezca, al miralle,
>   que arroja el cielo a la tierra   1125
>   tanto, que lugar no halle
>   y tenga invidia esta sierra
>   de ver más nieve en el valle,
>   y sin que una cría peche
>   al lobo fiero, de tal   1130
>   modo el pasto le aproveche,
>   que, en vez de llevar cristal,
>   lleven los arroyos leche.
>   Tírense en las ocasiones
>   de fiestas, cuando amor mueve   1135
>   juveniles escuadrones,
>   como con pellas° de nieve,
>   con natas y requesones,
>   y las ovejas, iguales
>   en dar los frutos opimos   1140
>   para tantos recentales,
>   que cuelguen como racimos
>   de los pechos maternales.
>   El pozo agoten de Arán,
>   y faltándoles corriente,   1145
>   les brote por vos, Labán,
>   cada peñasco una fuente,
>   y cada fuente un Jordán.
>   Vayan de tales riquezas
>   nuevas a reinos estraños,   1150
>   por prodigios y estrañezas,
>   y al fin, viváis tantos años
>   como apacentéis cabezas.

LABÁN.   Guárdeos Dios, Jacob.
JACOB.   Señor,
            por premio de mi servicio   1155
            solo te pido un favor

1131. pastor *QP1*.

1141. paran tantas *QP1*.

1154. Dios, ~~Labán~~ *MS*.

	para dar bastante indicio
	de tu sangre y de mi amor.
	Serete pastor fiel,
	y en lo que quiero pedirte.
LABÁN.	Habla. (*Ap.*: Amor he visto en él.)
JACOB.	Siete años quiero servirte
	por que me des a Raquel.
LABÁN.	Jacob, siendo mi sobrino,
	no te la puedo negar.
	Sirve que yo determino
	dártela.

Reformatting as verse:

LABÁN. Habla. (*Ap.*: Amor he visto en él.) 1160
JACOB. Siete años quiero servirte
        por que me des a Raquel.
LABÁN.   Jacob, siendo mi sobrino,
        no te la puedo negar. 1165
        Sirve que yo determino
        dártela.
JACOB.   Dame a besar,
        por favor tan peregrino,
        los pies.º
LABÁN.   Levantad del suelo.
JACOB. ¡Oh, Labán, piadoso tío, 1170
        dete mil bienes el Cielo!
LABÁN. Esta es deuda, Jacob mío,
        que debemos a tu abuelo.
          Vamos, y descansa agora
        del camino.
JACOB.   ¡Qué mayor 1175
        descanso que ver que adora
        un estranjero pastor
        una divina pastora
          que tiene de merecer,
        si no es más corta la vida 1180
        que su ventura!
RAQUEL.   (*Ap.*: ¡El poder
        del Cielo este bien no impida!)
JACOB. (*Ap.*: Comenzad, tiempo, a correr.
          Volad alas perezosas,
        que sois alas de los días, 1185
        para veros más dichosas,
        y lleguen las dichas mías
        como llegan otras cosas
          para que podáis volar,
        seguid a mis pensamientos. 1190
        Siete años han de pasar,

1161. Falta *Ap.* en *MS, QP1, QP2*.   1181. Falta *Ap.* en *MS, QP1, QP2*.

1169. Levanta *MS*.   1183. Falta *Ap.* en *MS, QP1, QP2*.

	para gozarse momentos,
	y siglos para esperar.)
LABÁN.	Vamos, que la noche fría
	ya con arreboles rojos 1195
	señala el reloj del día.
JACOB.	¡Ay, serrana de mis ojos!
RAQUEL.	¡Ay, pastor del alma mía!

FIN DEL ACTO PRIMERO*

ACTO SEGUNDO

Sale JACOB solo.

JACOB.
    Siete veces vistió la primavera
este desnudo monte y este prado, 1200
y tantas veces ofreció el ganado
el dorado vellón a la tijera.
    Siete veces de rubia sementera
se vio el ardiente agosto coronado,
y otubre, de racimos varïado, 1205
siete vendimias dio de una manera.
    A esta montaña, el erizado enero,
siete veces le dio blanca camisa,
y de gozar no acabo el bien que espero,
    y hasta llegar a lo que amor me avisa, 1210
tan pesadas las horas considero,
que se fueron los años más aprisa.
    Cielos, ¿cuándo ha de llegar
la gloria de mi deseo?
¿Cuándo el bien que cerca veo, 1215
podré atreverme a gozar?
    Siete años tengo servidos,
guardando, al invierno helado

---

* *Vanse, y dase fin a esta jornada. MS.* Falta en *QP1.*

** Acto Segundo [2 *MS*] de la Hermosura de Raquel. *MS, QP1, QP2.*

1218. el invierno *QP2.*

    y al julio ardiente, ganado,
mis pensamientos perdidos,   1220
    y en siete años nunca un día,
Raquel hermosa, dejé
de que creciese mi fe,
hiedra en la esperanza mía.
    Pudiéronse, al fin, pasar,   1225
aunque yo solo deseaba,
y la gloria que esperaba
nunca acaba de llegar
    día venturoso aquel,
que es justo el mundo pregone,   1230
en que Labán galardone
mis servicios con Raquel.
    ¡Oh, dichosísimo día,
mis víctimas te prometo,
si llego a ver el efeto   1235
de mi esperanza tardía!
    Con una piedra, te juro
señalar, para memoria
de tan esperada gloria
de alabastro, o cristal puro,   1240
    una estatua hacerte pienso,
para memoria mayor,
y derramar en tu honor
humo de precioso incienso.
    Mas, ¿qué es esto? ¿Cómo estoy   1245
un momento sin Raquel?
¿Cómo de mi amor fiel
tan pocas señales doy?
    Ojos, ¿cómo veis sin ella?
Lengua, ¿cómo os desatáis?   1250
Pies, ¿cómo a buscar no vais
el bien que tenéis por ella?
    ¿Cómo, amoroso cuidado,
en semejante ocasión
no os ha dicho el corazón   1255
dónde está con el ganado?

1235. efecto *MS*.   1244. encienso *MS*.

1240. alabastro, cristal *MS*.

                    Si ha salido a apacentalle,
                    sombroso monte, decilde
                    que Jacob, su amante humilde,
                    baja con el suyo al valle,   1260
                       y así el abrasado estío
                    de las ramas no os despoje,
                    ni cuando Aquilón° se enoje
                    mirando el diciembre frío,
                       y así, excediendo su sala   1265
                    la primavera compuesta
                    para hacelle al año fiesta,
                    os dé vestidos de gala,
                       y así contra el tiempo fiero
                    verde estéis siempre, y sombrío,   1270
                    que le digáis, monte mío,
                    que loco de amor la espero.

          Hace que se va a entrar y detiénese oyendo cantar   h
          dentro a RAQUEL *como que viene con su ganado.*

RAQUEL.   Con el aire de la sierra
                     torneme morena...°
JACOB.   ¿Qué dulce acento levanta?   1275
                     ¿Es espíritu con él,
                     o es esta voz de Raquel
                     o es sirena la que canta?
                        Pero todo lo será,
                     porque es sol del horizonte   1280
                     y sirena de este monte,
                     a quien mil abriles da.
                        Su ganado por aquí
                     debe al valle de llevar.
                     Otra vez vuelve a cantar.   1285
                     ¡Raquel es! ¡Estoy sin mí!
RAQUEL.   *Canta:*   Con el aire de la sierra   i
                     torneme morena,
                     y de la campiña
                     torneme morena,   1290

1257. a pacentalle *MS*.   h. *Cantando baja* RAQUEL. *MS*.

1264. deciembre *QP2*.   i. *Vuelve a cantar* RAQUEL. *MS*.

        siendo blanca niña,
        porque el sol de envidia
        la tez me quema,
        torneme morena.
        Con el aire de la sierra,   1295
        torneme morena.

Baja cantando por el valle.   j

JACOB.
    Parece que baja el alba
entre nubes de arrebol,
trayendo en brazos al sol,
a quien° hace el campo salva.°   1300
   ¡Oh, sol! ¡Oh, abril! ¡Oh, pintura
de soberana belleza
donde la naturaleza
exceder casi procura
   vengáis al prado enbuenhora,   1305
que espera alegre y florido,
porque con vos le ha venido
primavera, sol y aurora!
   ¡Llegad, divina sirena!,
a darle muerte podéis   1310
a quien dormido tenéis
en vuestra amorosa pena.
   ¡Qué bien pudiera deciros
este monte y este prado
lo que ya me habéis costado   1315
de lágrimas y suspiros!
   ¡Dejadme besar el suelo
en vista tan venturosa,
que vuestras plantas de rosa
convierten, serrana, en cielo!   1320

RAQUEL.   ¡Oh, Jacob, dame tus brazos,
que buscándote venía
con mi manada!

JACOB.   ¡La mía,
hagan los lobos pedazos,

1291. *siende* [sic] *QP2*.   1299. *el MS*.

1292. *invidia MS*.   1310. *y darle MS, QP2*.

	si en la misma diligencia	1325
	no venía tu pastor!,	
	que siente mi grande amor	
	mucho la más corta ausencia,	
	que mientras que no te encuentro	
	no puedo vivir conmigo,	1330
	porque hasta que estoy contigo	
	estoy fuera de mi centro.	
RAQUEL.	Y yo hasta llegarte a ver	
	ojos no tengo.	
JACOB.	Los míos	
	eran ya, en tu ausencia, ríos.	1335
RAQUEL.	Nada te pienso deber,	
	que aún han quedado mis ojos	
	con ese mismo cuidado	
	de lágrimas que he llorado,	
	Jacob, algunos despojos,	1340
	y cantaba, como oíste,	
	de pura melancolía.	
JACOB.	Aunque fuera a costa mía	
	quisiera escucharte triste.	
RAQUEL.	¿Por qué?	
JACOB.	Por solo escucharte,	1345
	porque cantando, Raquel,	
	el monte encantas, y en él	
	los pájaros que, sin arte,°	
	en la venida del día	
	al Cielo alaban sin fin,	1350
	venciendo a Túbal Caín,	
	padre de la melodía.°	
	Y, ¡mal haya yo, Raquel,	
	si, como tú, he visto amante	
	ruiseñor que tan bien cante	1355
	en álamo ni en laurel!	
RAQUEL.	Ya los encarecimientos,	
	Jacob, cesaron el día	
	que merecéis la fe mía	
	con tan lisos pensamientos.	1360

1330. comigo *QP2*.

1342. melencolía *QP1, QP2*.

1335. asencia *MS*.

1363. no se ha mudado *MS*.

Si está mi amor satisfecho
del tuyo, como el cuidado
de esta fe, nos ha mudado
las almas de cada pecho,
 que, sujeto al albedrío   1365
que libre al aire nació,
en el tuyo miro yo
lo que tú ves en el mío.
 Viendo estás cómo te quiero,
y yo, que me quieres miro,   1370
y juntamente me admiro
de un amor tan verdadero.
 Si de mi parte estuviera
la paga, Jacob, también
saben los cielos muy bien   1375
si tu amor quejas tuviera.
 Labán, mi padre, es la causa
de alargar el bien que veo,
que nuestro mismo deseo
en él la tardanza causa.   1380
 No te aflijas, que él vendrá
a conocer la razón,
pagando a nuestra afición
que voces dándole está.
 No desmayes, si porfías,   1385
que tengan fin nuestros daños,
y quien esperó siete años
no desespere en dos días.
 Tuya he de ser, no lo dudes.
Darte esta palabra puedo   1390
porque contra tanto miedo
tus esperanzas ayudes.
 Presto ha de llegar el día,
firme puedes confiar,
que está cerca de dejar   1395
la impresa° al que desconfía.
 De tu amor, y de mis bienes,
haz cuenta en tu pretensión
que llegó la posesión,

1366. cielo *MS*.   1396. el *MS*.

1389. dedes *QP1*.

           pues que tan cierta me tienes,   1400
              que amor causa pensamientos.
           Cuando más triste se ve,
           piensa, ofendiendo tu fe,
           que son arrepentimientos.
             Y así, a veces el ganado,   1405
           dejando atrás sus antojos,
           me traen, pastor de mis ojos,
           estas sombras con cuidado.

JACOB.   Serrana más hermosa
           para mis ojos tristes   1410
           que el alba, cuando sale
           vestida de jazmines
           no es justo de esa suerte
           de mi amor desconfíes,
           cuando es razón que todos   1415
           mis venturas te invidien.
           Ni es bien, con pensamientos
           mi fe desacredites,
           que más desconfianzas
           son las que tú me dices,   1420
           pues mudar no han podido
           mis esperanzas firmes
           las mudanzas del año
           de siete que te sirven.
           No las heló el invierno   1425
           ni el abril apacible.
           De variedad de flores
           tornasoles las hice.
           Ni las secó el estío
           ni el otoño que oprime   1430
           con lluvias estos campos
           las anegó infelices.
           Mudáronse estos montes
           después que a verlos vine,
           como los cuatro tiempos   1435
           los desnudan y visten,

1402. tan triste *MS*.   1416. venturas invidien *QP1, QP2*.

1406. tras *MS*.   1417. bies [*sic*] *QP2*.

1409. hmosa [*sic*] *QP2*.

y Raquel siempre en mi memoria vive.
De homenajes de nieve
estas sierras se ciñen,
que en la guerra del tiempo	1440
con el cielo compiten.
En cadenas de hielo,
prisión desapacible,
por espías perdidas
prenden arroyos libres.	1445
Campos de escarcha lleva
el invierno terrible,
y con granizo bate
montes que le resisten.
El medroso ganado	1450
se encoge en los rediles,
y escúchanse balidos
temerosos y humildes.
De quejigos y robles
hogueras aperciben	1455
para la escura noche
los ganaderos tristes.
Viendo imitar las plantas
sus desnudadas raíces,
las esperanzas mueren	1460
de ver nuevos abriles,
y Raquel siempre en mi memoria vive.
  Viene la primavera
que al cano invierno sigue
y de esperanzas verdes	1465
los locos campos viste.
Ejércitos de plantas
vitoriosos reciben
al sol, rey del verano,
con flores de matices.	1470
Banderas son las hojas
que, en señal que se rinden
con el peso del fruto,
besan la tierra humildes.
Los vestidos ganados	1475

1448. vase *QP1, QP2*.

1456. oscura *MS*.

1459. desnudas *MS, QP2*.

blancos vellones rinden,
y obligan para el queso
que cabañas fabriquen
a la dorada aurora.
Verdes campos se ríen, 1480
y para recamarse°
blancas perlas le piden.
Libres los arroyuelos,
mil caracoles fingen
haciendo al mar de plata 1485
pasadizos de mimbres.
Fuentecillas risueñas,
al sol de espejos sirven
en cajas de esmeraldas
y en marcos de amatistes, 1490
y Raquel siempre en mi memoria vive.
   Ya pasa el galán mayo,
y el estío insufrible
las verdes mieses dora
que las hoces dividen, 1495
o las espigas de oro
para que al mar imiten,
soplando en ellas, hacen
los vientos apacibles,
cuyos rubios manojos 1500
puestos en parva, piden
para colmar las trojes,
que el labrador los trille.
Con el sol las ovejas,
para agostar embisten 1505
los arroyos que ha hecho
la nieve que derrite.
Cansancio, sed y sueño
la siesta ardiente impiden
que las aves no vuelen 1510
ni los hombres caminen.
Entre escondidos olmos
las tortolillas gimen,
y amantes ruiseñores
dulces quejas repiten, 1515

1486. miembres *QP2*.

y Raquel siempre en mi memoria vive.
  La vendimia se acaba,
agua el cielo despide,
y en señal de la tregua
las nubes borda el Iris. 1520
Surcando los arados
los codiciosos lindes,
con nuevas esperanzas
el mundo, al fin, se viste.
Pasa el agosto, y luego 1525
el pardo otoño asiste,
tirano de las plantas,
a despojar las vides.
El labrador, alegre,
al esquilmo felice 1530
de racimos y mosto
lagar y cubas hinche.
Guárdale reposado
en bodegas insignes,
siendo, como amor, dueño 1535
de los sentidos libres.
Siembran los labradores
con bien luego, y remiten
a las manos del tiempo
lo que al doble les rinde, 1540
y Raquel siempre en mi memoria vive.
  Todo lo muda el tiempo,
yo solo vivo firme,
porque de ejemplos solo
sus mudanzas me sirven, 1545
y no podrán del alma
borrarte ni encubrirte,
que es bronce la memoria
cuando el amor es firme.
Labrador soy de penas 1550
en tierras imposibles,
que el fruto de siete años

1519. y en en [*sic*] *QP1*.

1522. cudiciosos *MS*.

1544. solos *MS*.

1549. es cruel *MS, QP2*.

1551. impusibles *MS*.

     no han querido rendirme.
     Ingratitudes cojo
     de servicios humildes,   1555
     entre desdichas yerbas,
     por más que las cultive,
     que tu tirano padre,
     riguroso y terrible,
     tiene entrañas de arena,   1560
     y sembrada no rinde.
     Esto, hermosa serrana,
     me atormenta y aflije,
     y en lo que toca a amarte
     soy siempre el que te sigue.   1565
     Esperara mil siglos,
     serrana, a ser posible,
     juntar amor inmenso
     con años que se miden,
     que aunque estoy confiado,   1570
     como mi amor lo pide,
     esto me trae sin seso,
     esto me tiene triste,
     esto, desesperado,
     esto, amante insufrible,   1575
     y Raquel siempre en mi memoria vive.

RAQUEL.   Serrano más bizarro
     que el sol, cuando al aurora
     con paños de oro enjuga
     de su llanto el aljófar,   1580
     y más galán que mayo,
     cuando estos campos borda
     de flores diferentes,
     enamorando a Flora,
     más vistoso y robusto   1585
     que este monte que asoma
     por entre tantos tejos
     la cabeza vistosa,
     más airoso y compuesto
     que ese laurel que moja   1590

1564. toca amarte *MS*.   1584. enamorado *QP2*.

1567. pusible *MS*.   1590. que se moja *MS*.

    esa fuente de perlas,
    quedándose en él todas,
    más discreto que el manso
    que mis ovejas locas
    guía por las veredas,   1595
    más seguras y solas,
    más animoso y bravo
    que el mastín que a deshoras
    del lobo las defiende
    en la noche medrosa,   1600
    y, al fin, más agradable
    a la vista, y la boca,
    que el queso en las encellas
    y la nata en las roscas,
    no os entristezca nada   1605
    ni os aflijan congojas,
    que gobernáis dos almas
    con una vida sola.
    Aunque a mi padre pese,
    he de ser vuestra esposa,   1610
    y aunque el alma os he dado,
    de esto os doy mano agora,
    y palabra, que pago
    vuestro amor con las obras
    que sabe sola el alma,   1615
    que más que a sí os adora.
    No me lleváis ventaja
    en ser firme, en ser roca.
    Pasan por mis firmezas,
    mudándose otras cosas   1620
    los años y los meses,
    los días y las horas,
    y Jacob siempre vive en mi memoria.
       Capillas diferentes
    de avecillas cantoras   1625
    para llamar al alba
    se aperciben y entonan.
    A la entrada del día
    cuelga, alegre y vistosa

1610-11. Faltan en *MS*.   1619. mi *MS*.

1617. lláváis [*sic*] *QP2*.   1626. el alba *QP1*.

    las calles del Oriente   1630
    de arreboles la aurora.
    Con el sol que amanece
    las fuentecillas todas
    entre guijas y arenas
    vierten perlas y aljófar.   1635
    A las verdes lagunas
    los ánades se arrojan,
    lloran las tortolillas,
    arrullan las palomas,
    los corderos saltando   1640
    con la yerba retozan,
    y lo que fue antes cama
    sirve de pasto agora,
    y Jacob siempre vive en mi memoria.
     A la mitad del cielo   1645
    llega el sol con las horas,
    medida de los días
    y de la vida posta,
    en oro el mundo enciende,
    y a su calma furiosa   1650
    del valle huyen buscando
    los ganados las sombras.
    La estrella de la noche
    y el alba anunciadora
    da señal que viene   1655
    la tiniebla medrosa,
    el sol que en el ocaso
    las nubes arrebola
    se le atreven estrellas
    primero que se ponga.   1660
    Cuidadosos pastores,
    con silbos y con hondas,
    manadas esparcidas
    por cerros y por lomas,

1634. atenas *QP2*.

1635. visten *MS*.

1643. pastor *QP2*.

1649. en hora *QP1, QP2*.

1655. Falta «da» en *QP1, QP2*.

1657. al sol *MS*.

1658. nubles [*sic*] *QP2*.

1661. Cuidosos [*sic*] *MS*.

          los arroyos de plata   1665
        parecen de oro agora,
        y topacios las fuentes
        de esta florida alfombra.
        Llega a comer, cansado,
        el pastor en la choza,   1670
        alegre a sustentarse
        de rústicas cebollas.
        Come el pobre, y el rico,
        que la mano piadosa
        al pobre no le falta   1675
        cuando al rico le sobra,
        y Jacob siempre vive en mi memoria.
          Pasa la siesta ardiente,
        y, en señal que la roja
        madeja del sol huye,   1680
        van creciendo las sombras.
        Ya se descubren fuegos
        sobre las cumbres solas,
        que parecen estrellas,
        según al cielo tocan.   1685
        Un medroso silencio
        cubre la tierra toda
        y, muerto con el sueño,
        el mundo está seis horas.
        En día, en noche, en sueño,   1690
        en prado, en monte, en choza,
        en arroyos, en fuentes,
        siempre el alma te adora.
        Tu nombre tengo escrito
        en las cortezas toscas   1695
        de estos olmos salvajes,
        que sin lenguas se nombran,
        y ayer, en la de un mirto,
        estando sin ti a solas,
        puse muerta, primero   1700

1670. pastor a la choza *MS*.   1679. aroja *MS*.

1671. alegre en *MS*.   1685. el *MS*.

1675. falsa *MS*.   1696. selvajes *MS*.

	que olvidada pastora.	
	Llenas tengo, serrano,	
	para salir vistosa,	
	de cifras de tu nombre,	
	mis patenas y ajorcas.°	1705
	De mí, cansado el viento,	
	tu retrato le adorna	
	donde se gana el alma	
	cuando ausente te llora.	
	Todas las cosas pasan	1710
	por mí sin que interrompan	
	un punto de firmeza,	
	un átomo de sombra,	
	penas, enfermedades,	
	desventuras, congojas,	1715
	prolijas esperanzas,	
	ausencias rigurosas,	
	pesadumbres, agravios,	
	estorbos a mis glorias,	
	tristezas, alegrías,	1720
	sospechas misteriosas,	
	invidias, malas lenguas,	
	jamás para el mal cortas,	
	mañanas, tardes, días,	
	noches, sueños y auroras,	1725
	y Jacob siempre vive en mi memoria.	
JACOB.	Dame, besaré tus manos,	
	serrana del alma mía.	
	Por bienes tan soberanos	
	bastaba dar mi porfía	1730
	invidia a tantos serranos	
	sin hacerme estos favores,	
	que han dejado mi sentido	
	tan loco en vuestros amores,	
	que ya de desvanecido	1735
	no cabré entre otros pastores.	
	No me deis tanto, serrana,	
	que para los que me ha hecho	
	vuestra lengua soberana,	
	tengo el aposento estrecho,	1740

1715. desventuraras *QP2*.   1737. tantos *MS*.

1734. tan solo *QP1, QP2*.

aunque entran de buena gana.
　Soberbio me habéis dejado,
de puro favorecido,
a perderme habéis echado,
y no podré, de perdido,　　　　　　　　　1745
guardaros vuestro ganado.
　No deis ansí los favores
a quien tan poco merece,
siendo para vos mejores,
pues todo en vos bien parece.　　　　　　1750
Si no, díganlo estas flores,
　dígalo esta fuente clara
que entre ellas corriendo aprisa,
fuera bien que os mormurara,
que les dan color y risa　　　　　　　　　1755
vuestros pies y vuestra cara.
　No quiero tanto favor,
ser de vos basta, admitido,
un estranjero pastor
que solamente ha venido　　　　　　　　1760
a conquistar vuestro amor.

RAQUEL.　　Más vuestro amor merecía.
JACOB.　　Ya no puedo estar más loco.
RAQUEL.　　¡Ay, Jacob!
JACOB.　　　　　　Serrana mía,
llegando va poco a poco　　　　　　　　1765
el sol a partir el día,
　y para que no te ofenda,
a casa será razón
que te vuelvas por la senda
del sauce, y ten atención　　　　　　　　1770
que por ningún caso entienda
　tu padre cómo nos vemos
a solas, pues queda agora
conmigo en tantos estremos,
y allá a la tarde, pastora,　　　　　　　　1775
en el valle nos veremos,
　que allá voy a apacentar

1750. que todo *QP2*.　　　　　　1773. hora *MS*.　ahora *QP1, QP2*.

1762. mereció *QP2*.

	mi ganado.	
RAQUEL.	Norabuena.	
	No me tienes que encargar.	
JACOB.	Ansí entretendré mi pena	1780

con el sufrir y esperar,
 y, para que nuestro amor
cueste mayores desvelos
y tenga gusto mayor,
procura pedirme celos,°   1785
o yo a ti, con el rigor.
 Que si verdaderos fueran,
la primer° vez, Raquel mía,
que nos veamos, que esperan
al desengaño un gran día   1790
de gusto, aunque al gusto alteran
 con los celos los amantes,
que ayer me dijo un pastor,
sobre casos semejantes,
que no hay celos sin amor,°   1795
y suelen ser importantes.
 Para su aumento, después,
de mi manada, un carnero
allá al valle del ciprés,
con otro, celoso y fiero,   1800
arrancando con los pies
 la verde grama y la tierra,
vi que a un lado se apartaban
a la falda de la sierra,
y cuando firmes estaban   1805
uno con el otro cierra.
 Las dos frentes se midieron
y las cabezas temblaron,
y al golpe no se rindieron,
que otra vez se retiraron,   1810
y otra vez acometieron.
 Partí allá con el cayado,
y antes de llegar tirele.

1776. vaile *QP2*.   1798. de mi mano da *QP2*.

1777. vos apacentar *MS*.   1802. gama *MS*.

1791. aunque el gusto *MS*.   1807. se me dieron *MS*.

    Puso paz, mal de su grado,
    que es cetro que regir suele   1815
    todo un reino de ganado.
      Aunque otras veces había
    visto esta misma porfía,
    pensé acaso que riñesen
    sin saber que celos fuesen   1820
    hasta entonces, Raquel mía,
      porque miré con cuidado
    y vi que una blanca oveja,
    la más bella del ganado,
    que de una crespa guedeja   1825
    cubría el lomo dorado.
      Fue recibido uno de ellos,
    el que vino más ufano,
    y entró vencedor entre ellos,
    y como tu blanca mano,   1830
    componerme los cabellos
      pudiera, ansina lo hacía
    con las manos y la boca,
    que racional parecía,
    trocando la pasión loca   1835
    de celos en alegría.
      Y no hay duda que los celos,
    dando primero pesar
    con envidias y desvelos,
    venidos a averiguar,   1840
    que tengan nombre de cielos.

RAQUEL.   Enséñame cómo son
    para que pueda agradarte.

JACOB.   No sé su definición,
    ni apenas podré enseñarte   1845
    lo menos de su pasión,
      porque de su mal ni bien
    tuve jamás esperiencia.
    Quien los conoce más bien
    dicen que son de la ausencia   1850

1816. todo el reino de un ganado *MS*.   1840. venidos averiguar *MS*.   averigar
                                            [*sic*] *QP2*.
1837. no no *QP2*.

                                            1844. difinición *MS, QP2*.
1839. invidias *MS*.

	hijos, y otros, del desdén,	
	otros, que de la ocasión,	
	otros, del amor. Al fin,	
	hay en esto confusión.	
RAQUEL.	Gente debe de ser ruín,	1855
	pues no se sabe quién son.°	
JACOB.	Lo que más vengo a pensar	
	de ellos es que deben ser	
	quejas, llegando a envidiar	
	que uno alcanza a merecer	1860
	lo que otro llega a alcanzar,	
	y no debe consistir	
	siempre en alcanzarlo todo,	
	sino en ver, hablar, reír	
	con otros, y de este modo	1865
	celos podemos fingir	
	en la primera ocasión,	
	tomándola de cualquiera	
	con razón o sin razón.	
RAQUEL.	Finjamos, mas no quisiera	1870
	que amargase la invención.	
JACOB.	¿Cómo tiene de amargar,	
	siendo todo fingimiento	
	que en burlas ha de parar?	
RAQUEL.	De un no conocido intento,	1875
	suelen muchos resultar,	
	y yo fuera de opinión	
	que pasar nadie emprendiera	
	vado a un río en confusión	
	que primero no le hubiera	1880
	pasado en otra ocasión,	
	que al lobo no convidara,	
	hambriento, con el cordero,	

1853. y al fin *MS.*

1859. invidiar *MS, QP2.*

1861. llega alcanzar *MS.*

1866. podimos *MS.*

1873. siiendo [*sic*] *QP2.*

1874. pasar *MS.*

1875. un conocido *QP2.*

1878. nada *MS.*

1882. buo [*sic*] *QP1, QP2.*

1883. habrieto [*sic*] *MS.*

              que a una víbora abrazara,
              y que del viento ligero   1885
              firmeza alguna esperara,
                de la mentira, verdad,
                de la escura noche, día,
              ni hacer, en conformidad,
              con un traidor compañía,   1890
              y con un loco amistad,
                creer al mar, sin razón,
                y pedir a sus locuras
              constancia, que, en conclusión,
              esto mismo hacer procuras,   1895
              no sabiendo lo que son.
                Deja celosas porfías,
              que a nuestro amor les añades.
              Pase como esotros días,
              que en dando en curiosidades   1900
              hará dos mil herejías.

JACOB.   ¿Pues puédote yo ofender,
              ni tú a mí?
RAQUEL.   No, pastor mío,
              pero puédelo hacer
              un celoso desvarío.   1905
JACOB.   No hay, con los dos, qué temer.
RAQUEL.   Pues haré tu gusto ansí.
JACOB.   A ver quién a quién engaña
              primero.
RAQUEL.   Serás tú a mí,
              porque mi fe es tan estraña,   1910
              que no podrá contra ti,
                aun de burlas, intentar
              engaño.
JACOB.   Ni de la mía
              pudieras eso dudar.
              Allí se aparta una cría.   1915
              Al monte voy a atajar,
                luego vuelvo a despedirme,
              Raquel, de ti hasta la tarde.   *Vase.*   k

1888. oscura *MS.*   1917. Lucho *MS.*

1916. voy atajar *MS.*   1918. Rapuel [*sic*] *QP2.*

RAQUEL.	No tienes de qué advertirme,
	que un siglo harás que te aguarde,
	siempre amante y siempre firme.

Sale LAURO.

LAURO.	Desde el prado de los olmos
	vengo, Raquel, en tu busca,
	herida el alma de agravios,
	porque de amor fue ventura,
	y porque espero el remedio
	de esas manos blancas tuyas,
	y de ese divino ingenio,
	con quien el mayor se ofusca,
	pudiendo enseñar, de amor,
	amor y firmeza a muchas
	de las zagalas que el valle
	con tus ganados ocupan,
	y aventajallas a todas
	en belleza, digo, a algunas,
	porque no es razón que agravie
	de mí ingrata la hermosura.
	Perdóname, que las leyes
	de amor aquí me disculpan
	y me mandan que al sol mismo
	aventajalle presuma.
	Y al fin, porque de ti espero
	remedio a mis desventuras,
	porque podrás, con Elisa,
	como al fin señora suya,
	y porque también te toca
	la causa de que me culpa
	hacer de una vez dos cosas
	en mi amor, y en la honra tuya,
	a que me remedies vengo.
RAQUEL.	Suspensa estoy, y confusa.

1927. esas blancas manos *MS, QP2*.   1937. ingrata hermosura *QP2*.

1930. amo *QP2*.   1948. haces *MS*.

1935. digo, algunas *MS*.   1949. en mi honor *MS*.

	Prosigue, Lauro, adelante.	
	Habla, ¿qué aguardas?	
LAURO.	Escucha:	
	Ya sabes, Raquel, del modo	
	que a Elisa he querido, nunca	1955
	faltando a la fe que debo	
	ni tampoco a lo que gusta,	
	con honrados pensamientos,	
	que Liseno, por ventura,	
	su padre, rabadán° vuestro,	1960
	que en nuestro amor se descuida,	
	me la diese en casamiento,	
	siendo igual la sangre suya	
	a la de mi padre, Alcino,	
	que hacer lo mismo procura.	1965
	Hallome agora, acabando	
	este collar en las murtas	
	que ese arroyuelo coronan,	
	entre espadañas y juncias,	
	para su querido manso,	1970
	en él, hurtando la industria	
	los colores a los campos,	
	cuando el abril los dibuja.	
	Díjome que, para el tuyo,	
	labraba el collar, sin duda,	1975
	y que eran, sin engañarse,	
	todas las colores tuyas,°	
	y que adornaba tus ojos.	
	Mira, Raquel, qué locura	
	para quien no es, a su sol,	1980
	águila a quien no deslumbra.°	
	Y añadió a este disparate	
	que buscaba coyunturas	
	para verte y para hablarte,	
	diciéndome mil injurias.	1985
	Quise yo satisfacella	
	con razones y cordura,	
	y huyó de mi vista al monte,	

1972. las colores *MS*.   1982. y nadió [*sic*] de este *MS*.

1978. adornaba *MS*.   adoraba *QP1*.

llena de celosa furia.
Ha tenido de ti siempre 1990
estas sospechas injustas
porque ve que, como a dueño,
mi fe servirte procura.
Vengo a buscarte, afligido,
para que, dándoles culpa 1992
a sus locos pensamientos,
de mi amor quede segura.
Desengaña, Raquel bella,
a Elisa, en estando juntas
por que mi amor y tu honor 2000
tantos agravios no sufran.
Ansí, a Jacob largos años
goces, y el fin que te anuncian
siete años de pretensión
vuestras esperanzas cumplan. 2005

RAQUEL   Déjame a mí, Lauro, el cargo,
que pues me toca la injuria,
yo sabré satisfacer
a Elisa. Quien celos busca
pudiera en ti aborrecellos, 2010
y en ti viera su figura,
y si dan tantos pesares,
es cuerdo quien los escusa.

Sale JACOB.   m

JACOB.   Ya me esperará Raquel.
RAQUEL.   No hay que encargarme. Descuida, 2015
pues me va a mí tanto en ello.
LAURO.   Dame esas manos que hurtan
a los rayos el poder,
y a la noche la blancura,
y besarelas por tantas 2020
mercedes.

(Levántale RAQUEL.*)*   n

JACOB.   ¿Qué es lo que escuchan

1989. lleno   *QP2.*

	y ven mis sentidos? ¡Cielos!
LAURO.	Toma el collar y procura
	hacer las paces con él.
RAQUEL.	Muestra.
JACOB.	Tantas penas juntas, 2025
	las manos le ha dado, y luego
	ha tomado de las suyas
	un collar y dijo, al dalle,
	para hacer las paces. ¡Mucha
	paciencia tengo! ¿Qué es esto? 2030
	¿Es sueño? Quise de burlas
	probar los celos, y agora
	de veras mi fin procura.
LAURO.	Con esto voy sosegado. *Vase.* º
RAQUEL.	Guárdete Dios.
JACOB.	¡Ah, perjura! 2035
	¡Ah, falsa enemiga ingrata!,
	¿mereciote estas injurias
	mi amor? Mas, quizá me engaño.
	Con pasión el alma juzga,
	pero si lo que vi aguardo, 2040
	esta es, celos, vuestra furia.
	¡Pluguieraº a Dios, no os hubiera
	deseado, porque nunca
	gustara vuestro veneno
	que tanto el alma disgusta! 2045
	No sin causa, de los celos
	me hizo tantas preguntas
	Alfeo, ayer en el valle.
	Mi agravio sabe, sin duda,
	y a mí me lo han escondido 2050
	los cielos.
RAQUEL.	Aquí se escuchan
	voces. ¿No es Jacob? ¿Qué es esto?
	¿Qué ocasión, mi bien, perturba
	vuestro pecho?

2032. celos agora *MS*.

2035. Oh *MS*.

2036. enimiga *QP1*.

2042. Pluviera *QP1*. Plugiera Dios *MS*.

2049. saqué *QP1, QP2*.

JACOB.	La ocasión
	que me ha dado mi fortuna.	2055
	Lloro una fe de siete años
	mal empleada, una injuria
	contra un inocente amante.
	Lloro unos celos que turban
	la serenidad de un alma	2060
	que muere ya en noche oscura.
RAQUEL.	No te entiendo.
JACOB.	¿No me entiendes?
RAQUEL.	Ansí, sin duda, procuras
	pedirme, Jacob, los celos
	que concertamos, y buscas	2065
	ocasión de esa manera.
JACOB.	Raquel, esas fueron burlas,
	y estas son agora veras.
RAQUEL.	¡Qué bien lo finges! Escucha,
	te satisfaré.
JACOB.	Mejor	2070
	sabes tú fingir, perjura.
	¿A dónde se fue el pastor
	que estaba contigo, injusta,
	con quien has hecho las paces
	por ese collar...
RAQUEL.	¡Qué aguda	2075
	ocasión tomar supiste!
JACOB.	...que con falsa risa encubras
	la vileza de tu pecho?
RAQUEL.	Mi bien, no me pongas culpa,
	que no sé fingir respuestas	2080
	a tus celosas preguntas.
JACOB.	Antes, de tus fingimientos,
	serrana ingrata, me injurian
	mudanzas, celos y agravios
	que mis esperanzas burlan.	2085
	Ya sé que eres toda engaños
	y que dilatas, sin duda,
	con tu padre el casamiento,
	y en esto mi bien procuras.

2077. Falta «que» en *MS*. risa no encubras *MS*.   2086. era *QP2*.

	Pretendí con falsos celos	2090
	acrecentar mi ventura,	
	y no tomé sus consejos	
	que en desengaños se mudan.	
RAQUEL.	Parece que hablas de veras.	
JACOB.	Hoy lo verás cuando acudas	2095
	a ver mi muerte.	
RAQUEL.	¿Qué dices?	
JACOB.	Enemiga, lo que escuchas.	
	Goza el villano pastor	
	que favoreces, y suba	
	al cielo de tu belleza,	2100
	y a mis celos me destruyan. *Vase.*	p
RAQUEL.	¡Aguarda, mi bien, aguarda!	
	¿Qué rigor de estrella injusta	
	va llevando mi inocencia	
	a tan grandes desventuras?	2105
	¿Aun no merece mi amor	
	que esperases las disculpas	
	que pueden darte verdades	
	tan claras y tan desnudas?	
	¡Ay, celos, que me habéis muerto!	2110
	¡Mal haya, Elisa, tu furia!	
	¡Mal hayan, Lauro, tus quejas	
	y las esperanzas tuyas!	
	¡Hacerme pedazos quiero!	
	¡Collar, mal fuego os consuma	2115
	sin que la ceniza apenas	
	aire ni tierra la sufran!	
	¡A buscarte voy, espera,	
	mi bien, porque, aunque te subas	
	al cielo, subiré al cielo	2120
	de mi amor sobre las plumas	
	antes que baste olvidar	
	tanto amor, tanta fe junta,	
	el desatino, el rigor,	
	de una celosa locura!	2125

2101. mestruyan *QP1*.   me estruyan *QP2*.

2104. inociencia [*sic*] *MS, QP1*.

2111. burla *QP2*.

q. *Vase* JACOB. *MS*.

                    ¡Ay, celos, quien os busca
                 al mar se arroja y tienta a la Fortuna!   *Vase.*   q

                    Sale JACOB, *y* ALFEO.   r

JACOB.   Así no falte a tu manada, Alfeo,
                 pasto jamás en medio del estío,
                 y desate en enero los arroyos   2130
                 para dar de beber a tus ovejas,
                 y alcances de Narcisa el bien que esperas,
                 y sin celos, que es mal desesperado,
                 puesto que abonas este mal por feo,
                 que me digas, ¡por Dios!, qué fue la causa   2135
                 de aconsejarme que tuviese celos
                 esotra tarde que anduvimos juntos.
                 ¿Sabías algo de mí que en mi ofensa
                 intentaba Raquel?
ALFEO.   Herido vienes
                 de la yerba de celos rigurosa.   2140
                 ¿Eso has de imaginar de una serrana,
                 la más prudente y más honesta y bella
                 que mira el sol en todo lo que alumbra,
                 y después de siete años que la quieres?
                 Aconsejete aquello, discurriendo   2145
                 sobre cosas de amor. ¿Qué has sospechado,
                 que te alborotas?
JACOB.   Solos tus consejos.
                 Celoso estoy.
ALFEO.   Hoy corre mal de celos.
                 Hoy a Lauro encontré también, furioso,

---

q, r. *Vase* RAQUEL, *y salen*... MS.

r. *Sale*... ALONSO. *QP2.*

2119. suba *QP2.*

2122. vaste a olvidar *QP2.*

2127. tienta la Fortuna *MS.*

2129. paso *QP2.*

2130. desate el enero *MS.*

2137. esa otra *MS.*

2138. Sabías, dime, que *MS.*

2139. intuntaba [*sic*] *QP2.*

2142. prudente y más *MS.*   prudente más *QP1.*

2149. encontraré *QP2.*

	porque, celosa, Elisa le dejaba,	2150
	sobre un collar que para el manso suyo	
	labraba, en el arroyo de las murtas,	
	diciendo que eran de otra las colores.	
JACOB.	Ciertos mis celos son, que el collar mismo	
	le dio Lauro a Raquel.	
ALFEO.	Sin duda alguna,	2155

      que Elisa, al fin, como mujer celosa,
      te habrá dicho que Lauro a Raquel quiere,
      siendo imaginaciones de sus celos,
      que todas son fantasmas y quimeras...
JACOB.   Más se descubre la desdicha mía.   2160
ALFEO.   ...porque ve que la sirve diligente,
      como crïado, al fin, del padre suyo,
      que yo le aconsejé que a Raquel fuese,
      viniendo a mí desesperado, Lauro,
      por que Raquel desengañase a Elisa   2165
      y cesasen sus males temerarios,
      y le diese el collar junto con esto
      para las paces de sus celos locos,
      por que, mirando que ella se le daba,
      tuviera fuerzas más el desengaño,   2170
      y con esto partió de mí a buscalla
      como corzo con flecha al cristal puro
      del bullicioso arroyo, y no he sabido
      el suceso después.
JACOB.   ¿Ha mucho, Alfeo,
      que eso pasó?
ALFEO.   No debe de haber mucho.   2175
JACOB.   Alfeo, de las rabias de mis celos
      me has sosegado el alma. Dios te guarde.
      Esos fueron mis celos, esos fueron
      mis males, mis sospechas y mis penas.
      ¡Con qué facilidad que me has sanado!   2180
      Ese collar hallé que Lauro daba
      a Raquel, y decía juntamente,
      y como estaba lleno de los celos
      de que tantas liciones me enseñaste,
      salí tan buen discípulo, que, loco,   2185
      yéndose Lauro, dije mil injurias
      a mi amada Raquel sin esperalla

2153. Falta en *QP2*.   2184. leciones *MS*.

	que me diese disculpa.
ALFEO.	¡Estraño yerro!
JACOB.	¿Qué podré hacer, Alfeo?, que he ofendido
	la honestidad mayor que tiene el suelo. 2190
ALFEO.	Irle a pedir perdón, que dos amantes
	que se han querido mucho fácilmente
	se desenojan.
JACOB.	Tu consejo tomo.
	Quiero a Raquel buscar.
ALFEO.	Búscala y luego
	que las paces hagáis, veréis qué dulce 2195
	fin tienen vuestros celos, que habréis dado
	por bien sufrido todo el mal pasado. *Vanse.*

Salen R<small>AQUEL</small> y E<small>LISA</small>.

RAQUEL.
    Esta es, Elisa, la verdad,
y agradece a mi cordura
que tu celosa locura,   2200
que es más que temeridad,
  como es justo, no castigo.
Y mira lo que tu antojo
celoso cuesta al enojo
que desesperada sigo,   2205
  por un pastor que el ganado
apacienta de Labán,
mi padre, entre los que están
con este mismo cuidado.
  Por un crïado, en efeto,   2210
de mi casa, ¿he de trocar
el que me puede igualar,
tan gallardo y discreto,
  por mi sangre un pastor pobre,
crïado al fin de mi padre,   2215
y que le parió su madre,
quizá al tronco de algun robre?
  ¿En qué humano entendimiento
puede caber cosa igual?

2212. igular [*sic*] MS.

s, t. *Vanse, y salen…* MS.

2210. efecto MS.

2213. Falta «tan» en MS, QP1, QP2.

2217. roble QP1, QP2.

ELISA.	Causa ha sido de tu mal	2220
	mi celoso pensamiento.	
	Perdona, Raquel, que amor	
	hace iguales desvaríos.	
RAQUEL.	Llorarán los ojos míos	
	de tu locura el rigor.	2225
	¡Oh, mal haya tu collar,	
	que ha sido en desdicha tanta	
	cordel para mi garganta!	
ELISA.	Yo le iré a desengañar,	
	contándole la ocasión	2230
	de su engaño y sus recelos.	
RAQUEL.	No le han dejado los celos,	
	para la razón, razón.	
	¡Ah, Elisa, qué mal me has hecho!	
ELISA.	Triste con razón estás,	2235
	pero no pensé jamás	
	desasosegar tu pecho.	
	A buscar a Jacob voy,	
	y verás qué presto estáis	
	en paz, y que os abrazáis,	2240
	o no seré yo quien soy.	
RAQUEL.	Imposible me parece,	
	según fue desesperado.	
ELISA.	Yo voy, y pierde el cuidado,	
	que quien cela no aborrece. *Vase.*	2245/u
RAQUEL.	¡De la gloria de amor, celos y infierno!	
	¡Celos, del mar de amor, tormenta estraña!	
	¡Celos, traidor que vende al que acompaña!	
	¡Celos, veneno de la vida eterno!	
	¡Celos, reino confuso sin gobierno!	2250
	¡Celos, serpiente que en la yerba engaña!	
	¡Celos, pared que estriba en débil caña!	
	¡Celos, del mayo amor, helado invierno!	
	¡Celos, papel de mentirosa historia!	
	¡Celos, quimera de la fantasía!	2255
	¡Celos, del sueño del amor, desvelos!	

2241. seré quien *MS*.

2242. inpusible *MS*.

2244. pierde cuidado *MS*.

u. *Vase* ELISA. *MS*.

2246. celos infierno *MS*.

2248. traidor que cela *MS*.

¡Celos, guerra civil de la memoria!
¡Celos, nube del sol, niebla del día!
¡Celos, que me matáis! ¡Dejadme, celos!

Sale JACOB solo. v

JACOB. ¿Dónde vas, Raquel?
RAQUEL. ¿A dónde? 2260
Tras el celoso rigor
que de mi vista te esconde.
¡Qué falso, Jacob, tu amor
a mi verdad corresponde!
¿Aun disculpas no esperaras 2265
de una mujer que has querido
cuando en mi mal te engañaras?
JACOB. Agora, ¿en qué engaño han sido,
Raquel, los celos reparas?
¿Agora echaste de ver 2270
que fueron burlas?
RAQUEL. ¿Ansí
quieres disculpas tener
de mis injurias?
JACOB. Aquí
vuelvo a dártelo a entender,
cuidadosa, que quedabas 2275
creyendo mis burlas.
RAQUEL. Bueno,
¿ansí de burlas hablabas,
cuando, Jacob, al veneno
de ellas muerta me dejabas?
¡Cuántas veces te advertí, 2280
si eran burlas, y tú, loco,
formabas quejas de mí,
mi valor teniendo en poco,
y echando rayos de ti!

2257. cevil *MS*.

2262. esconde *MS*.

2268. ha sido *QP2*.

2272. disculpa *MS*.

2275. cuidadoso *MS*.

2278. el *MS*.

2279. ellos *MS*.

JACOB.	Eso era engañarte más.	2285
RAQUEL.	Pues, Jacob, con pruebas tales,	
	alguna vez me hallarás	
	muerta, a tiempo que mis males	
	ya remediar no podrás,	
	que, si más tarde vinieras	2290
	pudiera ser que me hallaras	
	ya con las ansias postreras,	
	porque son las burlas caras	
	que parecen tanto veras.	
	De hoy más a los celos fieros	2295
	puedes ir de mano dando.	
	Basta, Jacob, los primeros,	
	que, si atormentan burlando,	
	podrán matar verdaderos.	
JACOB.	Yo os prometo, Raquel mía,	2300
	de que no los nombre más,	
	que me han dado, a fe, mal día.	
	Dame esos brazos si estás	
	sin enojos.	
RAQUEL.	Cual podía,	
	viéndote durar en mí,	2305
	abrazos y alma te doy.	
JACOB.	¿Eres mi esperanza?	
RAQUEL.	¡Sí!	
JACOB.	¿Y qué más?	
RAQUEL.	¡Tu esclava soy!	
JACOB.	¿Y quiéresme?	
RAQUEL.	¡Vivo en ti!	
JACOB.	¿Olvidarasme?	
RAQUEL.	¡Jamás!	2310
JACOB.	¿Serás mía?	
RAQUEL.	¡Y más que mía!	
JACOB.	¿Cuándo?	
RAQUEL.	¡Presto lo verás!	
JACOB.	No sé.	

2286. ~~Raquel~~ Jacob *MS*.

2288. a mis *MS*.

2297. Bastan *MS*.

2298. atormenta *MS*.

2304. enojo pudía *MS*.

2312. Qando [*sic*] *QP1*. Se repite el verso en *MS*.

RAQUEL. En el Cielo confía.
JACOB. ¡Mucho te quiero!
RAQUEL. ¡Yo, más!
JACOB. ¿Perderete?
RAQUEL. ¡Son antojos! 2315
JACOB. ¿Y tu padre?
RAQUEL. El miedo olvida.
JACOB. ¿Por qué?
RAQUEL. Porque es darme enojos.
JACOB. ¡Ay, serrana de mi vida!
RAQUEL. ¡Ay, serrano de mis ojos! *Vanse.* w

Salen ALFEO, ELISA *y* LAURO. x

ALFEO. Abrazaos otra vez. Bueno es, Elisa, 2320
que enredes con tus celos temerarios
el monte, el valle, el prado y todo el mundo.
¿Paréceos que a no haber Jacob hallado
un pastor como Alfeo en tantos celos
que erais causa de pocas desventuras? 2325
ELISA. Eso es celos, Alfeo, y en la mano
de los que quieren bien no está el poderse
refrenar ni escusar quimeras tantas.
LAURO. Larga experiencia tengo de sus cosas.
Corrido estoy, a fe, que haya pensado 2330
de mí bajeza tan notable agora,
siendo el primer amigo que estos montes
de Arán le vieron cuando vino a Siria,
y siendo mi humildad tan diferente
de la nobleza de Raquel.
ALFEO. Los celos 2335
son ciegos y no miran más que sombras.
Lo que tú como cuerdo has de hacer, Lauro,
es no dalle a entender cosa ninguna,

2319. serrana *QP2*.

w, x. *Vanse, y salen . . . MS*.

2320. abrazos *MS*.

2324. como Como Alfeo [*sic*] *QP1*.

2329. espiriencia *MS*.

2331. Jacob de mi bajeza tan notable *MS*.

2333. dicron *MS*.

2334. difirente *MS*.

2337. de zer [*sic*] *QP1*. hazar [*sic*] *QP2*.

	que, después de pasados unos celos
	avergüenzan al dueño las personas 2340
	que dárselos pudieron refiriéndolo.
Lauro.	Ese es consejo de entendimiento.
Alfeo.	Ya estarán más amigos que la hiedra
	y el olmo en tiernos lazos abrazados,
	que, como os dije, se partió a pedille 2345
	del engaño perdón.
Elisa.	En busca suya
	iba con pensamiento de informalle
	de la verdad del caso cuando Lauro
	llegó contigo y me avisaste, Alfeo.
Alfeo.	En las paces de dos enamorados 2350
	mejor se avienen los que son las causas,
	y entre ellos, son terceros ellos mismos.

Sale Timbrio.

Timbrio.	¿Qué hacéis aquí de esta manera?
Alfeo.	Timbrio,
	¿qué ha sucedido?
Timbrio.	Está la casería
	de Labán atestada de pastores, 2355
	y de serranas de gallardos talles
	con músicas y bailes diferentes.
Lauro.	¿Y qué es la causa, Timbrio, de esa fiesta?
Timbrio.	Determina Labán dar esta noche,
	cumpliendo la palabra prometida, 2360
	a Raquel, a Jacob.
Lauro.	¡Dichosas nuevas!
	¿Por qué, di, Timbrio, no has pedido albricias?
Timbrio.	Ya me las da mi alegre pensamiento.
	Voy a ponerme el sayo jironado°
	y a traer hacia acá las castañetas, 2365
	que he de bailar hasta caer.
Elisa.	¿No has visto
	a los novios?
Timbrio.	Raquel vino de fuera

2341. referiéndolo *MS*.

2342. Es ese *MS*.

2354. qué os ha *QP2*. qué ha subcedido *MS*.

2357. difrentes *MS*.

	con el ganado como siempre suele,	
	y con Labán se entró, dadas las manos,	
	y no ha salido más. Sin duda alguna	2370
	deben de estarla componiendo adentro,	
	y su amante, Jacob, loco de gusto,	
	del más galán pellico se compone	
	para la boda, dando al Cielo gracias	
	que de sus esperanzas llegó el día.	2375
Alfeo.	Sin pensar vino siempre el alegría.°	
Timbrio.	Quedaos a Dios, que pienso volver luego	
	como os he dicho. *Vase.* z
Alfeo.	Lauro, Elisa, vamos
	a la boda, ¿qué hacemos? No estéis tristes,
	que también llegará la vuestra cuando	2380
	más descuidados estéis.
Lauro.	¡El Cïelo
	premie el amor que a Elisa tengo!
Alfeo.	Lauro,
	Jacob sirvió siete años, y hoy le premian.
	También podrá llegar vuestra ventura,
	y hoy puede ser que, viéndola Liseno,	2385
	a Elisa os dé también, porque una boda
	suele llevar tras sí, como cerezas,°
	otras catorce, y no parar en quince.
	Yo os juro que Raquel sola no sea.
Lauro.	¡Haga Fortuna lo que Amor desea! *Vanse.* 2390/AA

Salen Labán *y* Liseno, *viejo rabadán.* BB

Labán.	Como os he dicho, Liseno,
	con aquesta traza mía,
	me importa casar a Lía
	primero.
Liseno.	No estaba ajeno
	de ese pensamiento yo,	2395
	y me parece acertado.
Labán.	A mi hacienda, a mi ganado,
	sumamente le importó

2371. compuniendo *MS*.   2384. Tambiem [sic] *QP1*.

2381. estaréis *MS*.   AA, BB. *Vanse* Todos, *y* ... *MS*.

EL MÁS AMANTE PASTOR Y DICHOSO PATRIARCA

  que Jacob viniese a Arán,
porque parece, después   2400
que puso en casa los pies,
que creciendo siempre van,
  porque es grande su cuidado
y parece que, en el suelo,
cuanto ve bendice el Cielo,   2405
y las palabras que ha dado
  a su abuelo y a su padre
se van ya cumpliendo en él.
Yo le prometí a Raquel,
por ser mi hermana su madre,   2410
  si me servía por ella
siete años que se han pasado,
a sus ojos agradado,
  contentándose con vella,
y hoy que el amor le promete   2415
el bien de que queda ajeno,
he de obligalle, Liseno,
a que me sirva otros siete,
  porque, viéndose con Lía
y no dándole a Raquel,   2420
acabará amor con él
el fin de la industria mía.

Suena dentro ruido de fiesta.   CC

  Señal la música da
de que Jacob ha llegado.

LISENO.   Y se regocija el prado   2425
del bien que esperando está.

Salen LOS QUE PUDIEREN *de pastores galanes,* ELISA, ALFEO,   DD
  LAURO *y* TIMBRIO, *y* JACOB, *y los* MÚSICOS *cantan.*

MÚSICOS.   *Arroyuelos corren
  de plata y marfil,°
  porque viene mayo,*

2399. viniese Arán *MS.*

2413. abrasado *MS.*   abrado *QP1.*

DD. ... pasores [sic] ... *QP1.* ... TIMBRIO, *y los* MÚSICOS *cantan:* QP1, QP2. Falta en *MS.*

	porque sale abril.	2430
	Arrojan las sierras	
	la nieve de sí,	
	de cristal haciendo	
	arroyuelos mil.	
	Comiénzase el día	2435
	y el alba a reír,	
	porque viene mayo,	
	porque sale abril.	
LABÁN.	Aquí vuestra esposa aguarda.	
	Entrad a que el premio os den.	2440
JACOB.	Aun teniendo cerca el bien,	
	pienso, Labán, que se tarda.	
LABÁN.	Ya no hay que tener temor.	
JACOB.	Gracias a la suerte mía	
	que llegó el dichoso día	2445
	merecido de mi amor. *Vase.*	EE
LABÁN.	Volvé a cantar y tañer.	
	Pase adelante la fiesta	
	mientras la cena se apresta.	
TIMBRIO.	¡Pedazos me pienso hacer!	2450

(Vuelven a cantar.) FF

MÚSICOS.	*Arroyuelos corren*	
	de plata y marfil,	
	porque viene mayo,	
	porque sale abril.	
ALFEO.	¡Pardiez,° Liseno, este es día	2455
	de hacer merced, sí, a la fe!	
LISENO.	¿Por qué lo decís?	
ALFEO.	¿Por qué?	
	Por que aumentéis su alegría,	
	dando a Elisa a Lauro ya,	
	pues veis que se quieren bien.	2460
LISENO.	Si ellos lo quieren también,	
	el sí de mi parte está.	
LABÁN.	Merécelo Lauro, cierto,	
	y habéis, Liseno, escogido	
	a Elisa un muy buen marido.	2465

2459. danda [sic] MS.   2461. elllos [sic] MS.

LAURO.	Llegué de mi dicha al puerto.	
	Dadme vuestros pies, Labán,	
	y vos, Liseno, también.	
ALFEO.	Y todos el parabién,	
	que alegres en verlo están.	2470

Sale Jacob muy triste. GG

JACOB.　　　　　¿Para esto, ingrato tío,
　　　　　　　　dueño tirano del trabajo ajeno,
　　　　　　　　ladrón del sudor mío,
　　　　　　　　abrasado del sol, de nieve lleno,
　　　　　　　　en la noche, en el día,　　　　　2475
　　　　　　　　siete años de pastor Jacob servía?
　　　　　　　　Toda Mesopotamia
　　　　　　　　supo que, lejos de ser vil partido,
　　　　　　　　ni codiciosa infamia,
　　　　　　　　sirvió mi amor los años que he servido,　2480
　　　　　　　　solo por merecella
　　　　　　　　al padre de Raquel, serrana bella.
　　　　　　　　Sirvió a su padre ingrato
　　　　　　　　mi amor, al sol, al hielo, vigilante,
　　　　　　　　más que el mastín del hato,　　　2485
　　　　　　　　sin que se le pusiese por delante
　　　　　　　　peligro ni querella,
　　　　　　　　mas no servía al padre, servía a ella.
　　　　　　　　No pretendí, tirano
　　　　　　　　Labán, que de esto doy bastante indicio,　2490
　　　　　　　　más premio de tu mano,
　　　　　　　　después de tantos años de servicio,
　　　　　　　　sino a Raquel, que es mía,
　　　　　　　　que a ella sola en premio pretendía.
　　　　　　　　Hecho idólatra amante　　　　　2495
　　　　　　　　de mi bien, cuando el día deseaba
　　　　　　　　siempre firme y constante
　　　　　　　　adorando unos soles, adoraba
　　　　　　　　con la misma porfía
　　　　　　　　los días en memoria de aquel día.　2500

2476. pastor servía *QP1, QP2*.　　　2493. Falta en *MS*.

2479. cadicioso [*sic*] *QP2*.　　　　2494. solo por premio *MS*.

Mi orgulloso deseo,
  lo que el plazo tardaba en los siete años,
  hasta el dichoso empleo,
  venciendo miedos y animando engaños
  de gozalla o perdella,   2505
  pasaba, contentándose con vella,
  y cuando llegó el día,
  después de tantas penas desiguales,
  a la esperanza mía
  paga la ingratitud servicios tales,   2510
  que esta deuda atropella
  el cauteloso padre, en lugar de ella,
  que, habiéndole servido,
  cuando no fuera hijo de Rebeca,
  como Siria ha sabido,   2515
  por su Raquel amada, el premio trueca,
  y llegándose el día
  por su amada Raquel le daba a Lía.
  Vendrá a perder la vida,
  viendo el triste pastor que, con olvido,   2520
  pasa su fe crecida,
  y en el lugar del premio merecido
  le pagan los siete años
  con cautelosas trazas, con engaños.
  Tu desconocimiento,   2525
  tu ingratitud, tu nueva tiranía,
  tu alegre pensamiento,
  tu avara mano y la desdicha mía,
  a una fe verdadera
  le niegan a Raquel el bien que espera,   2530
  porque a mi amor ardiente,
  abrasado en la llama del deseo,
  donde es Fénix de Oriente,
  niegas, trocando el vitorioso empleo
  a su Raquel querida   2535
  como si de él no fuera merecida.

LABÁN.   Jacob, ya es nuestra usanza

2510. pago *MS*.   2534. victorioso *MS*.

2519. pedir *MS*.   2535. a Raquel *QP2*.

2529. Falta «a» en *MS*.

EL MÁS AMANTE PASTOR Y DICHOSO PATRIARCA   195

	a la hija mayor casar primero,	
	mas si de tu esperanza	
	quieres gozar el bien que darte espero,	2540
	y reparar los daños,	
	vuelve a servir de nuevo otros siete años.	
JACOB.	¿Y será Raquel mía?	
LABÁN.	Sí, Jacob.	
JACOB.	Ese sí tendré guardado,	
	Labán, desde este día,	2545
	que ese sí que remedia el no pasado	
	mi amor un siglo espera,	
	y mil sirviera más, si más tuviera.	
LABÁN.	Quede esto de esta suerte,	
	y vamos a alegrar el casamiento.	2550
JACOB.	La vida hasta la muerte	
	te ofreciera a servir mi pensamiento	
	si fuera igual medida	
	para tan largo amor, tan corta vida.	

Vanse TODOS, *volviendo a cantar los* MÚSICOS.   HH

FIN DEL SEGUNDO ACTO*

ACTO TERCERO

Salen LABÁN, LISENO, LAURO, ALFEO *y* TIMBRIO.   II

LABÁN.	Haced poner en orden los camellos	2555
	y pasemos delante caminando,	

2542. orros [*sic*] *QP2*.

2550. vamos alegrar *MS, QP2*.

HH. Falta en *MS*.

* Fin del acto segundo *QP2*. Fin de esta jornada segunda. *MS*.

** Acto Tercero de la Hermosura de Raquel. *MS, QP1, QP2*.

II. *Salen* LABÁN, LISENO, ALFEO *y* TIMBRIO, *y* LAURO. *MS*.

porque esta noche he de pasar en ellos
el Éufrates de plata, que regando
va de tierra de Edón los campos bellos,
siguiendo al que de mí se va burlando 2560
por que contra mi gusto no pretenda
llevar mis hijas y usurpar mi hacienda.
　Jacob ha de morir, ¡viven los cielos!,
y toda su traidora compañía,
que, aunque de mi furor va sin recelos, 2565
le tengo de matar antes del día,
y puesto que el amor de sus abuelos
le saca de Nacor, no le debía
este furor que muestro, y por su madre,
le he de dar muerte en casa de su padre. 2570
　Mas, antes llegaré que el ladrón llegue
a ver a Isaac, de su traición ufano
cuando el cielo se enoje y el sol ciegue,
para encubrirme el bárbaro villano.

LISENO.　　No hayas duda que el Cielo a Jacob niegue 2575
lo que le prometió su padre anciano,
pues cumple su palabra siempre el Cielo,
y fue palabra que le dio a su abuelo.
　Antes, siempre, Labán, fue mi consejo
que no siguieses a Jacob, pues sabes 2580
que del gran patriarca Isaac, espejo
de nuestra edad, Jacob tiene tan graves
prendas en su favor.

LABÁN.　　　　　　　　¡De furia, dejo
de responderte!

LISENO.　　　　　　　Puede ser que acabes
en la impresa, Labán, que airado sigues, 2585
pues a Jacob como ladrón persigues.

LABÁN.　　Pues, ¿no tengo razón?

LISENO.　　　　　　　　　¿Qué razón tienes,
si Jacob te ha servido tantos años,
acrecentando el colmo de tus bienes,
como tenemos tantos desengaños, 2590

2558. rogando *QP2*.　　Éufratres *MS*.　　　2574. al *MS, QP2*.

2562. osurpar [*sic*] *MS*.　　　　　　　　　2582. tien *QP1*.　　rien *QP2*.

2568. la saca *QP1*.　　la casa *MS, QP2*.　　2586. pues Jacob *MS*.

	y cuando después de esto a saber vienes	
	que, queriendo dejar reinos estraños,	
	a su casa en la amada compañía	
	quiere volverse, de Raquel y Lía,	
	le impides, le detienes y le engañas	2595
	contra la voluntad del justo Cielo,	
	que según conocí de sus entrañas,	
	le manda que se vuelva al patrio suelo?	
Labán.	¿Para esto, di, Liseno, me acompañas?	
Liseno.	Labán, tu daño y nuestro mal recelo,	2600
	que injustamente lo que intenta culpas.	
Labán.	¿Cómo a un ingrato, Rabadán, disculpas	
	a un ladrón fiero de la sangre mía,	
	y la segunda, que es la hacienda, alabas,	
	que no contento con el mal que hacía,	2605
	llevándose mis hijas como esclavas,	
	los ídolos sagrados que tenía	
	también me llevan hurtados, y no acabas	
	de persuadirte a la razón que tengo?	
Liseno.	No me quedé en Arán. Contigo vengo,	2610
	pero yo te aconsejo lo que importa.	
	Haz tú lo que mejor te pareciere.	
Labán.	A que le mate mi furor me exhorta.	
Liseno.	Será, si el Cielo no lo defendiere.	
Labán.	De aquí al Éufrates la jornada es corta.	2615
Lauro.	Los camellos aguardan.	
Labán.	¡Jacob muere	
	si le alcanzo mañana! ¡A subir, vamos!	
Liseno.	Todos en los camellos te esperamos.	

Vanse, y quédase LABÁN *solo.*   JJ

2592. quiriendo *MS.*

2593. en amada copañía [*sic*] *MS.*

2601. intentas *QP2.*

2602. disculpa *QP2.*

2608. lleva *MS.*

2609. persuatirte [*sic*] *QP1.*

2610. quedo *MS.*

2613. lo mate *MS.*

2614. no le *MS.*

2615. el *QP2.*

JJ. *Éntranse* Todos, *y queda… MS.*

LABÁN.	Comienza a caminar, que, ¡vive el Cielo!, que ha de morir Jacob a nuestras manos. 2620 Rabio de furia y no me sufre el suelo de ver mis pensamientos inhumanos. La tierra tiembla, al parecer. Recelo que estos montes que están de nieve canos quieren caerse sobre mí. ¿Qué es esto? 2625 ¡Un notable temor me ha descompuesto! ¡Todo mi pecho se arde en viva llama! ¿Qué es aquesto, Fortuna? ¿Qué me quieres?
Dentro.	¡Labán!
LABÁN.	¿Qué voz es esta que me llama?
VOZ.	¡Labán!
LABÁN.	¿Quién eres, voz?
VOZ.	Yo soy...
LABÁN.	¿Quién eres? 2630
VOZ.	Soy el Dios de Jacob, que a Jacob ama, y mira que te mando, si le vieres, que no le digas ásperas palabras.
LABÁN.	En mí, Dios de Jacob, con fuego labras, siendo de hielo juntamente. Digo 2635 que airado apenas mirare sus ojos, que de tu mano ya temo el castigo, siendo ejemplo a los hombres mis despojos, y a verle, solo sus pisadas sigo, desde aquí, refrenando mis enojos. 2640 Temblando voy con desigual tristeza, voz del Dios de Jacob, de tu grandeza. *Vase*. KK

Salen JACOB, RAQUEL *y* JOSEF *niño*. LL

JACOB.	Aquí descansar podemos, hermosísima Raquel, pues de tu padre crüel 2645 ningún recelo tenemos. ¿Sabes cómo viene Lía?

2623. tembla *MS*.

2629. *Voz dentro. MS*.

2633. paladras [sic] *QP1*.

2639. al ver solo ~~mi~~ sus *MS*.

KK, LL. *Vase* LABÁN, *y salen* JACOB, RA-QUEL ... *MS*.

2643. podremos *MS*.

RAQUEL.	Buena, que sus hijos vienen	
	con ella y cuidado tienen	
	de su regalo a porfía,	2650
	Rubén, Simeón, Leví,	
	Isacar y Zabulón,	
	y Judá. No hay ocasión	
	que se aparten de ella.	
JACOB.	Ansí	
	a Dios y a mí agradarán.	2655
RAQUEL.	Y Dina del mismo modo	
	le acude, Jacob, a todo,	
	desde que salió de Arán.	
JACOB.	Hermosa viene en estremo,	
	y más parece a su tía,	2660
	Raquel, que a su madre, Lía.	
RAQUEL.	Su grande belleza temo.	
JACOB.	Josef, Raquel, ¿cómo viene?	
RAQUEL.	Como muchacho ha sentido	
	el camino, aunque ha venido	2665
	siempre en mis brazos.	
JACOB.	No tiene	
	ninguno donaire tanto.	
	¿A mi Josef cómo va?	
RAQUEL.	Creo que dormido está.	
JACOB.	Y no será mucho espanto.	2670
RAQUEL.	Ya despertó.	
JOSEF.	Padre mío,	
	¿qué quiere? Póngame, madre,	
	en el suelo con mi padre,	
	si hemos ya pasado el río.	
RAQUEL.	Dormido le habéis pasado.	2675
JOSEF.	¿A dónde, quiero sabello,	
	le llegó el agua al camello?	
JACOB.	Pasó el río casi a nado.	
JOSEF.	¡Oste!, si cayera en él,	
	dígame, madre querida,	2680
	¿me sacara?	
RAQUEL.	Sí, mi vida.	

2651. Simeón, Rubí *QP1*.

2652. Judas *MS1, QP1, QP2*.

2669. durmiendo *MS*.

2689. y algunos *MS*.

JOSEF.	O yo me asiera a un cordel
	y luego arriba subiera.
RAQUEL.	O cayéramos los dos,
	o no cayérades vos. 2685
JOSEF.	Pues, alguno lo quisiera,
	y más de alguno, a fe.
JACOB.	¿Quién?
JOSEF.	A Judá diera alegría,
	y algunos hijos de Lía,
	porque no me quieren bien, 2690
	que esotra tarde, Isacar
	con Judá me amenazó
	porque estaba solo yo,
	que me tienen de matar.
JACOB.	Nunca se logren, si tienen 2695
	en vuestro mal, y en mi daño,
	pensamiento tan estraño.
JOSEF.	En viéndome solo vienen
	a maltratarme y me dan
	pellizcos y torniscones, 2700
	y unos que llaman capones.º
JACOB.	Pues, desde hoy conocerán
	de qué suerte han de trataros.
JOSEF.	Ríñalos, padre, muy bien
	por que otra vez no me den. 2705
JACOB.	Mil veces quiero besaros,
	que aun en quejaros tenéis,
	Josef, donaire.

Salen Dos Criados. MM

CRIADO 1.º	Señor,
	agora de mi valor...
JACOB.	Decid, hablad, no os turbéis. 2710
	¿Qué ha sucedido?
CRIADO 1.º	Labán,
	el río se ha descubierto
	ocupando ese desierto
	de ganaderos de Arán.

2688. Judas *MS1, QP1, QP2*. MM. *Entran... MS.*

2706. quero *QP1*. 2713. este *MS*. desierto *QP2*.

	Perdidos somos, sin duda,	2715
	que él viene a darnos la muerte.	
JACOB.	No temáis contraria suerte	
	mientras el Cielo os ayuda.	
	Jacob con vosotros va,	
	y aunque Labán viene insano	2720
	de cólera, de su mano	
	mi Dios os defenderá,	
	que el que me mandó salir	
	de tierra de Arán pretende	
	defendernos, y al que entiende	2725
	en nuestra ofensa venir,	
	si no le ataja los pasos,	
	le quitará los intentos	
	de sus locos pensamientos,	
	y por que de adversos casos	2730
	no temáis ofensa quiero	
	a recibille salir.	
JOSEF.	Yo le saldré a recebir,	
	padre, que a mi abuelo espero	
	yo solo desenojalle	2735
	y hacer que os abrace luego.	
JACOB.	Viene, mi Josef, tan ciego,	
	cubriendo de gente el valle,	
	que apenas os podrá ver	
	si no es que como a elefante	2740
	os ponen a vos delante,	
	porque suele suceder	
	cuando más furioso está,	
	poniéndole un niño, hacelle	
	que mil hombres no atropelle.	2745
JOSEF.	Así mi agüelo será.	
	Dejadme, padre, salir,	
	y veréis cómo le amanso.	
	Saldré como sale el manso	
	cuando ve al pastor venir	2750
	contra su manada airado,	
	que echándosele a los pies	

2723. que mandó *QP2*.

2740. como elefante *MS*.

2744. puniendo *MS*.

2746. Así mi agüelo *MS*.

	se los abraza y después	
	se los lame.	
JACOB.	¡Ay, hijo amado!,	
	¿no veis que es lobo el que viene,	2755
	que teniéndoos manso allá,	
	beber la sangre° os querrá	
	aunque vuestra sangre tiene?	
	Mejor será que os quedéis	
	con el ganado, y mejor	2760
	será que salga el pastor	
	y vos no os aventuréis.	
JOSEF.	Con vos he de ir.	
JACOB.	Prenda mía,	
	guardaos del lobo crüel.	

Sale OTRO CRIADO. NN

JACOB.	Ya llegó Labán. Con él	2765
	vete a la tienda de Lía,	
	y déjame el cargo a mí	
	de hablar a tu padre.	
RAQUEL.	(*Ap*.: ¡Estoy	
	temblando!) A la tienda voy.	
	Quédate, Josef, aquí.	2770
JOSEF.	Claro está.	
RAQUEL.	(*Ap*.: ¡Estraños estremos!)	
JACOB.	Déjale.	
JOSEF.	En esta ocasión,	
	solo, señora, es razón	
	que los hombres nos quedemos.	
JACOB.	Vete, Raquel.	
RAQUEL.	Mire el Cielo	2775
	por ti, y por Josef también.	
JOSEF.	¡Por Dios, si no os trata bien,	

2755. En *MS*, «No» está sobrescrito sobre «Lo».

2756. tiniéndoos *MS*.

2765. legó [*sic*] *MS*. Falta «Con él» en *MS*, *QP1*, *QP2*. Proponemos esta solución para regularizar la redondilla.

2766. JACOB. *MS*, *QP1*, *QP2*.

2767. deseame *MS*.

2777. Dios, que si *MS*.

que me enoje con mi abuelo!

Vase RAQUEL *por una parte, y sale* LABÁN *por otra con* ALGUNOS DE LOS QUE SALIERON PRIMERO.

OO

LISENO.   Aquí está Jacob.
LABÁN.   Aquí
         quisiera hacerle pedazos,   2780
         mas hame puesto en los brazos
         esposas el Cielo.
LISENO.   Ansí
         verás que le favorece,
         y que está Dios en su pecho.
LABÁN.   Jacob, no ha sido bien hecho,   2785
         si bien hecho te parece
           haber mis hijas llevado
         de mi casa a ajena tierra,
         como despojos de guerra
         de algún lugar saqueado   2790
           sin que mi intento supiera,
         de quien miro los defetos,
         y a mis hijas y a mis nietos,
         últimos abrazos diera,
           saliendo como es costumbre   2795
         en toda tierra de Arán
         los que a las ajenas van
         con música. Pesadumbre
           notable, Jacob, me has dado,
         y agradece al Dios que adoras   2800
         que ayer, Jacob, a las horas
         que se puso el sol dorado
           me dijo al pasar del río
         que no te tratase mal,
         que hoy vieras castigo igual   2805
         a tu loco desvarío.
           Pero, ya que a ver la casa
         de tu padre te partías,
         entre tantas prendas mías
         como me llevas, me abrasa   2810
           ver que me llevas allá
         mis ídolos. ¿Qué se han hecho?,

2781. en barazos *MS*.   2782. al *MS*.

JACOB.   que, pues no son de provecho
           para ti, pudieras ya
              volvérmelos.
JACOB.   Sabe el Cielo   2815
           que no los tengo, Labán,
           pero yo quiero, si están
           en nosotros, que recelo
              el ser posible que muera
           por ladrón de tus altares,   2820
           en cuyo poder hallares
           esos dioses de madera.
              Delante de todos luego,
           mira lo que llevo todo
           en mis tiendas, de tal modo   2825
           que el viento escombres si ciego
              de la furia con que vienes
           a mis entrañas piadosas
           puedes distinguir las cosas,
           y si entre mi hacienda tienes   2830
              alguna cosa, Labán,
           tuya, licencia te doy
           que te la lleves.
LABÁN.   Ya voy,
           que sé por cierto que están
              mis dioses entre la gente,   2835
           y buscallos quiero.
JACOB.   Ven.
JOSEF.   Si dice que quiere bien
           mi abuelo a sus nietos, miente.   *Vanse.*   PP

Sale RAQUEL con unos ídolos en la mano.   QQ

RAQUEL.   Ídolos y dioses vanos,
           que de mi padre os hurté   2840
           porque con esto pensé
           verme libre de sus manos,
              con mi Josef y mi esposo,

2819. pusible *MS.*   2830. y siempre en mi *MS.*

2825. de manera *MS.*   2835. tu gente *MS.*

2829. destinguir *MS.*   PP. Vase. QP2. Vanse, y... *MS.*

viendo que Dios le mandaba
dejar su casa y pensaba 2845
que mi padre, cauteloso,
   como otras veces solía,
para saber vuestro engaño
os consultase en el daño
de mi amada compañía, 2850
   alcanzando de vosotros
a saber nuestro camino,
por que el furor con que vino
desde Arán contra nosotros
   pudiéramos detener. 2855
Parece que desde acá
le disteis aviso allá
como acostumbráis a hacer.
   Espías sois que llevamos
entre nosotros, y ansí, 2860
os he de quemar aquí
por que más seguros vamos,°
   y porque mi padre ingrato
[..........................]°
Josef a todo correr 2865
viene acá.

Sale Josef. RR

   ¿Qué hay, hijo?

JOSEF.   Trato,
madre, de un caso avisaros
estraño.

RAQUEL.   ¿Qué es, hijo mío?
JOSEF.   Mi abuelo...
RAQUEL.   ¿Algún desvarío
intenta?
JOSEF.   ...viene a miraros, 2870
si en vuestra tienda escondéis
unos ídolos.

2860. ansí *QP2*.

2861. En *MS*, «aquí» está sobrescrito en «ansí».

2862. seguro *QP2*.

2867. madre, un caso he de avisaros *QP1, QP2*.

2869. agüelo *MS*.

| RAQUEL. | Primero
al fuego darlos espero. | |
| --- | --- | --- |
| JOSEF. | Mirad si vos los tenéis,
porque le ha dicho mi padre
que si los halla dé muerte
a quien los tuviere. | 2875 |
| RAQUEL. | ¡Fuerte
ocasión! | |
| JOSEF. | Pues, diga, madre,
¿tiénelos ella? | |
| RAQUEL. | Yo no.
(*Ap.:* Esconderlos me conviene.) | 2880 |
| JOSEF. | Ya mi abuelo, madre, viene
con mi padre. | |
| RAQUEL. | (*Ap.:* ¡Triste yo!) | |
| JOSEF. | ¡Puesto os habéis amarilla! | |
| RAQUEL. | (*Ap.:* Con ellos me coge aquí,
¡pensamiento estraño!, allí
de un camello está una silla.
Quiero ponerle en ella
y encima de ellos sentarme
sin procurar levantarme
lo que aquí estuviere de ella,
que achaque no faltará
en la ocasión, y a mujer.) | 2885

2890 |
| JOSEF. | ¿Qué es lo que quieres hacer,
madre? | |
| RAQUEL. | Un desmayo me da,
y sentarme un poco quiero. | 2895 |

        (*Pone los ídolos debajo de la silla y recuéstase*   SS
                como que le duele la cabeza.)

JOSEF.	Ya llegan mi abuelo y padre.

   2877. ~~ocasión~~ fuerte *MS*. ocasión fuerte *QP1, QP2*.

   2878. Falta «ocasión» en *QP2*.

   2880. Falta *Ap*. en *MS, QP1, QP2*. asconderlos *MS*.

   2882. Falta *Ap*. en *MS, QP1, QP2*.

   2884. Falta *Ap*. en *MS, QP1, QP2*.

   2888. encima luego sentarme *MS*.

   SS. *Pon* [sic] *los ídolos*... *MS*. Sigue al v. 2894 en *MS, QP1, QP2*.

RAQUEL.	No les digas nada.	
JOSEF.	Madre,	
	con ella aquí los espero.	

Salen JACOB *y* LABÁN. TT

LABÁN.	No hay hallar lo que procuro	
	en cuanto los he buscado.	2900
JACOB.	Ya estarás desengañado.	
LABÁN.	Sí, pero jamás seguro.	
JACOB.	Pues, ¿no te asegura el ver	
	que no los hallas?	
LABÁN.	Aquí	
	quiero mirar. ¿Qué hay allí?	2905
RAQUEL.	¿Aquí? Sola una mujer,	
	si también merece nombre	
	de tu hija.	
LABÁN.	Raquel mía,	
	ya te eché menos con Lía.	
	Abrázame.	
RAQUEL.	No te asombre	2910
	estar sentada, Labán,	
	sin levantarme a tus brazos,	
	que ordinarios embarazos	
	a las mujeres nos dan,	
	dando cada mes tributo	2915
	a naturaleza, impiden	
	que me levante.	
LABÁN.	No piden,	
	de mi amor amado fruto,	
	los abrazos paternales,	
	forasteros cumplimientos.	2920
	Estate ansí.	
RAQUEL.	A tus intentos	
	fueron mis trazas iguales.	
LABÁN.	Jacob, yo estoy satisfecho.	

2897. le *QP2*.

2906. solo *MS*.

2909. ~~No te asombre~~ *MS*.

2910-11. JACOB. No te asombre / estar sentada, Labán *MS*.

2915. cada ves *QP2*.

2921. así *MS*.

	Volverme, pretendo, a Arán.
JACOB.	Yo he de pasar el Jordán 2925
	esta noche, que sospecho
	ver a mi hermano mañana
	y hacer las paces con él.
LABÁN.	Su pensamiento crüel
	trocará la soberana 2930
	mano, Jacob, de su Dios,
	en piadoso y en afable,
	y en amistad perdurable
	os enlazará a los dos
	de la manera que a mí 2935
	me trocó los pensamientos.
JACOB.	Muda el Cielo los intentos
	injustos.
LABÁN.	Vamos de aquí,
	y escuche de ti las nuevas
	que dé tu abuelo, Abrahán. 2940
JACOB.	¡Vivas mil años, Labán!
LABÁN.	Yo voy contento que llevas
	a mis hijas.
JACOB.	Dios te guarde.
LABÁN.	Adiós, Raquel.
RAQUEL.	Padre, adiós.
LABÁN.	Siglos os gocéis los dos. 2945
JOSEF.	Váyase, abuelo, que es tarde.
LABÁN.	Abrazadme, nieto amado.
JOSEF.	Envíeme... ¿Haralo?
LABÁN.	Harelo.
JOSEF.	...natas y quesos, abuelo,
	cuando ordeñen el ganado. 2950
LABÁN.	Yo os regalaré. Abrazadme,
	Jacob.
JACOB.	Sois mi padre, al fin.
JOSEF.	Encomiéndeme al mastín
	del hato.
LABÁN.	Adiós, y mandadme.

2925. que de pasar *MS*.   2942. Ya *MS*.

2931. tu *MS, QP2*.   2950. ordenen *MS*.

2932. e inefable *QP2*.

Vase LABÁN, *y* LOS QUE SUBIERON CON ÉL. UU

JACOB.   Y yo adelantarme quiero,   2955
               Raquel, pues se va Labán,
               luego esta noche al Jordán,
               adonde a mi hermano espero,
                 que ya le envié avisar
               de mi venida. No sé   2960
               de qué modo lo hallaré,
               que los días y el mudar
                 de tierra pudieron ser
               causas de haberle mudado,
               y de la gente, cuidado   2965
               mi Lía podrá tener,
                 que, solo, esta noche intento,
               pues llegué a tierra de Hedón,
               a hacer al Cielo oración
               por que trueque el pensamiento   2970
                 a Esaú como trocó
               al de tu padre Labán.
RAQUEL.   ¿Olvidados estarán
               los enojos?
JACOB.   Pienso yo
               que ya estarán olvidados,   2975
               o lo acabarán los cielos
                 con que en medrosos recelos
               no me puedan dar cuidados.
               Vamos, Raquel, que de Lía
               despedirme determino.   2980
RAQUEL.   Vamos. Sabrás de camino
               una invención.
JACOB.   ¿Cúya?
RAQUEL.   Mía.
JACOB.   ¿Cómo?

UU. ... *salieron* ... *MS.*   2967. sola *MS.*

2958. adonde mi *MS.*   2972. el de *MS.*

2959. invié *MS.*   2978. pueden *MS.*

2961. le *MS.*   2982. Tuya *MS.*

RAQUEL.	En esta enfermedad	
	que a mi padre le fingí.	
JACOB.	¿Fingida fue?	
RAQUEL.	Jacob, sí,	2985
	porque fue necesidad	
	por mí y por ti.	
JACOB.	¡Sutil eres!	
RAQUEL.	Importó de esta manera.	
JACOB.	No será la vez primera	
	que saben fingir mujeres. *Vanse.*	2990/VV

Sale UN CRIADO DE JACOB *con* ESAÚ.   WW

CRIADO.	Dice Jacob que tu amistad desea,	
	con las veras que es justo desealla,	
	y para confirmar las paces gusta	
	que le mandes, haciéndote un presente	
	de camellos, ovejas y carneros,	2995
	de lo cual viene rico y abundante,	
	y a sujetarse, con sus hijos todos,	
	y sus mujeres, a tus pies humilde,	
	que esta noche sin duda el Jordán pasa	
	y llegará mañana a vista tuya,	3000
	cubriendo de ganados y camellos	
	de Hedón los campos y desiertos valles	
	del dorado Jordán.	
ESAÚ.	¿No se le acuerda	
	a Jacob del agravio que me ha hecho?	
CRIADO.	Perdón de ello te pide, y te asegura	3005
	serte leal hermano eternamente,	
	y su amistad te importa, porque es hombre,	
	Jacob, de amables partes, y la tierra	
	de Arán deja envidiosa su partida,	
	que era el pastor que honraba aquellos campos,	3010
	porque a su entendimiento no igualaba	

2987. Subtil *QP1, QP2*.

VV, WW. *Vanse* JACOB, RAQUEL *y* JOSEF, *y sale*... *MS*.

2996. quel viene *MS*.

2998. homilde *MS*.

3002. disiertos *MS, QP1*.

3005. de eso te *MS*.

3006. ser leal *QP2*.

	el mejor de la sierra ni a su talle,	
	el más galán pastor ni a sus costumbres,	
	el más compuesto a su valor estraño,	
	el mayor al más generoso ánimo,	3015
	el zagal más valiente. Cuando había	
	en corro de serranos y pastores	
	baile, conversación, él solamente	
	se llevaba la gala. Si tiraban	
	a la barra, pasaba con diez pasos	3020
	al más fuerte serrano. Si había lucha,	
	llevaba premio siendo de manera	
	que era ya condición que se ponía	
	en no luchar Jacob porque era estremo.	
	Sin estas excelencias tiene muchas	3025
	que le invidian y quieren juntamente	
	naturales pastores y estranjeros,	
	y para la mayor, era bastante	
	haber sido en el mundo único amante.	
ESAÚ.	¡Basta, villano, basta, que me enojo	3030

de vértele alabar! Dile a ese ingrato
que se guarde de mí si vivir quiere,
y no llegue a mis ojos aunque venga
más lleno de ganados y pastores
que tiene arena el mar, y el cielo estrellas, 3035
que dádivas no tienen de borrarme
de la memoria eternamente el hurto
de aquella bendición de Isaac, mi padre,
que llorarán mis ojos para siempre.
Vuélvele su presente, y de mi parte 3040
le dirás que mañana en esos campos
le saldré a recebir con cuatrocientos
vasallos míos, y verá del modo
que le aguarda la muerte en mis abrazos,
y a ti, que me has traído la embajada, 3045
no te mato porque eres mensajero.º
Vete con esto.

CRIADO.   Obedecerte quiero. *Vanse.*   XX

                    Sale JACOB.   YY

3015. el más generoso al ánimo *MS*.   3044. brazos *QP2*.

3020. pasaban *QP2*.   XX, YY. *Vanse, y sale JACOB. MS.*

JACOB.	Gracias al Cielo, Jordán,	
	que otra vez os he pasado,	
	y si con solo un cayado,	3050
	yendo a servir a Labán,	
	os pasé entonces, agora	
	vuestras aguas plateadas	
	os pasarán tres manadas,	
	cuyo vellón el sol dora,	3055
	de ovejas y de carneros,	
	aumentando con sus crías	
	espuma a las ondas frías	
	de estos cristales ligeros,	
	a su blancura se atrevan	3060
	compitiendo, y ruego a Dios	
	que otra vez volviendo a vos	
	os agoten cuando beban.	

Suena música, bajando una nube, y en ella el   ZZ
AMOR DIVINO, de pastorcico, y llega hasta abajo.

	Pero, ¿qué es esto que veo?	
	¿Esta no es nube? Parece	3065
	que de ella el sol amanece,	
	si no se engaña el deseo.	
	Más cerca se va allegando.	
	¡Qué notable resplandor!	
	En ella miro un pastor	3070
	que al suelo viene bajando.	
	Ya llega al suelo. No vi	
	tan bello pastor jamás.	
AMOR.	¡Ah, pastor! ¿Adónde estás?	
JACOB.	(*Ap.*: Responderle quiero.) Aquí.	3075
AMOR.	Pues, apercibe los brazos,	
	que vengo a luchar contigo.	

3057. augmentando *QP2*.   3064. ver *QP2*.

3060. atreven *MS*.   3074. Falta «Ah» en *MS*. Dónde *QP2*.

3062. volvinedo [*sic*] *QP1*.   3075. Falta *Ap.* en *MS, QP1, QP2*.

ZZ. *... y va bajando ... hasta lo bajo. MS.*

JACOB.	Pastor bizarro, de amigo	
	os daré primero abrazos.	
AMOR.	Tengo fama de que luchas	3080
	fuertemente, y probar quiero	
	tu fuerza.	
JACOB.	El lugar primero	
	me dieron siempre en las luchas.	
	No hubo pastor de Labán	
	que no le rindiese yo,	3085
	y tanta opinión ganó	
	mi lucha en tierra de Arán,	
	que nadie se me atrevía	
	a los brazos.	
AMOR.	No me espanto	
	de que tengas valor tanto.	3090
	Llega a ver la fuerza mía.	
JACOB.	Si eres hombre vencerete.	

(*Trábase el* UNO *con el* OTRO *para luchar.*)   aa

AMOR.	No sé, pastor, si podrás,	
	aunque lo sea.	
JACOB.	Ya estás	
	arrogante.	

(*Luchan.*)   bb

AMOR	No promete,	3095
	hombre, menos mi valor.	
JACOB.	Pues enlázame estos brazos,	
	y verás si entre sus lazos	
	puedes alentar, pastor.	
AMOR.	Aprieta bien, y verás	3100
	cómo mides con la espalda	
	la tierra.	
JACOB.	Si esa guirnalda	
	llevas, preciarte podrás,	
	que al más fuerte luchador	
	de toda Siria has vencido,	3105

3088. naide *MS*.   3098. verá si *MS*.

bb. *Luchan Los Dos*. *MS*.

| | y hasta agora no he perdido
el premio de vencedor,
 que aun no siento que me tienes
ventaja. |
| AMOR. | Gran fuerza alcanzas. |
| JACOB. | Ya tengo más esperanzas | 3110

de vencerte, y si previenes
 algún arte, no podrás
valerte de él.
AMOR. No prevengo
artes porque fuerzas tengo
para vencerte.
JACOB. No das 3115
 señal ninguna hasta agora.
AMOR. Fuerte eres del arrebol
que da por señas el sol,
se viste, pastor, la aurora,
y no puedo derribarte. 3120
JACOB. Soy, pastor, luchador fuerte.
AMOR. No puedo, pastor, vencerte.
Del muslo pienso aferrarte
 y echarte por la rodilla
en el suelo, que me afrentas. 3125

(Ásele del muslo el AMOR.) cc

JACOB. No te valdrá en lo que intentas
corcovos ni zancadilla.
AMOR. Sí valdrá de esta manera,
ya que no pueden los brazos.
JACOB. El muslo me haces pedazos, 3130
y no he de dejarte. Espera.
AMOR. Hombre, suéltame, que el día
llega ya. Partirme quiero.
JACOB. Si tu bendición primero
no me das de mi porfía, 3135
no he de dejar la intención,

3106. ya asta *MS*. ahora *QP2*.   3118. señal *MS, QP2*.

3111. vencerte si *QP2*.   *MS* acota al margen: ojo   3125. Falta «en» en *QP2*.

	que ya conozco quién eres.	
	Irte, luchador, no esperes	
	sin darme tu bendición.	
AMOR.	¿Cómo te llamas?	
JACOB.	Mi nombre	3140
	es Jacob.	
AMOR.	De aquí adelante,	
	sea Israel, pues bastante	
	ha sido en el mundo un hombre	
	a luchar conmigo.	
JACOB.	¿Y qué	
	ese nombre significa?	3145
AMOR.	Príncipe de Dios.	
JACOB.	Publica	
	gran valor.	
AMOR.	Y grande fe.	
JACOB.	¿Eres ángel de Dios?	
AMOR.	No.	
	Mi nombre es más admirable.	
	Queda a Dios.	

Vuelve a tocar la música, y sube en la nube por la misma orden que bajó. dd

JACOB.   ¡Lucha notable!   3150
         ¡Mil veces dichoso yo!
            ¿Qué más puedo pretender
         que la gloria que conquisto?
         Dos soles juntos he visto,
         comenzando a amanecer.   3155
            Ya no me impide el temor
         de Esaú pues he tenido
         tela,º sin quedar vencido
         a un celestial luchador.
            Pero, ¿qué es esto? El presente   3160
         que le envié vuelve aquí.

3147. gran fe *MS*.   3155. comenzando amanecer *MS*.

dd. ... *vuelve tocar música. Sube*... *MS*.   3161. invié *MS*.

3153. de la *MS*.

                    No hay duda que contra mí
                    Esaú salir intente.
                      Salir a encontralle quiero,
                    y el nuevo intento sabré.   3165
                    Con todo el cielo luché.
                    Vencer todo el mundo espero

Vase JACOB, y al son de caja y trompeta, sale ESAÚ ee
cota romana y bastón armado,° y UN VASALLO.

ESAÚ.   Nadie se mueva hasta tanto
                que yo dé aviso. Hoy verá
                Jacob mi furor si ya   3170
                antes no muere de espanto
                  de verme que le recibo
                de esta suerte. ¡Ah, ingrato hermano
                Jacob, por mi propia mano
                el castigo te apercibo!   3175
                  Llegó de mi gusto el día
                con la noche de tu muerte.
VASALLO.   Ya llega Jacob a verte,
                con toda la compañía
                  de unos pastores que vienen   3180
                cantando delante de él.
ESAÚ.   ¿Y sus hijos, y Raquel
                y Lía?
VASALLO.   Atrás se detienen,
                  que dos mangas han formado
                para resistir su furia.   3185
ESAÚ.   Hoy en todos de mi injuria
                tengo de quedar vengado.
VASALLO.   La música suena ya.
ESAÚ.   Para su desdicha suena,
                que puesto que° es de sirena   3190
                darme sueño no podrá.
                  Por Isaac, que ha de morir,
                y morir cantando espere

3173. de suerte *MS.*   3185. tu furia *MS.*

3174. propria *QP2.*   3192. Porque Isaac *MS.*

3184. te han *MS.*

	como el cisne cuando muere,°	
	bien se puede despedir	3195
	de sus amados despojos	
	con el abrazo postrero,	
	que con la muerte le espero	
	para cegalle los ojos.	

Entren los Músicos, *de pastores, cantando,*   ff
y Jacob *detrás de ellos.*

Músicos.	*En la primer lumbre*	3200
	que dio al campo el sol,	
	a Esaú, su hermano,	
	vuelve a ver Jacob.°	
Esaú.	No me ha de agradar tonada,	
	que estoy agraviado al fin,	3205
	que hoy resucita Caín	
	en los filos de mi espada.	
Jacob.	Dame tus pies, Esaú.	
Esaú.	Abrázame, hermano amado.	
	(*Ap.:* ¿Qué es esto? ¿Quién me ha trocado?)	3210
	La mano has de darme tú.	
Jacob.	Mejor parece los brazos.	
Esaú.	Aunque parezca mejor	
	y soy tu hermano mayor,	
	primero que los abrazos,	3215
	quiero que me des tu mano.	
Jacob.	(*Ap.:* Sin duda le mudó el Cielo.)	
Esaú.	(*Ap.:* ¡Que soy otro hombre recelo!)	
	¿Cómo vienes?	
Jacob.	Bueno, hermano,	
	con hijos y con hacienda	3220
	para servirte con todo.	

3196. Que sus *QP1, QP2.*

ff. *Entran... tras ellos. MS.*

3200. primera *QP2.*

3206. Falta «que» en *MS.*

3210. Falta *Ap.* en *MS, QP1, QP2.*

3212–16. Tachados en *MS.*

3213. Falta «Esaú.» en *MS.*

3214. hermamo [*sic*] *QP2.*

3217. Falta *Ap.* en *MS, QP1, QP2.*

3218. Falta *Ap.* en *MS, QP1, QP2.*

ESAÚ.	(*Ap.:* No sé cómo de este modo, sin que mi brazo le ofenda le escucho y hablo. No sé quién el alma me mudó. No parece que soy yo.) ¿Cómo con Labán te fue?	3225
JACOB.	Es larga historia.	
ESAÚ.	(*Ap.:* La fuerza de la bendición me tiene las manos atadas.) ¿Viene buena tu casa?	3230

                        (Aparte.)   gg

VASALLO.	Que tuerza su condición y su intento permite el Cielo sin duda, que a Jacob su hermano ayuda.	
CRIADO.	(*Ap.:* Dios le mudó el pensamiento.)	3235
JACOB.	Otra vez viene preñada mi Raquel.	

      Vanse el VASALLO y el CRIADO a poner las mesas.   hh

ESAÚ.	Y mi sobrino, Josef, ¿cómo vino?	
JACOB.	Peregrino. Es la prenda más amada de mis hijos.	
ESAÚ.	Con razón, porque ya han contado de él que es muy bello.	3240
JACOB.	De Raquel tales los retratos son.	
ESAÚ.	Apercibido tenía,	

3222. Falta *Ap.* en *MS, QP1, QP2*.

3228. Falta *Ap.* en *MS, QP1, QP2*.

gg. Falta en *MS, QP1, QP2*.

3235. Falta *Ap.* en *MS, QP1, QP2*.

3238. viene *MS*.

3241. Porque han *QP2*. Porque me han *MS*.

3243. los retrataron *QP2*.

	antes de salirte a ver,	3245
	en mi tienda de comer,	
	y me has de hacer compañía.	
	Ven, Jacob, y comeremos	
	juntos por que nuestras paces	
	se celebren.	
JACOB.	Satisfaces,	3250
	de mi amistad los estremos,	
	con tantas mercedes juntas.	
ESAÚ.	Todo esto debo al amor	
	que te he cobrado.	
JACOB.	(*Ap.:* Señor,	
	las esperanzas difuntas,	3255
	de agradarte resucitas	
	con tantas mercedes hoy.)	
ESAÚ.	Después que te vi no soy	
	el que fui.	
JACOB.	(*Ap.:* Doy infinitas	
	gracias al Cielo de todo.)	3260
ESAÚ.	A darte muerte salí	
	furioso, y luego que vi	
	tu presencia fue de modo	
	la mudanza de mi pecho	
	que en vez de hacerte pedazos	3265
	te di el alma con los brazos.	
	Mucho al Cielo has satisfecho,	
	pues de esta suerte procura.	
	Tu vida sin duda importa	
	al mundo que no sea corta.	3270
	Goza, Jacob, la ventura	
	de la bendición hurtada,	
	sobre la cara del suelo,	
	que fue permisión del Cielo	
	porque en ti más se agrada.	3275

Descúbrese una tienda, y en ella habrá   ii
una mesa puesta, y dos sillas.

3251. estrenos *QP1.*   estreños *QP2.*   3275. porque de ti *MS, QP2.*   te agrada *MS.*

3267. a Dios *MS.*

                         ii. *Entra*... *MS.*   *Descubre*... *QP2.*

3274. fue per permisión *QP2.*

VASALLO.	Ya está en orden la comida.	
ESAÚ.	Vamos, Jacob, a comer,	
	que hoy en mi pecho el poder	
	de los cielos te convida.	
	Siéntate en la cabecera.	3280
JACOB.	Ocupa el lugar mejor,	
	que eres mi hermano mayor.	
ESAÚ.	A ser rey lo mismo fuera,	
	que tú eres mayor hermano	
	con la bendición que tienes.	3285
	Hoy a gozar tu acción vienes.	
	Ya mi vida está en tu mano.	
JACOB.	Porque obedecerte espero,	
	hago lo que me has mandado.	

(Aparte.) jj

CRIADO.	¡Notable mudanza!	
VASALLO.	Ha entrado	3290
	por medio el Cielo primero.	
JACOB.	Por que a las paces que hacemos	
	se acreciente mayor gloria,	
	cantad algo de mi historia	
	entretanto que comemos.	3295

(Siéntanse LOS DOS HERMANOS *a comer, y canta el* MÚSICO.*)* kk

MÚSICO.
    Siete años de pastor Jacob servía°
al padre de Raquel, serrana bella,
mas no servía al padre, servía a ella,
que a ella sola por premio pretendía.
    Los días en memoria de aquel día,   3300
pasaba contentándose con vella,
y el cauteloso padre, en lugar de ella,
por su amada Raquel le daba a Lía.
    Viendo el triste pastor que con engaños
le niegan a Raquel, el bien que espera,   3305
como si de él no fuera merecida,

---

jj. Falta en *MS*.

3293. acreiente [*sic*] *QP1*.

3296. MÚSICOS. *MS*. Años ha de *QP2*.

3299. petendía [*sic*] *MS*.

	vuelve a servir de nuevo otros siete años,	
	y mil sirviera más, si no tuviera	
	para tan largo amor, tan corta vida.	
Esaú.	¡Firmeza estraña de amante!	3310
Jacob.	Es su hermosura mayor	
	que pudiera ser mi amor	
	aunque pasara adelante.	

Sale Un Criado *con una copa en una salva.* ll

Criado.	Ya la bebida está aquí.	
Esaú.	Hoy mi amistad has de ver	3315
	más, porque hemos de beber	
	en la misma copa.	
Jacob.	Ansí	
	como lo mandas se haga.	
Esaú.	Tienes de beber primero	
	que yo.	
Jacob.	Obedecerte quiero.	3320

(Bebe.) mm

Esaú.	El Cielo se satisfaga	
	de mi amor y me perdone	
	todo el enojo pasado.	
Jacob.	Bebe agora, hermano amado,	
	y esto la fama pregone.	3325

(Bebe Esaú.) nn

(Aparte.) oo

Criado.	¡No se vio tanta amistad	
	proceder de enojo tanto!	
Vasallo.	¡Pone admiración y espanto	
	de Esaú la voluntad,	
	después de tantos enojos,	3330
	obras del Cielo, en efeto,	
	a quien todo está sujeto	

ll. *Entra...* MS.   3323. *pasada* QP2.

3315. *m amistad* [*sic*] QP2.

	y mira con tantos ojos!	
ESAÚ.	Alzad la mesa, y después,	
	quedemos solos los dos.	3335

(*Quitan la mesa, y quédanse* LOS DOS *solos, sentados en sus sillas.*) pp

JACOB.	Aumente tus años Dios,	
	Esaú, y la rubia mies	
	de tus tierras y sembrados,	
	dándote inmenso tesoro,	
	y como los granos de oro,	3340
	tus hijos y tus ganados.	
ESAÚ.	Esa bendición recibo	
	como de mi padre agora.	
	De terneza el alma llora,	
	viéndote próspero y vivo.	3345
	Cuéntame cómo en Arán,	
	después de tu amada prenda,	
	en lo que toca a la hacienda	
	te fue, Jacob, con Labán.	
JACOB.	Después de los catorce años	3350
	que, por mi Raquel amada,	
	serví a Labán, como escuchas,	
	que mil sirviera a esta causa,	
	conmigo Labán concierta	
	que le sirviese por paga	3355
	porque entendió que conmigo	
	sus ganados se aumentaban.	
	Díjele que quedaría	
	como gustaba en su casa,	
	mas con una condición	3360
	poco a su hacienda contraria,	
	que fue, Esaú, de este modo:	
	que de sus blancas manadas	
	fuesen míos los corderos	
	que le naciesen con manchas.	3365

3336. Augmente *QP2*. 3362. y fue *MS*.

3353. serviera *MS*. 3365. que naciesen *MS*.

3361. hacienda contrario *QP1, QP2*.

                    Labán aceptó el concierto,
                    y yo de una industria estraña
                    usé, para acrecentar
                    la hacienda que me faltaba,
                    tomando de los almendros   3370
                    y de otros árboles, varas
                    descortezadas a trechos,
                    y a las presas de las aguas,
                    adonde iban a beber
                    los ganados, enramaba   3375
                    con las varas sus orillas,
                    en cuya vista las mansas
                    ovejas luego se hacían,
                    como acontece, preñadas,
                    porque cuando a beber llegan   3380
                    conciben de mejor gana,
                    y como estaban mirando
                    las varas llenas de manchas,
                    parían de aquella vez
                    todas las crías manchadas.   3385
                    Quitábalas otras veces,
                    por dar a Labán ganancia,
                    y de esta suerte... Parece
                    que duermes. ¡Oh, viva tabla
                    de la muerte!, él se ha dormido   3390
                    con el cuento y la pesada
                    digestión de la comida.
                    El sueño también me carga
                    con el peso de la noche.
                    Pasé hasta mirar el alba   3395
                    con el luchador divino.
                    ¡Oh, sueño, ya os rindo parias!

          Duérmese también JACOB, y sale arriba OTRO ÁNGEL diferente.   qq

ÁNGEL.   Jacob, mirado de Dios,
                    Jacob, santo patriarca,
                    mientras duermen los del cuerpo,   3400
                    abre los ojos del alma.

3367. y de *QP2*.   3394. como el *MS*.

3386. Quitábales *QP2*.   3400. curpo [*sic*] *QP1, QP2*.

>   Aquel luchador divino
>   con quien el aurora blanca
>   te vio es el Verbo, segunda
>   persona de las tres altas,   3405
>   y la lucha fue figura
>   de lo que la sangre humana
>   por el pecado primero
>   para su remedio aguarda,
>   que de ti permite el Cielo   3410
>   que venga la línea santa
>   de la madre que ha de ser
>   del sol aurora sagrada.
>   Irá de ti, decendiendo
>   por sagrados patriarcas   3415
>   y santos, hasta Jesé,
>   de quien es esta la planta.

Tocan chirimías,° y descúbrese un árbol que es la planta y raíz de Jesé,°   rr
abriéndose dos puertas grandes de lienzo, y el Verbo Divino en lo
más alto del árbol, y haya todas las figuras que se pudieren aquí.

>   Pasando desde Jesé
>   por reyes y por monarcas
>   a otro, Jacob llegará,   3420
>   después de edades muy largas,
>   que tendrá hijo del nombre
>   del que tanto, Jacob, amas,
>   que será casto marido
>   de la madre soberana.   3425
>   Del Verbo que ves encima
>   del árbol, por la más alta
>   fruta que el Cielo sazone,
>   remedio de la pasada
>   de esta suerte el Cielo quiere,   3430
>   Jacob, regalar tu casa,
>   teniéndote santa invidia
>   las jerarquías sagradas.

Tocan otra vez las chirimías y desaparece todo,   ss
y recuerda ESAÚ y échase a los pies de JACOB.

3404. sigunda *MS*.   rr. ... *pidieren aquí*. [sic] *MS*.

3417. esta planta *QP2*.   3432. sancta *MS*.   envidia *QP2*.

ESAÚ.	Dame, patriarca santo,	
	a que te bese las plantas,	3435
	pues tantos bienes mereces,	
	pues tantas glorias alcanzas.	
JACOB.	Levanta, Esaú, del suelo,	
	que ansí los cielos levantan	
	a los humildes.	
ESAÚ.	Tú has sido	3440
	el blasón de nuestra casa.	
JACOB.	¡Oh, soberana visión!	

Sale el CRIADO. tt

CRIADO.	Ya Raquel, tu esposa amada,	
	y Lía llegan, Jacob.	
ESAÚ.	Ellas sean bien llegadas.	3445
	Salgamos a recebillas,	
	y aquí, Senado,° se acaba	
	el más amante pastor	
	y dichoso patriarca.	

FIN*

---

* *Fin de la famosa comedia de la hermosura de Raquel.* QP1, QP2.

NOTAS

A. *calzón: cf.* «El vestido que sirve para cubrir el cuerpo, desde la cintura, hasta las corvas (*Aut*). *Gabaneta:* «capote [corto] con capilla y mangas, hecho de paño gruesso y basto, de que usa ordinariamente la gente del campo para defenderse de las inclemencias del tiempo» (*ibid., s. v.* «gabán»). *Cuchillo de monte:* cuchillo empleado en la caza mayor, no tiene sierra en el dorso ni filo dentado. Su función es desollar y procesar la carne de la presa. *Lo demás descalzo:* es decir, descubierta la parte superior del pie.

1 y *passim*. *bizarro:* lucido, muy galán, espléndido. *Cf.* «BIZARRÍA. Vale gallardía, loçanía» (Cov).

8. *edificio:* aquí y más adelante (v. 87), metafóricamente, cuerpo.

15. *estrella:* aquí y más adelante (v. 731), «Figuradamente se toma por inclinación, genio, suerte, destino» (*Aut*).

27. *por puntos:* dilogía, de un momento a otro, y en juegos o deportes, perder o ganar por leve diferencia.

56. *cabello rojo:* los poetas pintaban rubios, bermejos o pelirrojos a los personajes que representaban papeles odiosos. Judas fue el prototipo de ellos. *Cf.* Francisco de Rojas Zorrilla, *No hay ser padre siendo rey*, vv. 1287-90:
> [P]or treinta dineros solos
> vendió Judas a su dueño,
> mas no me espanto de Judas,
> que en efeto era bermejo[.]

Véase Miguel Herrero García, «Los rasgos físicos y el carácter según los textos españoles del siglo XVII», pp. 158-61.

74-75. *son cuervos los años:* es decir, los años te quitan la visión como los cuervos te quitan los ojos. *Cf.* «Compararon los egypcios, en sus hieroglíficos, los aduladores a los cuervos, y dixeron ser más perjudiciales aun que ellos; porque el cuervo saca los ojos corporales al hombre muerto que halla en la horca, y el lisongero adulador saca los ojos del alma y del entendimiento al hombre vivo que está en el trono y magestad de su imperio y mando, privándole de aquello que tanto le importava para el govierno de su persona y de los suyos. Hasta en los nombres tienen semejança, porque el cuervo se llama en griego χοραξ, y el adulador χολαξ, y jugando del vocablo dixo Diógenes que más quería tratar con cuervos que con aduladores» (Cov).

100. *barbacana:* juego paronomástico, muy común, con *barba cana*. *Cf.* «La barba, cerca de los egipcios, era símbolo de la virilidad y de la fortaleza, y así decimos vulgarmente

es hombre de barba, para sinificar tiene uno valor» (Cov); «BARBACANA. Fortificación que se coloca delante de las murallas, que es otra muralla más baxa, y se usaba de ella antiguamente para defender el fosso» (*ibid.*). *Cf. El Niño Diablo*, vv. 376-82:

CÉSAR.   Dentro de tu casa estás,
                y del peligro seguro,
                que esta barbacana es muro
                para tu vida no más.
                   Sosiégate, vuelve en ti,
                que de ti pendiente estoy.
                Tu amigo y tu padre soy.

109. *ocasión*: aquí , «Se toma [...] por tiempo oportuno, sazón y coyuntura» (*Aut*).

138. *valor:* vocablo predilecto de Vélez. *Cf.* «The 16 appearances of the word in this play [*La niña de Gómez Arias*] do not constitute a record. *El rey en su imaginación* offers 49, *El asombro de Turquía* 46, *Virtudes vencen señales* 45, and *El alba y el sol* 43» (B. B. Ashcom, «Notes on the *Comedia*: A New Edition of a Vélez de Guevara Play», p. 235). En la presente comedia hay ocho casos más de dicho vocablo.

213 y *passim. cuidado:* atención, solicitud. En el siglo XVII la voz fue criticada como afectada, siendo «lenguaje de palaciegos». Ver Dámaso Alonso, *La lengua poética de Góngora*, p. 110.

232. *trujeres:* aquí y más adelante (v. 766), arcaísmo por 'trajeres', habitual todavía en los siglos XVI y XVII. Ver Ramón Menéndez Pidal, *Manual de gramática histórica*, p. 316.

241. *aljófar:* «Es la perla menudica que se halla dentro de las conchas que las crían [...] horadadas se sirven dellas para bordar y recamar vestidos y guarniciones, ornamentos, colgaduras y otras cosas. [...] Los poetas [...] al prado que con las goticas del rocío resplandece, le dan por epícteto *aljofarado*» (Cov).

285. *zafiro:* «Piedra preciosa de color cerúleo. [...] Llaman a qualquier cosa, que tiene el color azul, especialmente al Cielo, y es freqüentemente usado entre los Poetas» (*Aut, s. v.* «zaphyr»).

294. *estoy sin sentido: cf.* «Estar en sí. Es estar advertido y con deliberación: y assí del que está con plena advertencia en lo que dice y hace, oye o ve, decimos que está mui en sí» (*Aut, s. v.* «estar»). «*No estoy en mí* pertenece a otro grupo de frases que se repiten con extraordinaria frecuencia en las comedias de Vélez. Me atrevo a afirmar que una comedia que no contenga un solo ejemplo de esa locución no es obra suya. En nuestro texto [*La niña de Gómez Arias*] encontramos por ejemplo: 'no estoy en mí', 'cuerdo sin ningún sentido', 'sin sentido voy', 'estoy sin mí', 'estás en ti?', 'pierdo el sentido', 'voy sin sentido'» (Ramón Rozzell, ed., *La niña de Gómez Arias*, 263, n. 784). En la presente comedia encontramos «¡Estoy sin mí!» (v. 1286), «estoy fuera de mi centro» (v. 1332), «han dejado mi sentido / tan loco» (vv. 1733-34).

324. *arrebol:* «Color roxo, que toman las nubes heridas con los rayos del Sol: lo que regularmente sucede al salir, o al ponerse» (*Aut*).

G. *cortina:* el telón que tapa el vestuario al fondo del tablado. Véase J. M. Ruano de la Haza y John J. Allen, *Los teatros comerciales del siglo XVII y escenificación de la Comedia*, pp. 150-57, 356-57.

362. *en alcanzando:* la construcción *en* + gerundio está empleada con valor temporal. Otros caso en los vv. 423, 1900, 1999, 2698.

374-75. *dar el beso de paz:* véase la p. 22-23 de la introducción de la Profesora Domínguez.

431. *los primeros hermanos:* alusión a Abel y Caín.

451. *grande:* aquí y más adelante (vv. 585, 758, 1327, 2662, 3147), la forma apocopada del adjetivo no se había fijado todavía en el siglo XVII. Ver Keniston, §§25.2, 25.285-86.

464. *crüel:* en la ortoepía de Vélez la voz es, con rara excepción, bisilábica. Véase Gerald E. Wade, «The Orthoëpy of the Holographic *Comedias* of Vélez de Guevara», 462.

470. *norabuena:* aquí y más adelante (vv. 1768, 1778), por aféresis, enhorabuena.

492. *monstro:* por asimilación vocálica, monstruo. «Parto u producción contra el orden regular de la naturaleza. [...] Por extensión se toma por qualquier cosa excessivamente grande, o extraordinaria en qualquier línea» *(Aut)*. En los autógrafos de Vélez coexisten las formas, *mostro (La Serrana de la Vera* v. 2081, *El rey en su imaginación* vv. 29, 351, *El Águila del Agua* v. 315) y *monstro (La cristianísima lis* vv. 2867, 3035).

498. *hiedra:* evocación del tópico de la vid y el olmo que Vélez usa con alguna frecuencia. Su valor metafórico deriva de la observación empírica. *Cf.* «HIEDRA. Planta que crece unas veces como árbol y otras como arbusto, y cuyas ramas producen y se extienden mucho a raíz de la tierra, y se unen a los árboles y paredes vecinas, metiéndose entre las piedras, donde echan profundas raíces» *(Aut)*. Véase Aurora Egido, «Variaciones sobre la vid y el olmo en la poesía de Quevedo: Amor constante más allá de la muerte».

S. *de camino:* Jacob sale en traje de camino, que es un vestido rico de colores, sombrero emplumado, botas altas, con caña muy flexible, y espuelas. En la escenografía convencional de la Comedia Nueva, aun desde sus comienzos —e. g., *La serrana de Tormes*, de Lope (p. 447a)—, dichas prendas eran el signo principal que denotaba que el personaje iba de camino. La extravagancia del vestido de camino se hizo tema de sátira, como se ve en los *Coloquios satíricos* de Antonio de Torquemada: «¿[P]uede ser mayor disparate en el mundo que andar un hombre commúnmente vestido de paño procurando que un sayo y una capa le dure años, y cuando va de camino lleva terciopelos y rasos, y los chapeos con cordones de oro y plata, para que los destruya todo el aire y el polvo y la agua y los lodos, y muchos veces un vestido desto que les cuesta cuanto tienen, cuando han servido en un camino están tales que no pueden servir en otros?» (p. 639b). Véase Alonso Zamora Vicente, «*De camino*, función escénica».

588. *Luza:* aquí con *a* paragógica para ajustar el octosílabo, Luz, ciudad al norte de Jerusalén y al suroeste de Silo. Conocida anteriormente como Luz, fue llamado Betel (casa

de Dios) por Jacob, quien tuvo allí la visión que se teatraliza a continuación. *Cf. Génesis* 28:16-19.

T ss. Véase el comentario de la Profesora Domínguez de Paz, pp. 24-27.

641. *los tribus: cf.* v. 389. El sustantivo era ambiguo hasta 1837, cuando la Real Academia, en la octava edición de su *Diccionario*, lo ficha definitivamente como femenino.

661. *le:* por leísmo, se usa en lugar del pronombre *lo*, cuyo antecedente es el «terrible lugar».

662. *real:* la escansión supone que el grupo *ea* sea bisílabo. Ver Wade, pp. 467-69.

674. *solene:* por síncopa, solemne.

723. *acaso:* aquí, por casualidad.

738. *aqueste:* el demostrativo arcaico alterna con las formas normales, siempre empleado —ocho veces en la presente comedia— para regularizar el metro. Los demostrativos y pronombres con el prefijo *aqu-* eran consideradas como anticuadas, pero todavía muy comunes en la primera mitad del siglo XVII.

776. *si no me engaño:* Vélez gustaba de este giro condicional y sus variantes. *Cf. La Serrana de la Vera:* «si no me engaña, / Gila, la maginación» (vv. 1823-24); «si no me engaño» (v. 2491); «si los ojos no me engañan» (v. 2537); «si el sentido no me engaña» (v. 2927). En la presente comedia vuelve a usarlo con la variante, «si no se engaña el deseo» (v. 3067).

782. *clima:* país o región.

795. *alcor:* «Lo mismo que Cerro, o collado, [...] Es voz antigua, y de poco uso» (*Aut*).

801. *generoso:* «a veces sinifica el que considerada su persona sola, tiene valer y virtud, y condición noble, liberal y dadivosa» (Cov).

807. *brebaje:* «bebida que se da a las bestias, o para curarlas, o para engordarlas, y que se compone de azeite, harina y otros simples» (Cov).

850. *albricias:* aquí y más adelante (v. 2362), «Las dádivas, regalo, u dones que se hacen pidiéndose, o sin pedirse, por alguna buena nueva, o feliz sucesso a la persona que lleva u da la primera noticia al interesado» (*Aut*).

909. *vais:* forma etimológica del subjuntivo, vayáis. Sobre el uso del indicativo donde el uso moderno requiere el subjuntivo, véase Keniston, §28.24. Otro caso en el v. 2862.

934. *tierno:* propenso al llanto, y aquí por extensión, triste.

948. *cuidado:* aquí, angustia, congoja. *Cf.* v. 213 y *passim* n.

979. *gitano:* egipcio. *Cf. La mesa redonda,* vv. 155-64:
El pan que los Doce comen
es el divino maná,
no el que comieron los hijos
de Israel, cuando del mar,
a pesar de Faetón,
del *gitano* pedernal
que a tanta inclemencia junta,
estuvo obstinado más
a ser, salieron con nueva
prodigiosa libertad.

983. *cano:* «Metaphóricamente lo usan los Poetas para pintar la blancura de muchas cosas: como la nieve del monte, la espuma del mar u del caballo» (*Aut*).

987-88. *el engaño del cocodrilo: Cf.* «[El cocodrilo] Sigue al hombre que huye dél, y huye del que le sigue; tiene un fingido llanto, con que engaña a los pasajeros, que piensan ser persona humana, afligida y puesta en necesidad, y cuando ve que llegan cerca dél, los acomete y mata en la tierra» (Cov).

1070 y *passim. besar la mano:* «Es [...] el beso señal de reverencia, reconocimiento, obediencia y servitud» (Cov). Ver Domínguez de Paz, pp. 29-30.

1137. *pella:* porción pequeña y redondeada de manjar blanco, merengue, etc., con que se adornan algunos platos.

1164-69. *besar los pies:* «Phrase común introducida por la urbanidad y cortesía en obsequio de las Damas, que quando es por escrito en carta, o billete no excede de las palabras dichas Besar los pies; pero si la ceremonia se hace personalmente, se reduce a decir las mismas palabras acompañadas de profunda reverencia. Suele también usarse de esta locución con los superiores principalmente Eclesiásticos de alta esphera, y aun con los que no lo son» (*Aut, s. v.* «besar»).

1263. *Aquilón:* aquí personificado, «Uno de los quatro vientos principales, el que viene de la parte Septentrional, que comúnmente se llama Norte o Cierzo» (*Aut*).

1273-74, 1287-96. *Con el aire de la sierra / torneme morena*: el cantar de Raquel está documentado por Margit Frenk, *Nuevo corpus de la antigua lítica popular hispánica*, núm 135, pp. 130-31, y por Lola Josa *et al., Digital Musical Poética, s. v.* «*La hermosura de Raquel (primera parte)*», núm. 1.

1300. *quien:* el pronombre relativo se refiere igualmente a antecedentes personales e impersonales, singulares y plurales, masculinos y femeninos. Ver Keniston, §15.164. Aquí se sobrentiende «sol», que es el único antecedente impersonal de la obra. *Hacer la salva:* aquí metafóricamente, dar o prometer buen principio. *Cf. salva,* saludo, bienvenida.

1348. *sin arte:* aquí, por instinto.

1351-52. *Túbal Caín, padre de la melodía:* Vélez confunde los hermanos Jubal y Tubal Caín. *Cf. Génesis* 4:20-22: «Y Ada dio a luz a Jabal, el cual fue padre de los que habitan en tiendas y crían ganados. Y el nombre de su hermano fue Jubal, el cual fue padre de todos los que tocan arpa y flauta. Y Zila también dio a luz a Tubal-caín, artífice de toda obra de bronce y de hierro; y la hermana de Tubal-caín fue Naama».

1396. *impresa:* empresa. La inflexión de la vocal protónica se explica en la mayoría de los casos por disimilación de una *i* acentuada. En sus autógrafos Vélez siempre deletreó la voz *empresa* con *i*.

1481. *recamarse:* empleado aquí metafóricamente. *Cf. recamar,* bordar algo de realce

1705. *patena:* «Una lámina ancha que antiguamente trahían a los pechos con alguna insignia de devoción, que el día de oy tan solamente se usa entre las labradoras» (Cov). *Ajorca:* especie de argolla de oro, plata u otro metal, usada para adornar las muñecas, brazos o tobillos.

1785. *pedir celos:* hacer cargo a la persona amada de haber mudado de cariño y haberlo puesto en otra.

1788. *primer:* sobre la forma apocopada delante del sustantivo femenino, ver Keniston, §§25.2, 25.241.

1795. *no hay celos sin amor:* Vélez trastrueca—se supone para realizar un momento de alivio cómico— la tradición epigramática. Ver Luis Martínez Kleiser, *Refranero general ideológico español,* núms. 10.517-28.

1856. *quién son:* el pronombre personal puede referirse a antecedentes impersonales, singulares o plurales, masculinos o femeninos. Ver Keniston, §15.164.

1960. *rabadán:* mayoral que cuida y gobierna todos los hatos de ganado de una cabaña, y manda a los zagales y pastores.

1977. *las colores:* «Vaciló el género hasta la época clásica [...] hallándose el femenino sobre todo en la ac[epción] 'colorido de rostro', [...] pero también, aunque menos, en la ac[epción] general» (*DCECH, s. v.* «color»).

1979-81. El sentido de los versos se basa en la simbología del águila real, o imperial, expuesta por Sebastián de Covarrubias Horozco, *Emblemas morales,* cent. III, emblema 69:

«El sol q[ue] alu[m]bra al mundo, y lo calie[n]ta,
Si con sus rayos hiere en el espejo,
Deslu[m]bra, desatina, y atormenta,
Abrasa y quema el respla[n]dor reflejo:
El Rey es sol, si algún vil representa
Su poder, donde hiere, dexa un dejo,
Que no dexa, no roso, ni velloso,
Osando mal del braço poderoso.

Los Reyes traen tan hermanada la justicia con la misericordia, que imitando (en la manera que pueden) a Dios, siempre castigan menos de lo que la culpa merece, y premian con excesso la virtud y servicios. Pero comunicando este poder con sus ministros, quanto ellos son más inferiores, y se alexan de su principio, tanto son más vanos, soberbios, crueles, y desaforados. El exemplo puesto en el emblema, viene muy a propósito, porque los rayos del sol que inmediatamente nos toca, conserva nuestra vida, y la da a todas las cosas que cría la tierra. Y estos mesmos rayos dando en un espejo co[n] su reflexión abrasa la materia que se le pone delante, con que viene bien el mote. *Imperium reflexum*».

Idem, Tesoro de la lengua castellana, s. v. «águila»: «[S]acó el marqués de la Terça, Juan Bautista de Azzia, según refiere el Dolce, un águila que la estava picando en el pecho una sierpe o vívora, con el mote *Semper ardentius*; por la propiedad que dizen tener el águila de mirar al sol de hito en hito, y también de remontarse a lo más alto del ayre, hasta abrasarse las plumas. Tomó Curcio Gonçaga la empresa del águila tendidas las alas y medio desplumadas, debaxo del carro de Febo, con el mote *Purche godam gli occhi, ardan le piume*, a fin que gozen los ojos, ardan las plumas, dando a entender que, aunque de la vista de su dama le tirava amor flechas encendidas en su fuego, con que le atormentava, la llevava en paciencia a trueco del contento que recebía en mirarla. [...] Único Accolto Aretino, señor de Iepe, tomó la empresa de un águila que tiene entre sus garras uno de sus pollos y le experimenta, bolviéndole a los rayos del sol, y si no los mira de hito en hito le desecha, con el mote *Sic crede*». Vélez recurre al tópico con frecuencia. *Cf.*, por ejemplo, *El jenízaro de Albania*, vv. 1193-99:

<table>
<tr><td>CELÍN.</td><td>Águilas hemos de ser
del gran Alá para ver
sus dos soles.</td></tr>
<tr><td>CEYLÁN.</td><td>Cuatro son.
Mira qué vista podrá
tantos rayos resistir.</td></tr>
<tr><td>CELÍN.</td><td>Bien podrá su luz sufrir
Amor, que con venda está.</td></tr>
</table>

La Serrana de la Vera, vv. 1721-32:

> Tocaba el capelardente
> en la cúpula musaica
> de la capilla mayor,
> adonde un águila estaba
> al sol probando sus hijos,
> y uno de ellos con las alas
> batiendo sus rayos de oro
> con unas letras doradas
> que dicen: «Este es mi nido.
> Adiós, grandezas humanas,
> que parecéis muy pequeñas
> desde tan alto miradas.»

El hijo del águila, vv. 1706-13:

<table>
<tr><td>DON JUAN.</td><td>Señor,
si vuestra Alteza levanta
mi humildad a la grandeza
vuestra con mercedes tantas,</td></tr>
</table>

>   hijo de águila seré
>   real, pues que cara a cara
>   en los rayos me examina
>   del divino sol de España.

El Águila del Agua, vv. 1-12:

> ESCAMILLA.   Esta, Almendruca, es Madrid,
>   corte de don Filipo, dueño
>   de dos mundos y segundo
>   sin segundo en estos reinos,
>   hijo del gran Carlos Quinto,
>   águila de dos imperios
>   que defendió con las alas
>   y acrecentó con el vuelo,

2042. *pluguiera*: uso optativo del imperfecto de subjuntivo, equivalente a 'ojalá'. Ver Keniston, §29.153.

2364-66. Timbreo evoca la imagen carnavalesca del bufón, con el abigarrado *sayo jironado*—y, puede suponerse, multicolor, como la túnica que simbolizaba la primogenitura de José (*Génesis* 37:3)—y las *castañetas*, que formaban parte de la indumentaria tradicional de *Polichinela*. Véase William Willeford, *The Fool and His Sceptre: A Study in Clowns and Jesters and Their Audiences*, passim.

2376. *el alegría*: *el* es forma antigua del artículo femenino, de la forma latina *illa* > *ela* que se reducía a *el* ante cualquier vocal. En la lengua de los siglos XVI y XVII, el como femenino solo queda delante de palabras que empiezan por vocal *a*. Véase Keniston, §18.123.

2387. *como cerezas*: el gracioso símil figura también en un terceto de Lope, «La que viene primera no es la mayor desdicha», en *Rimas humanas y divinas del licenciado Tomé de Burguillos*:

> [...] mis desdichas son como cerezas,
> que voy por una, y de una en otra asidas,
> vuelvo con todo un plato de tristezas.

2427-28 ss. *Arroyuelos corren / de plata y marfil*: cantar documentado por Josa *et al.*, *Digital Musical Poética*, s. v. «*La hermosura de Raquel (primera parte)*», núm. 2.

2455. *¡Pardiez!* eufemismo, por Dios.

2701. *capón*: «El golpe que se da en la cabeza a otro con la coyuntúra del dedo de enmedio, lo que es mui común en los muchachos» (*Aut*).

2757. *beber la sangre*: «Phrase expresiva de la mala voluntad, odio, y deseo de venganza que se tiene contra otro: y assí quando uno está fuertemente encontrado y enemistado con otro, para exagerar la enemistad y aborrecimiento, se dice que le quisiera beber la sangre» (*Aut, s. v.* «beber»); «Desear beber de la sangre de otro, tenerle mala voluntad» (Cov, *s. v.* «beber»).

2862. *vamos:* véase v. 909 n.

2864. Falta un verso rimado en *-er* para completar la redondilla.

3046. *ley de mensajero:* inmunidad y consideración especial que se daba a los enviados diplomáticos bajo la llamada «ley del mensajero», o «de embajador». *Cf. La conquista de Orán,* vv. 2221-26:

>   HOLOFERNES.   Allá en mi tierra es usanza
>   dar a los embajadores
>   asiento mientras que hablan,
>   que aquello todo es dar honra
>   al dueño de la embajada[.]

Los fijos de la Barbuda, vv. 945-47:

>   [...] non es usada cosa
>   dar al mandadero muerte,
>   porque non face deshonra.

En la Comedia Nueva dicha etiqueta se hizo tópico que podía llegar a exagerados extremos, que el mismo Vélez satiriza en *El Diablo Cojuelo,* Tranco X, p. 170: «Ítem, que en las comedias se quite el desmesurarse los embajadores con los reyes, y que de aquí adelante no le valga la ley del mensajero».

3158. *tela:* aquí metafóricamente, talante.

ff. *cota:* «Una cierta armadura del cuerpo que resiste a los golpes y punta de espada [...] Las más finas son las que antiguamente se labraban en Argel» (Cov, *s. v.* «cota»). *Bastón:* «Es insignia de los generales del ejército, como los bastones cortos, o bastoncillos eran de los emperadores, que los unos y los otros significaban suprema potestad» (*ibid.*).

3190. *puesto que:* aunque. Ver Keniston, §28.44, p. 356.

3193-94. *morir cantando como el cisne:* «Está consagrado esta ave al dios Febo; y la razón dello da Platón, hablando de los cisnes: *'Quia Phaebo sacri sunte, ut arbitror, divinatione praediti praesagiunt alterius vitae bona, ideoque cantant alacrius, gestiuntque ea die, quam superiore tempore'.* Viene con esto el testimonio de Marcial, para en cuanto la opinión da que canta dulcemente cuando se quiere morir; con que es como adivino de su muerte, lib. 13. epigr. 77:

>   *Dulcia defecta modulatur armina lingua*
>   *Cantator cygnus funeris ipse sui.*

Ovidio, lib. 5, *Tristium,* elegía 1:

>   *Utque iacens ripa deflere Caystruis ales*
>   *Dicitur ora suam deficiente necem.*

Y así los que en la vejez se han extremado en sus escritos, no solo los poetas pero los oradores, a los cuales no faltan sus números y sus cadencias, son comparados al cisne. Pero particularmente los cisnes sinifican los poetas» (Cov, *s. v.* «cisne»).

3200-03. El cantar de los pastores está documentado por Josa *et al., Digital Musical Poética, s. v.* «*La hermosura de Raquel (primera parte)*», núm. 3. *Primer lumbre:* en los siglos XVI y XVII era frecuente la forma apocopada delante del sustantivo femenino. En el presente caso refuerza el sabor rústico del cantable y mantiene el metro hexasílabo.

3296-3309. *Traducción musicalizada del notorio soneto de Luis de Camões:*

> Sete anos de pastor Jacob servia
> Labão, pai de Raquel, serrana bela;
> mas não servia o pai, servia a ela,
> e a ela só por prémio pretendia.
>   Os dias, na esperança de um só dia,
> passava, contentando-se com vê-la;
> porém o pai, usando de cautela,
> em lugar de Raquel lhe dava Lia.
>   Vendo o triste pastor que com enganos
> lhe fora assi negada a sua pastora,
> como se não a tivera merecida,
>   Começa de servir outros sete anos,
> dizendo: Mais servira, se não fora
> pera tão longo amor tão curta a vida!

Véase Xosé Manuel Dasilva Fernández, «O soneto camoniano "Sete anos de pastor Jacob servia" à luz do cânone editorial de Leodegário A. de Azevedo filho». La traducción cantada de Vélez está documentada por Josa *et al.*, *Digital Musical Poética*, s. v. «*La hermosura de Raquel (primera parte)*», núm. 4.

ss. *chirimía:* «Instrumento músico de madera encañonado a modo de trompeta, derecho, sin vuelta alguna, largo de tres quartas, con diez agujeros para el uso de los dedos, con lo quales se forma la harmonía del sonido según sale el aire. En el extremo por donde se le introduce el aire con la boca, tiene una lengüeta de caña llamada pipa, para formar el sonido, y en la parte opuesta una boca mui ancha como de trompeta, [...] Diférenciase del Obué solo en tener la boca mucho más ancha. [...] Se llama también el que toca, o tañe el instrumento llamado assí» (*Aut*). *Árbol de Jesé*... *Verbo Divino:* la escenografía evoca la iconografía tradicional del árbol genealógico de Cristo, a partir de Jesé, padre del rey David. *Las figuras que pudieren*: la acotación referida al personal de la compañía sugiere que no se trata de una imagen pintada, sino de un *tableau vivant* como el que culmina *El primer Conde de Orgaz*, vv. 3010+, 3057+.

3447. *Senado:* es muy frecuente en la Comedia Nueva que al final de las piezas un personaje se dirija al público con este apóstrofe, que deriva de la comedia latina. *Cf. El diablo está en Cantillana*, vv. 2620-23:

> Rey.   ¡A palacio!
> Rodrigo.   Dando aquí,
>   porque a sus casas se vuelvan,
>   del diablo está en Cantillana,
>   Senado, fin la comedia.

La cristianísima lis y azote de la herejía, vv. 3241-52:

> Tisbe.   ¡Montalbán, de tus almenas
>   he de ser ardiente rayo!
> Fenis.   ¡Hoy me ha ayudado el valor

	del Rey a vencer mi engaño!
LUIS.	¡Mariscal, a los cuarteles!
LADIGUIERA.	Fin
	de la primera parte dando
	de la no vencida lis
	cristianísima, *Senado*,
	y azote de la herejía,
	pidiendo con el aplauso,
	para empezar la segunda,
	perdón de sus yerros Lauro.

Atila, azote de Dios, vv. 2866-74:

                Todo nos faltó, Dios mío,
                y mostrasteis vos, Señor,
                de vuestro poder el filo,
                y en un instante vencisteis.
                ¡Muy grandes son vuestros juicios!
                Y aquí, *Senado dichoso*,
                acaba el fin afligido
                de Atila, azote de Dios,
                y del Papa perseguido.

El asombro de Turquía y valiente toledano, vv. 2473-80:

BELTRÁN.	Pedir perdón al *Senado*,
	solamente resta agora.
RIBERA.	Y aquí el poeta, señores,
	a cuanto supo en la historia
	del español toledano
	da fin, y humilde se postra,
	para alcanzar el perdón,
	a esas plantas generosas.

ÍNDICE DE VOCES COMENTADAS

acaso 723
águila imperial 1979-81
águila real 1979-81
albricias 850
alcor 795
alegría, el 2376
aljófar 241
ajorca 1705
amor, no hay celos sin 1795
años, son cuervos los 74-75
aqueste 738
Aquilón 1263
árbol de Jesé ss
arte, sin 1348
arrebol 324

barbacana 100
bastón ff
beber la sangre 2757
besar la mano 1070 y *passim*
besar los pies 1164-69
beso de paz, dar el 374-75
bizarro 1 y *passim*
brebaje 807

cabello rojo 56
Caín, Túbal 1351-52
calzón A
camino, de S
cano 983
cantando como el cisne, morir 3193-94
capón 2701
castañetas 2364-66
celos, pedir 1785
celos sin amor, no hay 1795
cerezas, como 2387
chirimía ss
cisne, morir cantando como el 3193-94
clima 782
cocodrilo, el engaño del 987-88
colores, las 1977
como cerezas 2387

Con el aire de la sierra / torneme morena
  1273-74, 1287-96
cortina G
cota ff
crüel 464
cuchillo de monte A
cuervos los años, son 74-75
cuidado 213 y *passim*, 948

dar el beso de paz 374-75
de camino S
descalzo, lo demás A

edificio 8
el alegría 2376
el engaño del cocodrilo 987-88
en + gerundio 362
En la primer lumbre / que dio al campo el sol
  3200-03
engaño, si no me 776
estoy sin sentido 294
estrella 15

figuras que pudieren ss

gabaneta A
generoso 801
gitano 979
grande 451

hacer la salva 1300
hermanos, los primeros 431
hiedra 498

impresa 1396

Jesé, árbol de ss
jironado, sayo 2364-66

las colores 1977
le 661
ley de mensajero 3046

lo demás descalzo   A
los primeros hermanos   431
los tribus   641
Luza   588

mano, besar la   1070 y *passim*
melodía, padre de la   1351–52
mensajero, ley de   3046
monstro   492
monte, cuchillo de   A
morir cantando como el cisne   3193–94

no hay celos sin amor   1795
norabuena   470

ocasión   109

padre de la melodía   1351–52
¡Pardiez!   2455
patena   1705
pedir celos   1785
paz, dar el beso de   374–75
pella   1137
pies, besar los   1164–69
pluguiera   2042
por puntos   27
primer   1788, 3200–03
primeros hermanos, los   431
puesto que   3190
puntos, por   27

quien   1300, 1856

rabadán   1960
real   662
recamarse   1481
rojo, cabello   56

salva, hacer la   1300
sangre, beber la   2757
sayo jironado   2364–66
Senado   3447 s
si no me engaño   776
Siete años de pastor Jacob servía   3296–3309
sin amor, no hay celos   1795
sin arte   1348
sin sentido, estoy   294
solene   674
son cuervos los años   74–75

tela   3158
tierno   934
tribus, los   641
trujeres   232

vais   909
valor   138
vamos   2862

zafiro   285

*LA ADVERSA Y PRÓSPERA
SUERTE DE JOSEF*

Personas*

Jacob.	Aser.	Un Contador.
Josef.	Benjamín.	Un Caballerizo.
Rubén.	Dos Ismaelitas.	Un Camarero.
Simeón.	Putifar.	Un Pintor.
Leví.	Mitilene, su mujer.	Una Mujer Pobre.
Dan.	Asenet, su hija.	Dos Sabios.
Neptalí.	Criados.	Un Copero.
Judas.	El Rey Faraón.	Un Soldado.
Isacar.	Un Mayordomo de Putifar.	Un Paje.
Zabulón.	Un Mayordomo de Josef.	Un Arquitecto.
Gad.	Un Secretario.	Egipto.

* *QP1:* Hablan en ella las personas ſiguientes.

Iacob.		Dos Iſmaelitas.
Ioſeph.		Butifar.
Ruben.		Mitilene ſu muger.
Simeon.		Seneth ſu hija.
Leui.		Criados.
Dam.	Sus hijos.	El Rey Faraon.
Neptali.		Vn Mayordomo.
Iudas.		Vn Secretario.
Yſacar.		Vn Contador.
Zabulon.		Vn Cauallerizo.
Gath.		Vn Camarero.
Aſer.		Vn pintor.
Benjamin.		Vna muger pobre.

QP2: Hablan en ella las personas siguientes.

Iacob.	Neptali.	Aser.	Seneth su hija.	Vn Contador.	
Ioseph.	Iudas.	Benjamin.	Criados.	Vn Caballerizo.	
Ruben.	Isacar.	Dos Ismrelitas. [sic]	El Rey Faraon.	Vn Camarero.	
Simeon.	Zabulon.	Butifar.	Vn Mayordomo.	Vn pintor.	
Leui.	Gath.	Mitiline su muger	Vn Secretario.	Vna muger pobre.	
Dam.	Sus hijos.				

MS2: Hablan en ella las personas ſiguientes.

Jacob	Zabulon	Putifar	Levi
Joseph	Gath	Mitilene ſu Muger	Dos Ysmaelitas
Ruben	Aser	Senet su hija	Vn Pintor
Simeon	Benjamin	Rey Faraon	Dam
Vn Secretario	Vna Muger Pobre	Neptali	Vn Mayordomo
Judas	Vn Contador	Vn Camarero	Criados
Ysacar	Vn Caballerizo	Acompañamiento	

Falta en *MS1*.

ACTO PRIMERO*

Salen por una parte RUBÉN, SIMEÓN, LEVÍ, DAM *y* NEPTALÍ, A
y por otra parte JUDAS, ISACAR, ZABULÓN, GAD *y* ASER,
y dicen LOS UNOS A LOS OTROS *juntos:*

UNOS.	Buenos días.
OTROS.	Buenos días.
RUBÉN.	Ya estamos todos aquí.
	¿Iremos al campo?
TODOS.	Sí.
JUDAS.	Bien lo han menester las crías,
	que según otros pastores, 5
	dicen que, intentando robos
	en ellas andan los lobos
	rondando aquellos alcores,°
	y están cada noche a pique°
	de sus dientes inhumanos. 10
RUBÉN.	¡Qué buena parva de hermanos!
	¡El Cielo nos multiplique!
SIMEÓN.	Aquí estamos diez, no más.
	¿Quién falta?
RUBÉN.	Josef.
JUDAS.	No hay duda.
ISACAR.	Ese ni falta ni ayuda. 15
ZABULÓN.	No le quise bien jamás.
LEVÍ.	¿Hay en nosotros alguno
	que le tenga, Zabulón,
	un átomo de afición?

* ACTO PRIMERO, DE LA SEGVDA [*sic* QP1] PARTE DE LA HERMOSVRA DE RAQVEL. *QP1, QP2.*   Jornada 1ª *MS1.*   Jornada Primera *MS2.*

A. ... *y por la otra* JUDAS ... *QP1, QP2.*
... NEPTALÍ *por* ... ASER *dicen* ... *en viendo a* LOS OTROS. *MS1.*   ... *otra* JUDAS ... *dícense* ... OTROS. *MS2.*

16. No la *MS1.*

19. átamo *MS1.*

Dan.	¡Qué pesado es!
Neptalí.	¡Qué importuno! 20
Judas.	De balde le quiero mal.
Aser.	Yo nunca le quise bien.
Simeón.	¡Maldígale el Cielo, amén,
	como a enemigo mortal!
	Solo Jacob, nuestro padre, 25
	que en él de sí se enamora,
	le quiere bien y le adora
	por lo que quiso a su madre,
	y porque a veces también
	cuanto entre nosotros pasa 30
	le cuenta, siendo en su casa,
	solo su gusto y su bien,
	con mil diferentes modos
	de caricias y de estremos°
	tanto, que ya parecemos 35
	hijos de otro padre todos,
	y, para diferencialle
	más, suspenso en su hermosura,
	de una nueva vestidura
	y estraña quiere adornalle, 40
	que de diversas colores
	mandó tejer para el caso.
	¡De furia estoy, que me abraso!
	Ya viene.

        Sale JOSEF.   B

Josef.	Hermanos, señores.
Simeón.	Para vendernos después 45
	vendrá con hechicerías.
Josef.	Dios os dé muy buenos días.
Judas.	Y a ti te los dé al revés.
Josef.	¿Cómo tan mudos estáis
	que no me habéis respondido? 50
	¿Qué tenéis?
Simeón.	No hemos querido

---

36. hijo *MS2*.   B. *Entra... MS1*.

42. tener [*sic*] *MS2*.   50. Falta en *QP1, QP2*.

	responderte.	
JOSEF.	No lo hagáis	
	si no es vuestro gusto, hermanos,	
	que, a fe, que esperaba el día,	
	porque contaros quería	55
	de los sueños soberanos	
	una notable estrañeza.	
	Escuchadme, hermanos míos.	
JUDAS.	Ya vendrá con desvaríos	
	a quebrarnos la cabeza.	60
RUBÉN.	Bien le podéis escuchar.	
	Veamos lo que ha soñado.	
SIMEÓN.	Pues Rubén de ello ha gustado,	
	los sueños puedes contar.	
JOSEF.	Pues, pasan de esta manera.	65
JUDAS.	Cuenta.	
JOSEF.	A mí me parecía	
	que estábamos cierto día	
	segando la sementera	
	de nuestro padre Israel,	
	y que el manojo que yo	70
	segaba se levantó	
	sobre todos, que° con él	
	ninguno pudo igualar,	
	y que los vuestros después	
	le adoraron.	
RUBÉN.	¿Tú no ves	75
	que eso, Josef, es soñar?	
	¿Por qué cuentas desvaríos	
	que no pueden suceder?	
JUDAS.	Él se pinta que ha de ser	
	su manojo.	
JOSEF.	Hermanos míos,	80
	no digo yo tal, que el sueño	
	os quise contar, no más.	
SIMEÓN.	Soberbio, Josef, estás.	
	Tú piensas que has de ser dueño	

---

52. responderse *MS2*.   70. al manojo *QP2, MS1*.

55. quisiera *MS2*.   77. cuenta *QP2*.

68. segando en la *MS1*.

	de todos tus once hermanos,°	85
	y que te has de levantar	
	así y te hemos de adorar.	
	Tus intentos son tiranos.	
JOSEF.	Sabe el Cielo que deseo	
	ser, hermanos, vuestro esclavo	90
	sirviéndoos, que en esto alabo	
	la humildad de mi deseo.	
	No ha sido soberbia mía,	
	sino gusto de contaros	
	sueños que han sido tan raros,	95
	que solo de amor nacía,	
	mas yo callaré el segundo	
	por no daros más pesar.	
SIMEÓN.	El segundo has de contar	
	también.	
JOSEF.	Yo solo me fundo	100
	en procurar agradaros,	
	y nunca, hermanos, quisiera,	
	en mil siglos que os sirviera,	
	pesar ni disgusto daros.	
JUDAS.	¡Oh, qué fingida humildad	105
	para tenernos a raya!°	
RUBÉN.	El sueño segundo vaya.	
JOSEF.	Si es vuestro gusto, escuchad,	
	y perdonad, porque entiendo	
	hablar la verdad en todo.	110
	No penséis que de este modo	
	a vuestro decoro° ofendo.	
JUDAS.	Acaba pues.	
JOSEF.	Yo soñé,	
	después de lo que he contado,	
	que a la luna y sol dorado...	115

Entra JACOB, de viejo, y dice aparte sin llegar a ellos: C

JACOB.	A muy buen tiempo llegué.
	Quiero este sueño escuchar.

107. segundo sueño *MS2*.

108. gusto vuestro *MS1*.

112. valor ofendo *MS1*.

C. *Entra JACOB y dice aparte, como acechándolos: QP1. Entra JACOB, dice aparte como asechándolos. QP2. ...y dice sin... MS1. JACOB al paño. MS2.*

JOSEF.	...once estrellas que alumbraban	
	la tierra y que me adoraban.	
JACOB.	La invidia° quiero atajar	120
	de sus hermanos con esto.	

(Llega.)   D

	Josef, yo estoy admirado.	
JOSEF.	¿Aquí estabas, padre amado?	
JACOB.	Habiendo en ti el amor puesto,	
	que de tales desvaríos	125
	hagas caso, tú pretendes	
	que te adoremos. ¿No entiendes	
	qué son esos locos bríos?	
	Once estrellas, y la luna	
	y el sol, dices, que soñabas	130
	que te adoraban y dabas,	
	a tu soñada fortuna	
	crédito de esa manera.	
	Vendrás a perder el seso.	
JOSEF.	Que fue ignorancia, confieso.	135
	Tu perdón mi culpa espera.	
JACOB.	Llorar me hace. Levanta.	
	Prolijo,° Josef, estás.	
JOSEF.	No contaré sueños más.	
JACOB.	Tu desatino me espanta,	140
	aunque dijera mejor,	
	el favor que el Cielo quiere	
	hacerte, que te prefiere	
	a tus hermanos.	
JOSEF.	Señor,	
	perdóname.	
JACOB.	Bien está.	145
	(*Ap.:* Estos sueños son del Cielo.)	
JOSEF.	Pues no me alzaré del suelo	

---

119. tierra que *MS1*.

120 y *passim*. embidia *MS2*.

D. *Sale*. *MS2*.

133. esta *MS2*.

140. *MS2* acota: *Aparte*.

145. perdonadme *MS2*.

146. Falta *Ap.* en *QP1, QP2, MS1*.

	sin que me perdones.	
JACOB.	Ya	
	tu inorancia te perdona,	
	que en el sueño que tuviste,	150
	si por tu padre entendiste,	
	como la mayor persona,	
	el sol, y la luna luego,	
	por tu madre, y las estrellas	
	once, lucientes y bellas,	155
	por tus hermanos, ser ciego	
	error se ve claramente,	
	pues que tu madre murió	
	cuando a Benjamín parió,	
	cuya muerte el alma siente.	160
	Y falta esta parte, al fin,	
	para no ser verdadero	
	el sueño. (*Ap.:* Aunque de él espero	
	un dichosísimo fin.)	
JOSEF.	Digo que tienes razón,	165
	y que como necio erré.	
JACOB.	Nunca des a sueños fe,	
	que los sueños sueños son.°	
	Vosotros, ¿qué hacéis aquí	
	que a los ganados no os vais,	170
	y vanos sueños estáis	
	escuchando?	
RUBÉN.	Verte a ti	
	esperábamos, y agora	
	que te hemos visto, nos vamos,	
	que otra cosa no esperamos.	175
JACOB.	Pues, partíos, que ya es hora.	
JUDAS.	Gracias a Dios, que una vez	
	venciendo el inmenso amor	
	que tiene, en nuestro favor	
	contra Josef fue jüez.	180
SIMEÓN.	Algún día, si yo puedo,	
	viéndole en otro lugar,	

148. hasta que *MS1*. 173 y *passim*. aora *MS1, MS2*.

149. ignorancia *QP2, MS1, MS2*. 176. ya que es *MS1*.

161. Y ~~part~~ falta *MS1*.

	los sueños ha de pagar.	
RUBÉN.	¿Viene Josef?	
JACOB.	Porque quedo	
	solo, se queda conmigo.	185
JUDAS.	¿No se queda Benjamín?	
JACOB.	Es Josef mayor, al fin,	
	y siente lo que le digo,	
	y así es de mayor consuelo	
	de Josef la compañía.	190
	(*Ap.*: ¡Ay, amada prenda mía,	
	líbreos de esta invidia el Cielo!)	
ISACAR.	Vamos, pues, al campo, hermanos.	
JACOB.	De Dios, la mano piadosa	
	os dé jornada dichosa,	195
	sin hacer de sueños vanos	
	jamás caso.	
ZABULÓN.	Adiós, señor.	
JACOB.	Adiós, que os ampare diez	
	colunas de mi vejez.	
SIMEÓN.	(*Ap.*: Matar pienso al soñador.)	200

Vanse TODOS LOS HERMANOS.   E

JACOB.	Dame tus brazos° agora,
	Josef amado, y no estés
	triste.
JOSEF.	Dame tú los pies.
JACOB.	Más tu humildad me enamora.
	Levanta, Josef, del suelo.	205
JOSEF.	Entiendo que te he ofendido.
JACOB.	Toda mi cólera ha sido
	de tus peligros recelo,
	que sé que te quieren mal
	tus hermanos de tal suerte	210
	que, entre la vida y la muerte,
	corres peligro mortal,

189. ansí *MS1*.

191. Falta *Ap.* en *MS1*.

198. ampare Dios *MS1*.

200. Matar tengo *MS1*.

E. *Vanse* LOS HERMANOS. *MS1*. *Vanse* LOS DIEZ. *MS2*.

210. hermarnos [*sic*] *QP2*.

      que la invidia de mirarte,
Josef, de mí tan amado,
en sus pechos ha engendrado   215
pensamientos de matarte.
    Escuchándoles mil veces,
amenazan contra ti,
llenos de furia, y así
como, Josef, resplandeces   220
    tanto a mis ojos por ser
el retrato° milagroso
del original hermoso
de la más bella mujer
    entre las mujeres todas   225
que en el mundo hubo jamás
y que yo he querido más,
pues me costaron sus bodas
    catorce años de servir
de ganadero a Labán.   230
Como invidiándote están,
y pueden de esto venir
    a darte muerte, mi bien,
reparé con este engaño
de mi enojo todo el daño   235
que pueden hacerte.

JOSEF.   Estén
    con la invidia que quisieren,
porque si tengo en el suelo,
padre, de mi parte el Cielo,
hacerme daño no esperen.   240
    Más recelaba tu enojo
que toda la furia de ellos.

JACOB. Ruego a Dios que esos cabellos
que avergüenzan el sol rojo,
    vueltos de plata mil años,   245

---

215. emprendado jendrado [sic] *MS1*.

218. amenazas *QP1, QP2, MS2*.

219. ansí *MS1*.

221. ver *QP1, QP2, MS2*.

231. envidiándote *MS1, MS2*.

232. eso *MS2*.

239. al cielo *MS2*.

244. al *MS1*.

245. vuelto de plata mis *MS2*.

                    a pesar del tiempo peines,
                    y, como has soñado, reines
                    con dichosos desengaños,
                       porque tus sueños, sin duda,
                    mi querido Josef, son   250
                    del Cielo, que el corazón
                    santo que tienes te ayuda.
                       Ven, mi amor, y te pondrás,
                    mudándote ese vestido,
                    la ropa que te he tejido.   255
                    ¡Oh, qué galán estarás!
                       Mil besos tengo de darte,
                    mi regalo, por tu vida
                    cuando la tengas vestida.
                    Ven, mi bien, a desnudarte.   260
JOSEF.   ¡Ay, padre del alma mía!,
                    ¿con qué he de serviros tanto?
                    ¿Con qué, Patriarca santo
                    de la suma monarquía
                       de Dios, recompensaré   265
                    el amor que me mostráis?
JACOB.   Con que queréis me pagáis,
                    mil dichas el Cielo os dé.
                       ¡Ay, si vuestra madre os viera
                    en esta edad, prenda cara,   270
                    qué de veces os besara,
                    qué de abrazos os diera!
                       Pero no me quiso el Cielo
                    tantos gustos conceder.
                    Por mejor debió de ser.   275
JOSEF.   Padre, no cubráis el suelo
                       de llanto sin que os imite,
                    que, pasando cuando crece
                    por vuestras canas, parece
                    que es nieve que se derrite,   280
                       y, para el pesar que trata
                    de daros nuevos enojos,
                    ensartan perlas° los ojos

---

267. Con quereros me *MS1*.   274. bienes conceder *MS1*.

272. y qué *QP1, QP2.*   abrazos que os   277. sin llanto *MS1*.
MS2.

	en esas hebras de plata,
	que con la gran cantidad
	del blanco aljófar° que llora,
	más parece, padre, aurora
	que no ocaso, vuestra edad.
JACOB.	Consuelo de mis enojos
	sois vos, mi prenda querida.
JOSEF.	Venid, padre de mi vida.
JACOB.	Entrad, hijo de mis ojos.

285

290

Vanse, y óyense dentro VOCES y hablan LOS HERMANOS DE JOSEF.   F
Dicen dentro sin salir afuera LOS HERMANOS.

SIMEÓN.	¡Al monte pasa! ¡El río ataja! ¡Ataja!
JUDAS.	¡Acá, Rubén, que ya atraviesa el río!
RUBÉN.	¡Corre, Isacar, que ya a su orilla baja!
ISACAR.	Herido, va a buscar el cristal frío,
	que con un dardo le he pasado el pecho.
ZABULÓN.	Y yo, acabarle de matar porfío.
LEVÍ.	Al margen por la falda va derecho.
DAN.	Al viento en la carrera se aventaja.
NEPTALÍ.	Que da la vuelta al encinar sospecho.
GAD.	Al ganado otra vez furioso baja.
ASER.	Pues, salgámosle al paso del robledo.
JUDAS.	¡Ataja, Simeón!
SIMEÓN.	¡Ataja!
JUDAS.	¡Ataja!

295

300

Salen TODOS, con sus hondas y con palos. Delante sale SIMEÓN corriendo,   G
*y los demás siguiéndole, y tropieza SIMEÓN en una cisterna que estará
hecha en el tablado, y yendo a caer dentro, se ase a RUBÉN, y
RUBÉN de OTRO, y ansí quedan UNOS de OTROS asidos.*

288. no acaso *QP1, QP2.*   no caso a vuestra *MS2.*

F. *Vanse, y óyense dentro . . . dicen sin salir afuera* LOS HERMANOS. *QP1, QP2. Vanse, y sin salir dicen dentro: MS2.*

292. Entrad, Josef de *MS1.*

294. ataja *QP1, QP2, MS2.*

298. confío *MS2.*

303. ASENET. Pues *MS1.*

G. *Salgan aora* TODOS, *con hondos y con palos, delante* SIMEÓN, TODOS *tras él de esta manera, corriendo* UNOS *tras* OTROS, *tropieza* SIMEÓN *en la cisterna yendo a caer adentro, ásgase de* RUBÉN, *y él de* OTRO, *y ansí queden* UNOS *de* OTROS *asidos. MS1.* ...

SIMEÓN.	¡El primero de todos, si yo puedo,	305
	pienso alcanzar el lobo! ¡Ay, cielo santo,	
	aquí me ha helado la carrera el miedo!	
	¡De Rubén me he de asir!	
RUBÉN.	¡Terrible espanto!	
JUDAS.	¡Unos de otros se encadenan todos!	
ISACAR.	¡El no precipitarse ha sido, y tanto,	310
	con nunca vistos prevenidos modos	
	el nunca visto sobresalto altera!	
SIMEÓN.	Ya estuve en la cisterna hasta los codos.	
	Si de Rubén de presto no me asiera,	
	a estas horas estoy precipitado.	315
RUBÉN.	Notable azar ha sido en la carrera.	
	Ya con aquesto el lobo se ha escapado.	
SIMEÓN.	Y yo también, de no morir tan presto.	
	Hoy comienzo a mirar el sol dorado.	
	¡Mal haya la cisterna, y quien la ha puesto,	320
	donde mi amarga muerte ser podía!	
	De otro daño me avisa el Cielo en esto.	
RUBÉN.	Bien puedes, de este venturoso día,	
	larga edad, Simeón, hacer memoria,	
	y todo el escuadrón que te seguía,	325
	pues en la misma lamentable historia	
	fuéramos compañeros si cayeras.	
ZABULÓN.	Al Cielo demos de este bien la gloria.	
RUBÉN.	¿Hay agua adentro? A ver.	

---

palos, delante SIMEÓN *corriendo* ... *y se ase de* RUBÉN, *y* ... *y* RUBÉN *de* OTROS, *y así quedan caídos, asidos* UNOS *de* OTROS. *MS2.*

306. he de alcanzar. ¡Ay *MS1.*

308. me quiero asir. ¡Qué espanto *MS1.*

309-10. ¡Todos unos de otros se encadenan! / ISACAR. Y tanto todos *QP1.* ¡Todos unos de otros se encadenan! / ISACAR. Tanto todos *QP2.* El no precipitarse ha sido. JUDAS. Todos / unos con otros se han encadenado. ISACAR. Tanto *MS1.* ¿Qué es aquesto, señor? JUDAS. Que todos / unos de otros se encadenan! ISACAR. Y tanto *MS2.*

311. tanto con nunca *QP1, QP2.*

314. Rubén presto *QP2.*   tan presto *MS2.*

317. Y con *MS2.*

319. al *MS1.*

320. suerte y quien se podía *MS1.*

326. lamenta~~ble~~ *MS1.*

328. la gracia *MS2.*

329. agua dentro *QP1, QP2.*

JUDAS. ¿No consideras
que agotó de sus aguas el estío,   330
y es solo agora entierro de las fieras,
y hasta las lluvias del invierno frío
no se vuelve a llenar su obscuro centro?
SIMEÓN. Ya no se viera en el pedazo mío.
Sola una obscuridad se mira dentro,   335
entre cuya tiniebla densa solo
el eco a nuestra voz sale al encuentro.°
ZABULÓN. Parece que atraviesa el otro polo
por la profundidad estraordinaria.
ISACAR. Diez rodamos, si cae el primer bolo,   340
con que ganas a la Fortuna varia
el juego todo a costa de diez vidas,
cada cual para Hebrón° tan necesaria.
SIMEÓN. Olvidemos fortunas y caídas.
JUDAS. Cosas que solo a suceder llegaron,   345
como sucesos han de ser sentidas,
que los que tempestad del mar pasaron
dieron olvido a la pasada pena
luego que en parda arena el pie estamparon.
Sea de nuestra tormenta nuestra arena   350
para escarmiento de otro adverso caso
de ella, dejando esta cisterna llena,
que, ya que es este de este monte el paso,
daños estorbaremos de esta suerte
que pueden suceder en él acaso.°   355
ISACAR. Judas no ha dicho mal, que el daño es fuerte,
y ansí puede atajarse. No seamos,
dejando, la ocasión de alguna muerte.
Por ramas, por arena y piedras, vamos,

335. Solo *MS2*.

338. atraviasa *MS2*.

339. trasordinaria [*sic*] *QP1, QP2, MS2*.

341. fortuna avaria [*sic*] *QP1, QP2*.

343. para el bien tan *MS1*.

348. pesada *QP2*.

350. esta tormenta *MS1*.

352. dejan esta *MS1*.

355. ocaso *MS1*.

357. así puede atarjarse [*sic*] *MS2*.

359. piedra *MS2*.

	y esta cisterna inútil cegaremos,	360
	que esto, a nuestro escarmiento, es bien que haga-	
mos.		
ZABULÓN.	Eso, como es razón, después haremos,	
	porque si no me engaño,° pienso, agora,	
	que viene el soñador.	
SIMEÓN.	Aquí podemos,	
	a despecho del padre que le adora,	365
	darle muerte y echalle en la cisterna,	
	a ver si aquí su vista le enamora,	
	porque, si como sueña que nos gobierna,	
	vendremos a pagalle° de esta suerte	
	la mala voluntad de la edad tierna,	370
	sea la arena que el peligro fuerte	
	ciegue su boca, de Josef la vida.	
RUBÉN.	Mucho rigor será dalle tal muerte.	
	Mejor será que, vivo, en la escondida	
	profundidad de esta cisterna obscura	375
	quede, donde sin agua y sin comida,	
	de su soberbia edad la Parca dura	
	corte el hilo vital y temeroso estambre,	
	con que telas de honor tejer procura.	
	Serán provincia de sus reinos hambre,	380
	sed y tinieblas, sus vasallos fieles,	
	de tantos muertos brutos el enjambre.	
	Estos serán castigos más crüeles,°	
	mas no tan rigurosos a la vista.	
JUDAS.	Aconsejas, Rubén, como tú sueles,	385
	que, pues es imposible que resista	
	nuestro furor, no es bien manchar las manos	
	en tan humilde y mísera conquista.	
	Solo conviene que por sus sueños vanos	

361. bien hagamos *MS1*.

362. Falta «ZABULÓN.» en *MS2*.

365. despechos *MS2*.

366. dalle *MS2*.

369. pagarle *MS1*.

373. darle *MS2*.

378. el vital *MS1*.

380. provincias *MS1, MS2*.

382. muertos el *MS2*.

385. sules [*sic*] *QP2*.

386. resistas *QP1, QP2*.

389. conviene por *MS1*.

	que este enemigo muera.	
SIMEÓN.	¡Muera!	
TODOS.	¡Muera!	390
RUBÉN.	Ya llega.	

Sale JOSEF *con vestidura nueva, que es una como*   H
almalafa° hasta los pies, de mangas anchas.

JOSEF.   Guárdeos Dios, amén, hermanos.
                 Comida os traigo y, si a comer se espera,
                 bajaré del jumento la comida.
JUDAS.   De tanto tornasol° la primavera
                   no viene por el mayo guarnecida,   395
                 como se ven colores diferentes
                 en la ropa que trae Josef vestida,
                   tanto, que a los arroyos y las fuentes,
                 sin duda imaginando que venía,
                   con guijas se han reído en vez de dientes.   400
JOSEF.   ¿Queréis comer?, que, la mitad del día,
                 el sol con rayos de topacios° parte,
                 y convida a dormir la sombra fría.
            (*Ap.:*   La mala voluntad que se reparte
                 en sus ingratos y invidiosos pechos   405
                 no pueden encubrir.)
SIMEÓN.   Escucha aparte.

           (*Pónense* TODOS *aparte a consultar la traición.*)   I

JOSEF.   De tus invidias temo infaustos hechos.
SIMEÓN.   Quitémosle la nueva vestidura,
                 y atándole un cordel, vamos derechos
                   con él a la cisterna, y si procura   410
                 defenderse, le atemos pies y manos.
JOSEF.   (*Ap.:* No está mi vida agora muy segura.)

---

390. Falta «que» en *MS2*.   405. envidiosos *MS2*.

H. *Entra*... *MS1*. ... *que será una*... *MS2*.   I. ... *aparte a consultar. MS1*.

                                        407. temo y faustos *QP1, QP2*. infautos [*sic*] *MS2*.
400. con topacios *MS1*.

404. Falta *Ap.* en *MS1*.   412. Falta *Ap.* en *QP1, QP2, MS1, MS2.* sigura *MS1*.

Zabulón.	Lleguemos.	
	(Arremeten a él.)	J
Simeón.	De tus sueños, Josef, vanos	
	hoy tendrás el castigo merecido.	
Judas.	La ropa le quitad.	
Josef.	¿Qué es esto, hermanos?	415
Simeón.	Darte la muerte.	
Josef.	¿Tan ingrato he sido	
	a vuestra voluntad?	
Simeón.	Atalde presto	
	las manos y los pies.	
Josef.	Ya estoy rendido.	
	No es menester atarme, que profesa	
	mi pecho humildad grande a vuestras manos.	420
Zabulón.	Con verse atado, apenas de hablar cesa.	
Josef.	¿Por qué os mostráis conmigo tan tiranos?	
	¿Qué ofensa os hizo mi sencillo pecho?	
Simeón.	¡Agora vaya a la cisterna!	
Josef.	Hermanos	
	amigos, ¿no diréis qué ofensa he hecho	425
	que de esta suerte me tratáis, señores?	
Simeón.	Ya no son tus hechizos de provecho.	
	No importa que hagas lástima ni llores.	
	Dentro de esta cisterna has de quedarte,	
	donde podrás soñar cosas mayores.	430
Josef.	¿Por qué queréis en tan obscura parte	
	meter a vuestro hermano, hermanos míos?	
Judas.	Aquí podrás reinar y entronizarte.	
Josef.	¿No veis que fueron todos desvaríos,	
	como sueños, al fin?	
Simeón.	¡Echalde dentro!	435

J. *(Arremeten a Josef.)* MS1. *(Agárranle.)* MS2.

415. Qué esto QP2.

417. Atadle MS2.

420. humildad tan grande MS2.

424. Aora QP1, QP2.

425. os echo MS1.

428. lástimas MS1, MS2.

431. oscura QP1.

435. Echadle MS2.

JOSEF.	Si de mi llanto los copiosos ríos
	no os mueven, mejor es que antes que el centro
	de esta tiniebla pise maniatado
	que me matéis, pues esta paga encuentro
	de haber venido, con tan gran cuidado, 440
	a traeros comida.
SIMEÓN.	¿Qué se espera?
	¡Arrojémosle dentro!
JOSEF.	Hermano amado,
	Rubén, ¿esto permites?
RUBÉN.	No quisiera
	hallarme en ocasión tan lastimosa.
JOSEF.	¿Cuándo para dejarme no os moviera, 445
	hermanos, con la nueva dolorosa
	que de mi muerte ha de ir al padre anciano
	vuestro y mío la pena rigurosa,
	no más, del sentimiento y llanto, en vano,
	bastante causa a no matarme daban? 450
SIMEÓN.	Acabad ya.
JOSEF.	¿Tú, Simeón hermano,
	eres quien más me ofendes?
SIMEÓN.	Hoy se acaban
	tus sueños y tus chismes.

                (A él.)   K

JOSEF.	Ruego al Cielo
	se acabe vuestra invidia.
SIMEÓN.	¿Esto esperaban
	vuestras remisas manos? ¡Pise el suelo 455
	de ese profundo centro este enemigo!
JOSEF.	A Dios, de esta crueldad, Simeón, apelo.
SIMEÓN.	¡Aprisa baje!
JOSEF.	¡Vaya Dios conmigo!

---

437. al *QP1*.

442. arojémosle *QP2*.

445. moviere *MS1*.

451. Acaba *MS1*.

K. Falta en *QP2, MS1, MS2*.

453. a el cielo *QP1*.

456. [Borradura] centro *MS2*.

458. Apriesa *MS1*.

(Échale dentro de la cisterna.) L

SIMEÓN. Esto está hecho. Vámonos agora
a comer, y pues no hay ningún testigo 460
de este suceso, al padre que le adora
diremos que la tierra le ha tragado.
JUDAS. Y la verdad diremos.
ZABULÓN.   ¿Rubén, llora?
RUBÉN. Su verde° edad, no más, me ha lastimado.
SIMEÓN. No puede esto saberse eternamente 465
si no hablan los olmos de este prado.
JUDAS. Vámonos a comer, que más ardiente
el sol la tierra tiene en fuego envuelta.
SIMEÓN. Vamos. No nos encuentre aquí otra gente.
Adiós, señor Josef. Hasta la vuelta. 470

Vanse TODOS, *y queda* RUBÉN *solo.* M

RUBÉN. Aquí me quise quedar
solo por ver si pudiese,
sin que ninguno me viese,
a este inocente librar,
    por la parte que le alcanza 475
a mi padre del suceso,
que vendrá a perder el seso
cuando corra más bonanza,
    que de manera le quiere,
de su fe sencilla cierto 480
que morirá por él, muerto,
pues vivo, por él se muere.
Ya no parece ninguno.
Allí se quedó un cordel.

L. *Métenle... MS1.*

459. Vamos *MS2.*

460. algún *MS1.*

467. Vamos *MS2.*

468. tiene el fuego *MS2.*

M. *Vanse, y queda... MS1. Vanse, y se queda* RUBÉN. *MS2.*

476. padre en el *MS1.*

480. cencilla fe *MS1.*

483–86. Faltan en *QP1, QP2, MS2.*

    Quiero sacarle con él,   485
pues tengo tiempo oportuno,
y, en sacándole° del centro
a Canaán podré envialle,
que no es razón que se halle,
de Jacob, sangre aquí dentro.   490
  Arrojarle el cordel quiero,
que pienso que alcanzará.
Pero gente vuelve ya.

Vuelven a salir Los Hermanos, *y* Dos Ismaelitas   N
con ellos, vestidos como moros.

Judas.   En harto poco dinero
  os daremos el esclavo,   495
que puede ser en Egito
os den por él infinito,
que el talle y rostro os alabo,
  que es tal, que puede servir
al mismo rey Faraón.   500

Rubén.   Estos mis hermanos son,
que acá vuelven a venir
con estos dos ismaelitas.

Ismaelita 1.°   Sácale de adonde está,
que si él es tal, se dará   505
el precio que solicitas.

Simeón.   Esta es la cisterna adonde
le tenemos maniatado
por que no se huyese, dado
le llevaréis.

Ismaelita 2.°   Corresponde   510
vuestra mucha cortesía
a vuestra grande° nobleza.

---

488. invialle *MS1*.

N. *Entran* Los Hermanos *y* Uno o Dos Ismaelitas *vestidos como moros*. *MS1*.

496 y *passim*. Egipto   *QP1, QP2, MS2*.

503. con unos ismaelitas *MS1*.

504. 1.° Imaelita. [*sic*] *MS2*. Ismaelita. Sacalde de donde *MS1*.

505. si es tal se te *MS1*. si es tal te se dará *MS2*.

510. Ismaelita. en *MS1*. 2.° Isamaelita. [*sic*] *MS2*.

SIMEÓN.	Aquí está nuestra cabeza,	
	y hermano mayor. Querría	
	darle de este caso cuenta.	515
ISMAELITA 1.º	Es justa ley, y razón.	
SIMEÓN.	¡Oh, Rubén!	
RUBÉN.	¡Oh, Simeón!	
SIMEÓN.	Ya hemos convertido en venta	
	de Josef la muerte.	
RUBÉN.	¿Ansí?	
	¿Pues qué pretendéis hacer?	520
SIMEÓN.	Pretendémosle vender.	
RUBÉN.	¿A estos ismaelitas?	
SIMEÓN.	Sí,	
	por parecernos crueldad	
	muy grande darle la muerte	
	a un hermano de esta suerte.	525
RUBÉN.	Tenéis razón. Es verdad.	
SIMEÓN.	Nuestra pretensión ha sido	
	quitársele de delante	
	a nuestro padre, y bastante	
	será envialle vendido	530
	a Egipto, de donde nunca	
	a Canaán podrá volver.	
RUBÉN.	Ese es mejor parecer.	
ISMAELITA 2.º	¡Qué temerosa espelunca!º	
	Muerto debe de estar ya.	535
JUDAS.	Ha poco que dentro entró.	
ISMAELITA 1.º	Ved si la cuerda llegó.	
ZABULÓN.	Mejor llamarle será	
	por que Josef se asga de ella.	
ISMAELITA 1.º	El nombre, sin ver el talle,	540
	me da codicia a compralle.º	

516. ISMAELITA. *MS1.* 1.º ISMAELITA. *MS2.*

519. Así *MS1, MS2.*

522. estos dos ismaelitas *MS2.*

524. darte [*sic*] *QP1, QP2.*

530. será el invialle *MS1.*

532. pueda *MS2.*

534. ISMAELITA. *MS1.* temorosa *MS2.*

535. debe estar *MS2.*

537. ISMAELITA. *MS1.*

540. ISMAELITA. *MS1.* 2.º ISMAELITA. *MS2.*

Zabulón.	En el centro se querella	
	con lastimosos gemidos.	
	Llamalde.	
Rubén.	¡Josef!	
Josef, *dentro*.	¿Quién es?	
	Si es la muerte, llegue, pues	545
	a mis años afligidos,	
	y el hilo de ellos rompiendo,	
	dé venganza a mis hermanos.	
Rubén.	Toma, Josef, con las manos	
	esa cuerda, y ve subiendo,	550
	(Échanle el cordel.)	O
	porque queremos sacarte	
	de esa tiniebla en que estás.	
	Ya siento tirar.	
Ismaelita 1.º	¡Jamás	
	vi más temerosa parte!	
Zabulón.	¡Tirad, aprisa, tirad!,	555
	que ya poco a poco sube.	
Judas.	Y bajará, como nube,	
	con segunda tempestad.	
	Dejadme hacer el empleo,	
	y Rubén será el jüez	560
	(Sacan a Josef lleno de barro.)	P
Josef.	¡Gracias a Dios que otra vez	
	la luz de los cielos veo!	
Ismaelita 2.º	¡Oh, que espantosa figura!	

544. Llamadle *MS2*. Falta «*dentro*» en *QP1, QP2*.

547. rompiedo [sic] *MS2*.

549. Tomad *MS1*.

O. *Echa el cordel. MS2*. Falta en *MS1*.

553. Ismaelita. *MS1*.

554. tenebrosa *MS1*.

555. apriesa *MS1*.

560. pues sale, lleve esta cruz *MS1*.

P. ... *la cisterna lleno de barro. MS2*.

561. que la luz *MS1*.

562. otra vez del cielo veo *MS1*.

563. Ismaelita. *MS1*.

| | Él sale ya medio muerto, |
| | de lodo y barro cubierto. | 565 |

JOSEF.   (*Ap.*: ¡Tenebrosa sepultura,
                    donde, casi muerto ha estado
                    vuestra obscura sombra fría!,
                    ¿qué ofensa le ha hecho al día
                    que eterna luz le ha negado?   570
                        En vos enterrado estuve,
                    mas la balanza ligera
                    de mi inocencia sincera
                    otra vez al sol me sube.)

JUDAS.   Este es el esclavo. Agora   575
                ved lo que por él daréis.

JOSEF.   ¿Venderme agora queréis?
SIMEÓN.   Paciencia, y tu culpa llora,
                    y agradece que se trueca
                tu muerte en esclavitud,   580
                bien escusada virtud
                para un ingrato que peca.

JOSEF.   ¿Pues en qué pequé, Simeón,
                que me habéis tratado ansí?

SIMEÓN.   Ya no es eso para aquí.   585
JUDAS.   ¿Qué daréis, en conclusión?
ISMAELITA 1.º   Tenéisle tan mal tratado
                con el castigo crüel,
                que no me atrevo por él
                daros precio aun moderado,   590
                    y es muy pequeño también.

JUDAS.   ¿Qué se os ofrecen de dudas?
ISMAELITA 1.º   ¿Quién hace la venta?
ISACAR.   Judas.
ISMAELITA 1.º   Sabrá, pues, hacerla bien.

---

565. del *MS2*.   cubierro [*sic*] *QP1*.

566. Falta *Ap.* en *MS1, MS2*.   sepoltura *MS2*.

567. he *MS1*.

568. oscura *QP1, QP2*.

569. ofrensa [*sic*] *MS2*.

571. enterrado ~~estide~~ estuve *MS2*.

584. así *MS2*.

585. esto *MS2*.

587. ISMAELITA. *MS1*.

593. ISMAELITA. *MS1*.

594. ISMAELITA. *MS1*.

	Treinta° dineros no más	595
	daré por él.	
JUDAS.	Vuestro es,	
	aunque es poco el interés.	
RUBÉN.	Liberal, Judas, estás.	
JUDAS.	De balde le diera yo	
	solo por que le llevasen.	600
JOSEF.	Sobre mis desdichas pasen,	
	que el que mi inocencia vio	
	bien sabrá volver por mí.	
ISMAELITA 1.º	Ya es tarde, y partirme quiero.	
	Tomad, contad el dinero,	605
	y vamos, Josef, de aquí.	
JOSEF.	Vamos, señor, que imagino,	
	por gran verdad, que procura	
	el Cielo hacerme figura	
	de otro misterio divino	610
	porque un bendito inocente	
	solo a Dios puede imitar.	
ISMAELITA 2.º	Ya es hora de caminar,	
	que va el sol menos ardiente.	
	Adiós.	
JOSEF.	Hermanos, adiós.	615
	No pido que me abracéis	
	porque sé que no queréis.	
	Rubén, solo os pido a vos,	
	como a mi mayor hermano,	
	por los más humildes modos	620
	me deis, en nombre de todos,	
	para besaros la mano.	
	Y perdonadme vosotros,	
	si os fui enemigo tan grande.	
SIMEÓN.	No hay ninguno que se ablande,	625
	Josef, en todos nosotros.	

601. Sobre mí *MS1, MS2.*

602. inociencia [*sic*] *QP1.*

604. Falta «1.º» en *MS1*.   1.º ISMAELITA. *MS2.*   volverme quiero *MS2.*

607. ISMAELITA 1.º. *MS2.*

611. vendido *MS1.*

613. ISMAELITA. *MS1.*

615. Vamos. JOSEF. Hermanos, adiós *MS2.*

JUDAS.	No está aquí Raquel, tu madre,	
	y en Canaán tu padre está.	
	Camina, que es tarde ya.	
JOSEF.	Rubén, abraza a mi padre	630
	por mí, y su vejez consuela,	
	que ha de hacer gran sentimiento.	
RUBÉN.	(*Ap.*: De tierno estoy, que reviento.)	
ISMAELITA 1.º	Acaba ya, que el sol vuela	
	para el ocaso, y estás	635
	aquí entreteniendo el día.	
JOSEF.	¡Oh, hermanos del alma mía,	
	ya no os tengo de ver más! *Vanse.*	Q
SIMEÓN.	Esto está bien acabado.	
	Vamos, y señalaremos	640
	con quien la nueva enviemos	
	del suceso desdichado	
	de su muerte a nuestro padre	
	con algún fingido cuento.	
RUBÉN.	Excederá al sentimiento	645
	de su malograda madre.	
JUDAS.	Diremos que de las fieras	
	fue despojo en el sombrío	
	monte.	
RUBÉN.	(*Ap.*: ¡Ay, padre anciano mío,	
	qué tristes nuevas esperas! *Vanse.*	650/R

Sale JACOB *como entre sueños hablando.*   S

JACOB.	¡No me le mates! ¡Aguarda,
	bruto espantoso crüel,
	que es retrato de Raquel,
	a quien mi amor fe le guarda!

633. Falta *Ap.* en *QP1, QP2, MS1, MS2*.

634. ISMAELITA. *MS1*.

Q. *Vanse* JOSEF *y el* ISMAELITA. *MS1*.
Vanse JOSEF *y los* ISMAELITAS. *MS2*. Falta en *QP2*.

639. JUDAS. Esto *MS1*.

641. inviemos *MS1*.

645. el *MS1*.

649. padre anciano *MS1*.

R. Falta en *QP2*.

R, S. *Vanse, y se aparece* JACOB *como . . . MS2*.

652. Aguarda, aguarda *QP1, QP2*.

¡Defiéndanle de tus manos, 655
contra tu fiero rigor,
las saetas de mi amor!

(Despierta.) T

Mas ¿qué es esto? ¡Oh, sueños vanos,
    qué triste imaginación,
durmiendo, me ha divertido! 660
¡Oh, qué amargo sueño ha sido!
Mas los sueños sueños son.
    ¡Ay, Josef del alma mía,
líbrete el Cielo de mal!
Soñaba que un animal 665
que a ninguno parecía
    de cuantos Libia y Hircania,
Armenia y Egito engendran
y entre sus montes acendran,°
de indomable y bruta insania,° 670
    tan espantosa y tan fiera
en talle y en condición,
que su mismo corazón
le sacó y comió primero.
    Tras Josef hambrienta andaba, 675
estando solos los dos,
y con sus garras, ¡ay, Dios!,
su pecho despedazaba,
    y con la pena, dormido,
dándole voces salí, 680
y agora volviendo en mí,
del sueño solo he advertido,
    que este animal es la invidia
que se come el corazón,
que en la enemiga pasión 685

---

655. Defiéndale *MS1*.

T. Falta en *MS1*.

668. ni Egipto *MS1*.

670. indomable bruto *MS2*.

671. espantoso y tan fiero *MS1*.

673. mesmo *MS1*.

679. pena de miedo *MS1*.

681. aora *QP1, QP2*.

682. solo advertido *QP1, QP2, MS2*.

685-94. Faltan en *QP1, QP2*.

LA ADVERSA Y PRÓSPERA SUERTE DE JOSEF 267

      y con sus hermanos lidia,
        entre ellos no está siguro.
      Ruego al Cielo le defienda
      cuando este animal le ofenda
      su pecho sencillo y puro.   690
        Líbrele de su veneno,
      que quien con tanta pasión
        se come su corazón
      no perdonará al ajeno.

    Sale JUDAS *con la ropa de* JOSEF *sangrienta.*   U

      Hijo, seáis bienvenido.   695
      ¿Qué hay de nuevo? ¿A qué volvéis
      solo? ¿No me respondéis?
JUDAS.   Responderos no he podido,
        de sentimiento, señor.

        (Altérase JACOB*.)*   V

JACOB.   ¿De sentimiento? ¡Ay de mí!   700
      ¿Pues qué ha sucedido?
JUDAS.   Aquí
      me falta, padre, el valor
        para contallo.
JACOB.   No más
      mi daño en vano resisto,
      pues en tus manos he visto   705
      con lo que muerte me das,
        que es de mi Josef amado
      la sangrienta vestidura.
JUDAS.   De esta suerte en la espesura
      del monte la hemos hallado,   710

---

687. siguro *MS1*.

694. mejor comerá el ajeno *MS1*.

U. Entra... *MS1*.

695. seas *MS2*.

696. nuevo que *MS1*.

V. Falta en *MS1*.

700. ~~JACOB.~~ De *MS1*.

701. JACOB. ¿Pues *MS1*.

710. le *MS1*.

                    y te la he traído yo,
                    aunque venir no quisiera.
JACOB.   Alguna pésima fiera
                    a Josef despedazó.

            (Hace que se rompe las vestiduras.)   W

                    Romper quiero yo también,   715
                    en vez de sus garras duras,
                    mis antiguas vestiduras.
                    ¡Ay, mi Josef! ¡Ay, mi bien!,
                        ¿adónde estás? ¿Qué te has hecho
                    que nuevos males y enojos   720
                    te han quitado de mis ojos,
                    y tu hermosura han deshecho?
                        Dame. Besaré mil veces
                    su sangre y la sangre mía.
                    ¡Ay, mi bien! ¡Ay, mi alegría!,   725
                    ¿cómo agora me entristeces?
                        ¡Sangre de Josef, hablad,
                    inocente y verdadera,
                    y de vuestra muerte fiera,
                    me contaréis la verdad!   730
                        ¿Quién os mató, Josef mío?
                    ¿Qué mortal tiniebla obscura
                    el sol de vuestra hermosura
                    dejó tenebroso y frío?
                        ¿No me queréis responder?   735
                    Mas sois de su pecho, sabio,
                    y hasta en callar vuestro agravio
                    le pretendéis parecer.
                        No ha sido mi sueño vano.
                    Verdad es, y no quisiera   740
                    que la invidia, bestia fiera,
                    muerto hubiese a vuestro hermano.

W. *Rompe la ropa.* MS1. *Hace que se rompe el vestido* MS2.

715. ya *QP2*.

726. aora *QP1, QP2*.

731. mi Josef *MS2*.

734. fiero *QP1, QP2, MS2*.

737. hasta callar *MS2*.

JUDAS.	¡Señor!, ¿eso has de pensar?	
JACOB.	No sé, Judas, qué te diga,	
	que más a decir me obliga	745
	su desdicha, y mi pesar.	
	Todo para mí murió	
	con Josef, todo el contento	
	de este nuevo sentimiento	
	a las manos acabó.	750
	¡Oh, campos de Dotaín,°	
	ruego a Dios que abrase el hielo	
	vuestro florido jardín,	
	y sobre todos, al fin,	
	niégueos el rocío el cielo!	755
	¡No quede una verde rama,	
	una hierba ni una flor,	
	sombra falte en el calor,	
	y al ciervo cobarde cama	
	sierpes se vuelva la grama!°	760
	¡No vista la primavera	
	sino de luto sus prados,	
	vuelva el Jordán su carrera	
	por que mueran tus ganados	
	de hambre y sed en su ribera!	765
	¡El Cielo esquilme los frutos	
	a los árboles con piedras,	
	lloren los hombres y brutos,	
	dejen los olmos las hiedras	
	y arrastren amargos lutos!	770
	¡Desde el enero al diciembre	
	llueva sangre el cielo impío,	
	por que el labrador no siembre,	
	ni coja pan el estío,	
	ni haga vendimia el setiembre!	775

754-55. Invertidos en *QP1, QP2, MS2*.

755. su rocío *MS1*.

757-60. *QP1, QP2, MS2* alteran los versos de la redondilla: 757, 760, 758, 759.

764. sus *MS1, MS2*.

765. en la ribera *MS2*.

766. esquime [*sic*] *MS1*.

771. deciembre *QP2, MS1*.

775. septiembre *MS2*.

JUDAS.	No des ansí a los enojos		
	rienda, señor.		
JACOB.	Dejamé		
	echar un mar por los ojos,		
	porque es su padre el que ve		
	estos sangrientos despojos.		780
	Desde hoy he de sepultar		
	en ceniza el cuerpo frío		
	y eternamente llorar.		
	¡Ay, Josef! ¡Ay, hijo mío,		
	tu padre te va a buscar!	*Vanse.*	785/X

Sale MITILENE, *mujer de* PUTIFAR, *y* UNA CRIADA,   Y
con un espejo, y ella tocada a la gitana.°

CRIADA.	Tú has quedado como el sol,	
	a quien rubios rayos das.°	
	No tienes que verte más.	
MITILENE.	Bien sé que el rubio arrebol	
	que le presta el alba fría,	790
	si me hiciera competencia,	
	mostrara la diferencia	
	que tiene la noche al día,	
	y no es soberbia, que soy	
	más perfeta que él, por ser	795
	sol racional, y mujer.	
CRIADA.	De ese parecer estoy,	
	que en Egipto es tu hermosura	
	contada por la más rara	
	que a vista del sol la cara,	800

---

776. así *MS2*.

777. rinda [*sic*] *QP2*.

785. ta padre [*sic*] *QP2*.

X. *Vase.* *QP1, QP2*.

X, Y. *Vanse, y* … *MS2*.

Y. … PUTIFICAR [*sic*] … *QP2*.   *Sale* MI-
TELENE, *y* UNA CRIADA *tocándose* … *MS2*.
… *a lo gitano. QP2, MS1, MS2.*

788. tiene *QP2*.

790. presta al alba *MS1*.

791. si le *MS2*.   con su usada clemencia *MS1*.

795. más ~~soberbia~~ perfecta *MS2*.

800. visto *MS1*.

	de quien él rayos procura.	
	Sola tu hija podrá	
	competir con tu belleza,	
	con quien la naturaleza,	
	copiando tu rostro está.	805
MITILENE.	Fáltale a Asenet el brío,	
	que es el más hermoso agrado.	
	No está bueno este tocado.	
	Alza.	
CRIADA.	A pisar el rocío	
	no sale el alba tan bella,	810
	cuando se empieza a vestir	
	de coral y de zafir°	
	tras la enamorada estrella.°	
	Quitarte quiero el espejo	
	por que no te vuelvas loca	815
	viendo el coral de tu boca	
	y el soberano reflejo	
	de tus celestiales ojos.	
MITILENE.	No hay peligro en el deseo,	
	que, como yo me poseo,	820
	tengo muertos los antojos.	
CRIADA.	Ya Asenet viene, señora.	
MITILENE.	Vendrá muy necia y muy fría.	

Sale ASENET, *hija de* MITILENE, *vestida a lo gitano.*°   Z

ASENET.	¿Aquí estás, señora mía?	
MITILENE.	Sí, que me levanto agora.	825
ASENET.	Con el sol te has levantado,	
	aventajando su lumbre.	

---

803. lu [sic] belleza *QP2*.

804. en quien *MS1*.

805. rostro va *MS1*.

806. Fáltale a Senet *QP1, QP2, MS1*. Fáltale Asenet *MS1*.

808. Falta «No» en *QP1, MS1*. Está bueno no este tocado [sic] *QP2*.

811. cuando empieza *MS1*.

812. coral y zafir *MS2*. y de ~~jazmín y~~ zafir *MS1*.

822. Ya Senet *QP1, QP2, MS2*. señor [sic] *QP1, QP2*.

Z. Sale... SENET... *QP1, QP2*. Entra ASENET... *MS1*. ... SENET vestida... *MS2*.

CRIADA.	(*Ap.*: Verla le da pesadumbre,	
	que no hay caso tan pesado	
	a la madre que más ama,	830
	que más le duela ni aflija,	
	que ver ya grande su hija,	
	si ella pretende ser dama.)	
ASENET.	Señora, mi padre viene.	
MITILENE.	De mis amorosos lazos	835
	es olmo.	

Sale PUTIFAR, *capitán de la guarda del*   a
rey Faraón, y JOSEF, *como esclavo.*

PUTIFAR.	Dadme los brazos,	
	bellísima Mitilene.	
MITILENE.	Vos seáis muy bienvenido.	
	¿De dónde venís?	
PUTIFAR.	Acabo	
	de ver al rey, y un esclavo	840
	nuevo a casa os he traído,	
	que es hebreo de nación,	
	de muy buen talle.	
MITILENE.	Es empleo	
	de vuestras manos.	
PUTIFAR.	¡Hebreo!	
JOSEF.	¿Señor?	
ASENET.	(*Ap.*: ¡Qué gran perfeción	845
	de rostro y talle! Parece	
	que es un ángel soberano.)	
PUTIFAR.	Llega y pídele la mano	
	a tu señora.	
JOSEF.	Hoy se ofrece	

---

828. Falta *Ap.* en *MS1*.

831. duele *QP1*.   y aflija *MS1, MS2*.

832. que tener muy grande hija *MS1*. grande a su *MS2*.

833. dema [*sic*] *QP1*.

834. Falta en *MS2*.

a. *Entra*... *MS1*.

836. Dame *MS2*.

840. Rey un *QP2, MS2*.

845. Falta *Ap.* en *QP1, QP2, MS1, MS2*. perfección *QP1, MS2*.

	a vuestros pies este esclavo	850
	para alfombra de esos pies.	
MITILENE.	(*Ap.*: ¡Qué muchacho, y galán es!)	
	Putifar, la joya alabo.	
	Álzate del suelo, amigo.	
	¿Cómo te llamas?	
JOSEF.	No sé,	855
	que ya mi nombre olvidé.	
MITILENE.	Noble parece.	
PUTIFAR.	Es testigo	
	su buen talle.	
MITILENE.	(*Ap.*: ¡Y qué buen talle!	
	¡No le tiene Egipto igual!)	
ASENET.	(*Ap.*: ¡El esclavo es celestial!	860
	No ha dejado de miralle	
	mi madre, y ya tengo celos.	
	Parece que es esto amor.)°	
MITILENE.	(*Ap.*: ¡No han puesto talle mejor	
	sobre la tierra los cielos!	865
	Mucho le mira también	
	a Asenet. ¡Celosa estoy!)	
CRIADA.	(*Ap.*: Del esclavo esclava soy,	
	que me ha parecido bien,	
	porque de los ojos tira	870
	fuego que al alma se viene.	
	Mucho mira Mitilene,	
	y Asenet mucho le mira.	
	¡Celos me matan!)	
JOSEF.	(*Ap.*: No sé	
	con qué fin estas me miran	875
	tan atentas y suspiran.)	
MITILENE.	(*Ap.*: ¡No hay, de la cabeza al pie,	

858. Falta *Ap.* en *QP1, QP2, MS1, MS2*.

859. No le vi en Egipto *MS1*.

860. Falta «ASENET.» en *MS1*. Falta *Ap.* en *QP1, QP2, MS1*.

861. ASENET. No *MS1*.

863. que este es amor *MS1*.

864. Falta *Ap.* en *QP1, QP2, MS1*.

867. Senet. Celosa   *QP1, QP2, MS1*. Asenet, y celosa *MS1*.

868. Falta *Ap.* en *QP1, QP2, MS1*.

874-83. Faltan *Ap.* en *QP1, QP2, MS1*.

	en él cosa que no sea	
	sobrenatural y hermosa!)	
ASENET.	(*Ap.*: ¡No ha crïado el Cielo cosa	880
	tan bella!)	
CRIADA.	(*Ap.*: ¡Del sol es fea	
	la lumbre con su hermosura!)	
PUTIFAR.	(*Ap.*: Estoy por Dios tan pagado,	
	que a estar vengo enamorado	
	de su talle y su cordura,	885
	que he de vestille y tratalle	
	como mi propia persona,	
	porque su rostro le abona.)	
ASENET.	(*Ap.*: ¡Qué buen rostro!)	
MITILENE.	(*Ap.*: ¡Qué buen talle!)	
CRIADA.	(*Ap.*: ¡Qué cautivo de los cielos!)	890

Sale UN PAJE.   b

PAJE.	Ya os aguarda la comida.	
PUTIFAR.	Vamos a comer, mi vida.	
ASENET.	(*Ap.*: ¡Muero de amor y de celos!)	
MITILENE.	(*Ap.*: ¡Muero de celos y amor!)	
CRIADA.	(*Ap.*: ¡De amor y de celos muero!)	895
ASENET.	(*Ap.*: Hablarle a solas espero.)	
MITILENE.	(*Ap.*: Sola le hablaré mejor.)	
CRIADA.	(*Ap.*: A solas le pienso hablar.)	
PUTIFAR.	Hebreo, adelante pasa,	
	que entiendo hacerte en mi casa	900
	otro yo.	

---

884. de su talle y de su agrado *MS2*. Falta en *QP1, QP2*. Al margen de *MS1:* que estar [*sic*] vengo enamorado

885. de su aseo y su cordura *MS2*.

886. traelle *MS2*.

887. propria *MS2*.

889-90. Faltan los *Ap.* en *QP1, QP2, MS1, MS2*.

b. *Entra* UN CRIADO. *MS1*.

891. CRIADO. Ya *MS1*. Falta «PAJE.» en *MS2*.

893. MITILENE. Muero *MS2*.

893-98. Faltan las acotaciones *Ap.* en *QP1, QP2, MS1, MS2*.

894. SENET. Muero *MS2*.

897. Solo *MS1*.

899. adelanta *MS2*.

JOSEF.	Dame a besar
	los pies por tanto favor.
MITILENE.	No sé qué tienes contigo
	que te ha dado el Cielo, amigo,
	que en todos pones amor. 905
JOSEF.	Agradezco al Cielo el bien
	que en agradaros me ha hecho.
MITILENE.	A mi amor ha satisfecho
	su compostura también.
PUTIFAR.	Entremos.
MITILENE.	(*Ap.:* Vanos antojos 910
	pone el amor al deseo.)
ASENET.	(*Ap.:* ¡Ay, bello esclavo!)
MITILENE.	(*Ap.:* ¡Ay, hebreo!)
CRIADA.	(*Ap.:* ¡Ay, cautivo de mis ojos!)

FIN DEL ACTO PRIMERO*

ACTO SEGUNDO**

Salen PUTIFAR *y* UN MAYORDOMO *suyo*.   c

PUTIFAR.	¿Qué hay de nuevo, Mayordomo?
MAYORDOMO.	De ti he venido a saber 915
	qué es lo que quieres comer.

---

906. cielo, amigo *MS1*.

908. Si entráis dentro en mi pecho *MS1*. SENET. A mi *MS2*.

908-09. Faltan en *QP1, QP2*.

910-13. Faltan todas las acotaciones *Ap.* en *QP1, QP2, MS1, MS2*.

912. Ay, esclavo *MS2*.

* *Fin del Primer Acto. QP1*. Fin de la Primera Jornada. Finis. Finis. Finis. *MS1*. Fin de la Primera Jornada. *MS2*. Falta en *QP2*.

** ACTO SEGVNDO DE LA SEGUN-DA PARTE DE LA HERMOSVRA DE RAQVEL. *QP1*. Acto Segundo de la Hermosura de Raquel *QP2*. + acto segundo de la [Inserto por otra pluma: próspera] y adversa fortuna de Josef *MS1*. + Segunda Jornada Del más Amante Pastor y dichoso Patriarca. [*sic*] *MS2*.

c. . . . PUTIFICAR [*sic*]. . . *QP2*. Entran. . . mío. [*sic*] *MS1*. Salen PUTIFAR, UN MAYORDOMO, *el* CABALLERIZO, *el* CAMARERO, *el* SECRETARIO *y el* CONTADOR. *MS2*.

916. Falta «qué» en *QP1*.

Putifar.	Lo mismo que siempre como.	
Mayordomo.	Como es señalado día, ¿gusto, Putifar, tendrás que se añadan platos más hoy?	920
Putifar.	No sé, por vida mía.	

Sale el Caballerizo.   d

Caballerizo.	¿Qué caballo te pondremos esta tarde?	
Putifar.	El más galán.	
Caballerizo.	Hoy llevas el alazán que está haciendo mil estremos° con las manos y los pies, de espuma el freno argentando.°	925

Sale el Secretario.   e

Secretario.	El despacho está aguardando el correo, que después de mediodía, no piensa en manifestarse más, y tú muy remiso estás.	930
Putifar.	Es menester una inmensa memoria para advertir tanta variedad de cosas.	935
Secretario.	Cumple con las más forzosas.	

Sale el Camarero.   f

Camarero.	Si he de sacar de vestir para tu persona, el gusto de la seda saber quiero.	
Putifar.	No sé, por Dios, Camarero, agora de lo que gusto.	940

921. por ~~mi~~ vida *MS2*.   932. confuso *MS1*.

d. *Entra*... *MS1*.   Falta en *MS2*.   f. Falta en *MS2*.

e. *Entra*... *MS1*.   Falta en *MS2*.   941. aora *QP1, QP2*.

929. al correo *MS1*.

Sale el CONTADOR.

CONTADOR.	Que firmes importa luego
	estas libranzas, señor.
PUTIFAR.	A buen tiempo, Contador.
CONTADOR.	Al tiempo que importa llego. 945
CABALLERIZO.	Mira que falta cebada.
CONTADOR.	Ya la libranza se hizo.
PUTIFAR.	Bien está, Caballerizo.
CAMARERO.	Mira qué seda te agrada.
MAYORDOMO.	Deja dicho qué ha de ser 950
	los platos que he de aumentar.
SECRETARIO.	Advierte que no hay lugar
	si tienes de responder.
PUTIFAR.	Lugar habrá, Secretario,
	y ya veis todos que estoy 955
	agora de priesa,° y voy
	a lo que es más necesario,
	que no son remisos modos,
	sino no tener espacio.
	El rey me aguarda en palacio. 960
	Acudid a Josef todos. *Vase.*
MAYORDOMO.	¿A Josef se ha de acudir?
CABALLERIZO.	Más que al mismo Putifar,
	ha de venir a mandar.
SECRETARIO.	¿Y a más hemos de venir? 965
CONTADOR.	¿Que a un esclavo, que a un hebreo,
	de tan estraña nación
	le lleve la inclinación?°
	Yo lo veo y no lo creo.
CAMARERO.	No hay cosa que por su mano 970
	no pase en la casa, y no hay cosa
	que, por más dificultosa,
	de él no alcance este villano.
	Él es toda su privanza

---

g. *El* CONTADOR *entra. MS1.* Falta en *MS2.*

951. que te han de dar *MS1.*

956. aora *QP1, QP2.* prisa *MS1, MS2.*

959. sino tener *QP2.*

h. Falta en *MS1.*

963. el *QP2, MS1, MS2.*

968. lleva *MS1.*

	y su consejo también,	975
	todo su gusto, y su bien.	
Camarero.	Tanto el estranjero alcanza,	
	teniendo en casa crïados	
	que lo merecen mejor,	
	quien sirve a ingrato señor,	980
	así mira sus cuidados,	
	que, cuando en servir más hagan,	
	esperan premios peores,	
	que rameras y señores	
	de una misma suerte pagan.	985
Contador.	Eso ya es antigua queja	
	en los palacios.	
Caballerizo.	Ya viene	
	quien, siendo esclavo, nos tiene	
	en cautiverio, y no deja	
	cosa en casa que no esté	990
	a su parecer sujeta.	
Secretario.	Es influjo de planeta	
	que favorable le fue,	
	tanto que, con desealle	
	no mucho bien en su ausencia,	995
	en llegando a la presencia	
	recibo gusto en miralle,	
	y es de manera el efeto	
	de esta causa principal,	
	que queriendo hablarle mal	1000
	pone temor y respeto.	
Camarero.	Lo mismo a todos sucede.	
Mayordomo.	Son de su valor reflejos.	

Sale Josef *vestido de galán, y* Un Pintor *con un cuadro.*   i

Josef.	Haced que aquestos lejos°	
	menos vivo el color quede,	1005
	que es la pintura perfeta	

---

981. criados *MS2.*

996. Falta en *MS2.*

998. efecto *QP1, QP2, MS2.*

1000. queriéndole hablar *MS2.*

1001. respeto *QP1, QP2.*

i. ~~Vanse~~ *Sale... gala* [sic] ... *MS2.* Josef, *de galán. MS1.* ... *con cuadro. QP2.*

1006. perfecta *MS2.*

	que no tiene propriedad,
	porque de la facultad
	que al pintor dan al poeta
	no se ha de usar para hacer 1010
	en el arte imperfeción,
	sino para la invención.°
PINTOR.	¿Nada dejas de saber?
JOSEF.	Con buen discurso° se alcanza
	lo que se puede dudar. 1015
PINTOR.	Con razón, de Putifar
	eres toda la privanza.
JOSEF.	Ha sido favor del Cielo.
PINTOR.	Y le mereces mayor.
JOSEF.	Haced acabar, señor, 1020
	esos cuadros, que recelo
	que habrán de ser menester
	muy presto, en esta semana.
PINTOR.	Acabarela mañana.
JOSEF.	Sutil pintura ha de ser, 1025
	aunque esta noche imagino,
	según bien dispuesto está,
	que, entre los demás, será
	el cuadro más peregrino,°
	que imitan mucho el efeto 1030
	estas sombras y celajes,
	y de aquellos homenajes
	los humos.
PINTOR.	Eres discreto.
JOSEF.	Guárdete mil años Dios.
PINTOR.	¡Qué bien que mi ingenio alcanza 1035
	lo que es digno de alabanza!
JOSEF.	Más ingenio tenéis vos,
	pues un rostro habéis mostrado
	a la alabanza y la enmienda,

1007. propiedad *MS2*.

1011. imperfección *QP1, MS1, MS2*.

1022. habrá *MS1*.

1024. Acabarela ~~se~~mañana *MS2*.

1030. efecto *MS2*.

1033. los buenos *MS1*.

1035. tu *MS2*.

1038. pues a un *MS1*.

1039. a el alabanza *MS1*.   y a la *MS2*.

	sin que ninguno os ofenda,	1040
	que un artífice estremado,	
	quiere que los que más saben,	
	en cuanto hacer se disponga,	
	que nadie falta le ponga	
	y que todos se lo alaben,	1045
	y así, con la confianza	
	propria, muchos se perdieron,	
	y a muchos necios hicieron	
	la lisonja y la alabanza.	
	Andad con Dios y acabad	1050
	los cuadros, que no diré	
	al capitán lo que sé	
	de lo visto con verdad,	
	y enviad por el dinero	
	que se os debe.	
PINTOR.	Adiós, señor. *Vase.*	1055/j
JOSEF.	Secretario, Contador,	
	Mayordomo, Camarero,	
	Caballerizo, ¿qué hacéis?	
CAMARERO.	Mueve su grande presencia	
	a respeto y reverencia,	1060
	venir a que nos mandéis.	
JOSEF.	¿Qué hay de nuevo necesario?	
MAYORDOMO.	¡Qué natural gravedad!	
CONTADOR.	En casa hay necesidad.	

(Toma la pluma y escribe.)   k

JOSEF.	Despachar al Secretario	1065
	quiero primero por ser,	

1043. le disponga *MS1*.

1045. todo *MS2*.

1046. por la *MS2*.

1047. propia *QP1*.

1054. Falta «y» en *MS1*.

j. Falta en *MS1*.

1056. Secratario [*sic*] *QP2*.

1059–60. Miren su gracia y presencia / y le aborrezco en ausencia *MS1*.

1060. respecto *QP1, QP2*.

k. ... *y firma MS2*.

1065. Despechar [*sic*] *QP2*.

	según Putifar me avisa,	
	su negocio más de prisa.	
SECRETARIO.	Tiénele de responder	
	el Capitán, mi señor.	1070
JOSEF.	Ya sé lo que es el despacho.	
SECRETARIO.	¡No se ha visto en un muchacho	
	tal ingenio ni valor!	
JOSEF.	Esto es lo que se ha de hacer.	
	Bien lo podéis despachar.	1075

(Dale un papel.) l

SECRETARIO.	Puede esto al mundo admirar.	
	Sufrillo fuerza ha de ser. *Vase.*	m
JOSEF.	¿Qué quiere el Caballerizo	
	agora?	
CABALLERIZO.	Falta cebada	
	en casa.	
JOSEF.	¿No está firmada	1080
	la licencia que se hizo?	
CONTADOR.	Ella, y otras, tengo aquí	
	que son menester, a fe.	
JOSEF.	Dadme acá. Las firmaré.	
CONTADOR.	Con solo tu firma, di,	1085
	Josef, ¿le podrá librar	
	el dinero?	
JOSEF.	Contador,	
	el Capitán, mi señor,	
	me mandó, al salir, firmar,	
	y así le obedezco en esto.	1090
	Perdonadme el no poder	

1068. de más prisa *MS2*.

1073. y tal *MS2*.

1074. que ha *MS1*.

l. Falta en *QP1, QP2, MS1, MS2*.

1078. quiera *QP2*.

1079. aora *QP1, QP2*.

1081. libranza *MS1*.

1082. Y ella *MS2*.

1085. sola *MS2*.

1086. se podrá *MS1, MS2*.

1089. manda *QP2*.

1090. obedezca *QP2, MS1*.

	dejalle de obedecer.	
CONTADOR.	Yo también estoy dispuesto	
	a obedecer, pues él gusta.	
JOSEF.	Que de esto interés no espero	1095
	ya lo sabe el Tesorero,	
	con quien la cuenta se ajusta,	
	y aun si mi firma valdrá	
	como la de mi señor.	
CONTADOR.	No puede a mayor favor	1100
	llegar su privanza ya.	

Vanse el CABALLERIZO *y* CONTADOR. n

CAMARERO.	A saber el gusto solo,	
	de la seda del vestido	
	del Capitán, he venido.	
JOSEF.	El gusto es diverso polo	1105
	donde no puede negar	
	conocimiento estranjero	
	si no la ha visto primero,	
	mas, pues yo el voto he de dar,	
	y para el campo ha de ser	1110
	esta nueva gala, sea	
	de color de su librea.	
CAMARERO.	Yo te pienso obedecer. *Vase.*	o
MAYORDOMO.	Yo, saber los platos quiero	
	que en la mesa he de añadir.	1115
JOSEF.	En el gusto del vestir	
	y del comer considero	
	dos votos, y entrambos juntos,	

1092. dejallo *MS1*.

1095. Que di esto mires [*sic*] *MS1*.

1098. y así mi *MS1*.   fima [*sic*] *MS2*.

n. *Vase*... *QP1, QP2*.   Vase CABALLE-
RIZO *y* CONTADOR. *MS1*.   Vanse LOS DOS.
MS2.

1106. llegar *MS1, MS2*.

1108. le *MS1*.   lo *MS2*.

1112. el color de *MS2*.

o. Sigue al v. 1113 en *QP2*.

1115. en el gusto lo he *MS1*.

1117. y en el *MS1*.

1118. emtarmbos [*sic*] *MS2*.   justos *MS1*.

	porque dicen que ha de ser	
	al gusto de uno el comer,	1120
	y el vestir, a muchos gustos,	
	y así, los platos serán	
	de los que sabéis que gusta	
	más el Capitán.	
MAYORDOMO.	Es justa	
	resolución.	
JOSEF.	Los que están	1125
	con experiencia mejor	
	del señor el gusto saben.	
MAYORDOMO.	Tu ingenio todos alaben,	
	que es, en Egipto, el mayor. *Vase.*	p
JOSEF.	Invidia, aquí temo más	1130
	vuestros desvaríos locos,	
	porque en privanza muy pocos	
	tuvieron buen fin jamás,	
	y más ayudando vos,	
	que sois con las más subidas	1135
	el peso de sus caídas.	

Sale MITILENE.   q

MITILENE.	¡Oh, Josef, guárdete Dios!	
JOSEF.	Señora, el Cielo te guarde	
	como desea el amor	
	del Capitán, mi señor.	1140
	(*Ap.:* ¡No hay fiera que me acobarde	
	tanto como esta mujer!)	
MITILENE.	Cúbrete, Josef.	
JOSEF.	No mandes,	
	que con favores tan grandes,	

1120. a gusto *MS1.*

1122. ansí *MS1.*

1123. di los *MS1.*

1130. Envidia *MS1, MS2.*   a que *MS2.*

1131. desafueros *MS1.*

1135. sabidas *MS1.*

1136. Falta «el peso» en *MS1, MS2.*

q. Entra... *MS1.*

1141. Falta *Ap.* en *QP1, QP2, MS1.*

1143. Cúbrete. JOSEF. No *QP2.*   No me mandes *MS2.*

	me venga a desvanecer.	1145
	Bien estoy así, que soy	
	tu esclavo, y tú, mi señora.	
Mitilene.	Haz lo que te mando agora.	
Josef.	Mira la nota que doy	
	si de esa suerte me ven.	1150
Mitilene.	Pues, has de estar de esa suerte.	
Josef.	No tengo de obedecerte.	
	Así estoy, señora, bien.	
Mitilene.	¡Qué riguroso que estás!	
	¿De qué mármol eres hecho,	1155
	que ablandar tu duro pecho	
	no puedo, Josef, jamás?	
Josef.	Señora, ¿qué me has mandado	
	en que no te he obedecido?	
Mitilene.	Siempre, Josef, con olvido	1160
	mis memorias has pagado.	
Josef.	¿Qué olvidé que me mandases?	
	No te acabo de entender.	
	(*Ap.:* ¡Así tus reyes, mujer,	
	de entendellos acabases!)	1165
Mitilene.	Teniendo el entendimiento	
	que tienes, ¿no has conocido	
	este secreto escondido	
	del alma en el pensamiento,	
	que en los ojos le escribió	1170
	para que tú le leyeses	
	y el alma me conocieses?	
Josef.	Dudas que conozco yo	
	las mercedes que recibo,	
	mirando tu calidad,	1175
	y viendo la indignidad	
	que tiene un pobre cautivo,	
	nombre de ingrato pudiera	
	merecer si no alcanzara	
	a estimar lo que estimara	1180

1148. aora *QP1, QP2*.

1157. pudo *MS2*.

1164. Falta *Ap.* en *MS1, MS2*. Ass [*sic*] *QP2*. leyes *MS2*.

1165. *MS1* acota: *Aparte*. entendellas *MS2*.

1170. se escribió *MS1*. escrió [*sic*] *QP1*.

1180. Falta «a» en *MS1*.

LA ADVERSA Y PRÓSPERA SUERTE DE JOSEF

	otro que más mereciera,	
	y es poco encarecimiento	
	aunque un rey fuera tu esclavo.	
MITILENE.	En cuanto dices alabo	
	tu divino entendimiento,	1185
	pero, Josef, ¿no me entiendes...	
JOSEF.	(*Ap.*: ¡Agora soy desdichado!)	
MITILENE.	...no agradecer el cuidado	
	con que te miro? ¿Pretendes	
	de este modo, Josef, cuando	1190
	están, de él, mis ojos llenos?	
JOSEF.	Agora te entiendo menos.	
	(*Ap.*: ¡De tu infamia estoy temblando!)	
MITILENE.	Llégate y me entenderás.	
JOSEF.	Ya llego. ¿Estoy bien agora?	1195
MITILENE.	Llégate a mí más.	
JOSEF.	Señora,	
	bueno estoy.	
MITILENE.	Llégate más.	
JOSEF.	(*Ap.*: ¡Oh, flaca mujer, estoy	
	sin seso!)°	
MITILENE.	Muestra una mano,	
	muestra.	

	(*Tómale la mano.*)	r
JOSEF.	(*Ap.*: ¡Cielo soberano!,	1200

1182. encaracimiento [*sic*] *QP2.*

1183. fuese *MS2.*

1187. Falta *Ap.* en *QP1, QP2, MS1, MS2.* Aora *QP1, QP2.*

1188. Nn agradecer [*sic*] *QP1.* agradecen *MS1.*

1192. Aora *QP1, QP2.*

1193. Falta *Ap.* en *MS1.* su *MS1, MS2.*

1194. y a mí me *MS1.* entretendrás *QP1, QP2.*

1195. bueno ahora *MS1.* aora *QP1, QP2.*

1197. bien estoy *MS1.*

1198. Falta *Ap.* en *QP1, QP2, MS1, MS2.*

1199. esa mano *MS1.*

r. (*Tómasela.*) *MS2.* Falta en *MS1.*

1200. Falta *Ap.* en *QP1, QP2, MS1, MS2.*

       ¿qué es esto? ¡Perdido soy!
       Solo vuestro amparo espero.)
MITILENE. ¡Qué esquivo que estás conmigo!
JOSEF.   ¡Suelta ya!
MITILENE.   ¡Josef, amigo,
      por ti vivo y por ti muero!   1205
       ¡No me pagues con olvido
      y desdén!

       Sale ASENET.   s

ASENET.   (*Ap.:* ¿Qué es esto? ¡Cielos,
      mi madre me abrasa en celos!)
JOSEF.   ¡Pienso que el seso has perdido!
       ¡Suéltame!
ASENET.   (*Ap.:* ¿Con qué podré 1210
      echarla luego de aquí?)
MITILENE. No estaba, Josef, en mí.
      Perdona.
JOSEF.   Solo yo erré,
      y tú me has de dar perdón.
ASENET.   ¡Oh, madre, toda la guarda   1215
      dice que mi padre aguarda
      a que salgas al balcón,
       que quiere hablarte!
MITILENE.   Voy pues. *Vase.* t
JOSEF.   (*Ap.:* De un escollo huyendo voy
      apenas y en otro doy,   1220
      pero no daré al través,
       favoreciéndome el Cielo,
      que más daños satisfaga.)

1201. qué os [*sic*] *QP1*.

1202. ampara *QP2*.

1206. paguéis *MS2*.

s. *Entra* ASENET. *MS1*. ... SENET. *QP1, QP2, MS2*.

1207. Falta *Ap.* en *QP1, QP2, MS1, MS2*.

1209. ha *MS1*.

1210. Falta *Ap.* en *QP1, QP2, MS1, MS2*.

1211. echarle *MS1*.

1215. Falta «Oh» en *QP1, QP2, MS2*.

1219. Falta *Ap.* en *QP1, QP2, MS1, MS2*.

1223. mis *MS1*.

ASENET.	¿Cómo das tan mala paga	
	a mi amoroso desvelo?	1225
	¿Cómo, Josef, tan ingrato	
	eres a mi voluntad,	
	con celos, contra verdad,	
	del alma y el limpio trato?	
	A mi amor eres crüel,	1230
	teniendo amor a mi madre	
	en ofensa de mi padre.	
	¿No te está mejor con él,	
	di, Josef, emparentar,	
	por el casamiento mío,	1235
	que no con el desvarío	
	que intentas tu honor manchar?	
	Para poderte decir	
	esto, Josef, hice agora	
	que llamaba a tu señora,	1240
	mi padre.	
JOSEF.	Todo es mentir.	
ASENET.	¿Pues miento yo, ingrato?	
JOSEF.	No,	
	pero engáñaste en verdad,	
	porque de la honestidad	
	que a Mitilene le dio	1245
	el Cielo, estando tu madre,	
	no pudo nacerme a mí	
	pensamieto injusto aquí,	
	para ofender a tu padre.	
	Ese pensamiento loco	1250
	de ti, hermosa Asenet, huya,	
	que basta ser madre tuya	
	para no tenerla en poco.	
	Mira que es tu honor pensar	
	de tu madre, Asenet, bien,	1255
	pues de su injuria también	
	parte tienes de alcanzar,	

1229. alma y limpio *MS1*.

1235. con el *MS1*.

1237. su *MS1*.

1239. dije *MS1*.   aora *QP1, QP2*.

1246. siendo tu *QP1, MS1*.

1250. loco pensamiento *MS2*.

	fuera de que yo procuro	
	que el Capitán, mi señor,	
	presente tenga el honor,	1260
	como ausente, en mí seguro,	
	y a ser de importancia alguna,	
	mi vida se la ofreciera,	
	sábelo el Cielo, aunque fuera	
	la recompensa ninguna,	1265
	que, pues siendo irracional	
	un perro agradece el bien,	
	un hombre no fuera bien,	
	lo agradeciera tan mal,	
	y en lo que has imaginado,	1270
	¡ah, Asenet!, de casamiento,	
	es humilde pensamiento	
	conmigo haberte igualado,	
	que soy un esclavo tuyo	
	para tan dichoso empleo,°	1275
	y un advenedizo hebreo,	
	con que tus quejas concluyo.	
	No te acuerdes de ello más,	
	que es vileza imaginallo.	
ASENET.	Infinitas partes hallo	1280
	en ti. Muy humilde estás.	
	Ya sé que no te merezco	
	para tan dichosas bodas,	
	y que son escusas todas	
	a los celos que padezco.	1285
JOSEF.	Ya te supliqué dejases	
	tan humilde pensamiento.	
ASENET.	Cuando el celoso tormento	
	que padezco me aumentases,	
	ingrato, con lo que vi,	1290
	más rigor pudiera ser.	
JOSEF.	¿Qué pudiste, Asenet, ver?	

1260. ausente *MS1*.

1261. ~~que presente yo procuro~~ *MS1*.

1266. inracional [*sic*] *QP1, QP2*.

1271. ah, Senet *MS2*.   Falta «ah» en *MS1*.

1276. advenidizo *QP2*.

1287. injusto *MS1*.

1292. No pudiste *MS2*.

ASENET.	¿No le estabas dando aquí	
	la mano a mi madre agora?	
	¿Puedes negar la traición?	1295
JOSEF.	¡Qué loca imaginación!	
	Mostrábale a mi señora	
	esta esmeralda y rubí	
	que me dio tu padre ayer.	
	Mira si le he de ofender,	1300
	viendo que me trata ansí.	
	Y ya son más que desvíos,	
	Asenet, tus pensamientos.	
	¡Loca estás!	
ASENET.	Son sentimientos	
	de mis locos desvaríos.	1305
	¡Ay, Josef!, ¿que no has de ser	
	mío?	
JOSEF.	Palabra te doy,	
	si del estado en que estoy	
	en otro me vengo a ver	
	que pueda igualar contigo,	1310
	que es bien que ha guardado el Cielo	
	que no elija en todo el suelo	
	otra mujer, y me obligo,	
	que si hubiere de querer	
	otra, que también lo seas	1315
	si mi voluntad deseas.	
ASENET.	¿Hay más dichosa mujer?	
	Dame en señal que lo juras	
	esa mano.	
JOSEF.	Vesla aquí.	
ASENET.	Para tu esclava nací.	1320

Danse las manos, y sale la CRIADA.   u

1293. No la *MS1*.

1301. así *MS1, MS2*.

1303. Senet, sus *MS1*.

1308. si de este estado *MS1*.

1310. puede *MS1*.

1311. guarded *MS1*.

1312. sulo [*sic*] *MS1*.

1314. hubiera *QP2, MS2*.

1316. desas [*sic*] *QP2*.

1318. señas *MS1*.

CRIADA.	(*Ap.:* ¡Mis glorias quedan a escuras!º		
	¡Cielo!, ¿qué es esto que miro?		
	¡A Asenet le da la mano!		
	¡Ay, falso hebreo! ¡Ay, villano,		
	quéjome, lloro y suspiro!		1325
	¿Cómo la echaré de aquí?		
	Pero ya con la ocasión		
	se me ofrece una invención.)		
	¿Señora?		
ASENET.	(*Ap.:* ¡Triste de mí!)		
CRIADA.	Mitilene, mi señora,		1330
	te llama.		
ASENET.	(*Ap.:* ¡Ay de mí!) Ya voy.	*Vase.*	v
CRIADA.	Agora, hebreo, que estoy		
	contigo a solas, agora		
	mi razón has de escuchar,		1335
	mirando tu sinrazón,		
	pues eres de mi afición		
	dueño.		
JOSEF.	(*Ap.:* ¿Hay más que pasar?		
	¡Esto agora me faltaba!		
	¡Ya con la paciencia acabo!)		
CRIADA.	¿No sabes, ingrato esclavo,		1340
	que era yo tu humilde esclava?		
	¿Cómo no estimas mi amor?		
	¿Cómo, y con Senetº me das		
	celos? ¡Riguroso estás!		
JOSEF.	¿Qué celos ni qué rigor?		1345

1321. Falta *Ap.* en *QP1, QP2, MS1, MS2*. quedan oscuras *MS1*.   a obscuras *MS2*.

1323. Falta «A» en *MS1*.

1324. tirano *MS1*.

1325. que yo me lloro *MS1*.

1331. Falta «Ay de mí» en *QP1, QP2, MS2*.

1332. Aora *QP1, QP2*.

1333. aora *QP1, QP2*.

1337. Falta *Ap.* en *QP1, QP2, MS1, MS2*. Más hay *MS1, MS2*.

1338. aora *QP1, QP2*.   ahora *MS1*.

1339. acaba *QP1, QP2*.

1341. que soy *MS1*.

1343. Falta «Cómo» en *MS1*.

1345. ni ~~que~~ qué rigor *MS2*.

¿Qué amor ni qué ingratitud?
No te entiendo. Dejamé.°

Salen MITILENE *y* ASENET.   w

MITILENE.   Invención de tu amor fue.
CRIADA.   Así Dios me dé salud,
                       que quieras o que no quieras,   1350
                    que te tengo de abrazar,
                    o me tienes de acabar.

                    (Abrázale.)   x

JOSEF.   ¡Mujer, déjame!
MITILENE.   ¿Es de veras?
ASENET.   ¡Abrazo es!
MITILENE.   *(Ap.:* ¡De celos muero!)
ASENET.   *(Ap.:* ¡Muero de celos, o amor!)   1355
JOSEF.   Al Capitán, mi señor,
                    contarle este agravio espero,
                       que no ha de haber en su casa
                    tan grande disolución.
CRIADA.   En palacio un repelón   1360
                    por fruta de sartén° pasa.
                   (Ap.: Deja al amor, por juez,
                    que mi pensamiento abona,
                    y aqueste abrazo perdona,
                    que no lo haré yo otra vez.)   1365
MITILENE.   Tu padre viene.
CRIADA.   *(Ap.:* ¡Ay de mí!

---

w. *Entra*... *MS1. Sale*... *MS2.* ...
y SENET. *QP1, QP2, MS2.* ...MILITENE
[*sic*] ... *QP2.*

1347-48. MITILENE. Invención de tu
amor fue. / ASENET. Tú me llamas. ¿Para
qué? *MS1.*

1349. te dé *MS1.*

x. *(Abrázanse.) MS1.*

1354. Falta *Ap.* en *QP1, QP2, MS1, MS2.*

1355. Falta *Ap.* en *QP1, QP2, MS1, MS2.*
celos y amor *MS1, MS2.*

1359. tu gran *MS2.*   grande disolución *MS1.*

1361. sarté [*sic*] *MS1.*   pasta [*sic*] *QP2.*

1362. Deja el Amor *QP2, MS2.*

1362-65. Faltan en *MS1.*

1366. Falta *Ap.* en *QP1, QP2, MS1, MS2.*

292   LUIS VÉLEZ DE GUEVARA

|¡Si mi señora me oyó
perdida soy!)
JOSEF.   Ya volvió
el Capitán.

Sale PUTIFAR.

PUTIFAR.   Ya volví
de palacio solamente   1370
a deciros a las dos,
como es hoy de nuestro dios,
Apis, en la egipcia gente,
la general procesión,
y va Faraón en ella   1375
en público, y para vella
os he tomado un balcón
en lo mejor de la plaza
y en lo mejor del lugar.
Venildo, pues, a ocupar,   1380
que ya la fiesta se traza.
Ya Menfis, alborotada,
de regocijo está loca,
y toda a fiesta provoca,
de seda y oro colgada.   1385
MITILENE.   Vamos, pues es vuestro gusto.
PUTIFAR.   Quiero que cuando ocupéis
el balcón, al del sol deis
invidia.
JOSEF.   No os dé disgusto
que no vaya a acompañaros   1390
y serviros juntamente,
por ser mi ley diferente.
PUTIFAR.   Gusto, Josef, quiero daros.

1367. vio *MS1*.   1380. Venidlo *MS2*.

1369. Falta «PUTIFAR.» en *MS2*.   1382. Y Menfis *MS1*.

1371. los dos *MS1*.   1389. envidia *MS1*, *MS2*.

1372. es de *MS1*.   1392. pues es mi *MS1*.

1374-81. Faltan en *MS1*.

	Quedaos en casa enbuenhora.	
JOSEF.	Los pies mil veces te beso.º	1395
PUTIFAR.	Que os quiero bien os confieso.	
MITILENE.	(*Ap.:* Y quien lo escucha os adora,	
	y ésta es notable ocasión	
	para el pensamiento mío.	
	Perdonad mi desvarío,	1400
	Amor, que es ciega ocasión.)	
JOSEF.	Cuanto por hacer dejaste,	
	y tú acabar no pudiste,	
	hice luego que te fuiste	
	como, señor, me mandaste.	1405
	Conmigo estuvo el pintor,	
	y esta semana traerá	
	el último cuadro ya	
	acabado.	
MITILENE.	¡Qué dolor	
	sobre el corazón me ha dado	1410
	de repente, que me muero!	
	¡Detenme, Josef!	

(*Cáese sobre* JOSEF.)   z

PUTIFAR.	¡Mal fiero!,	
	¿tan de repente ha eclipsado,	
	Mitilene, vuestros soles?º	
	¡Mi gloria, mi bien, mi amor,	1415
	en nieve trocó el color	
	de sus rojos arreboles!	
ASENET.	Notable desmayo ha sido,	
	señora.	
CRIADA.	¡Ay!, ¿muerta mi ama?	
PUTIFAR.	Llévala, Josef, a la cama	1420
	en brazos por que el sentido	
	volvelle en ella podamos,	
	y los médicos llamad.	

1397. Falta *Ap.* en *MS1*.

1401. pasión *MS2*.

z. Déjase caer... *MS1*. Cae en los brazos de JOSEF. *MS2*.

1412. Mal tan fiero *QP1, QP2, MS2*.

1419. ¡y! [*sic*] ¿Muerta *QP2*.

1420. Llévala a la *QP1, MS2*. Llevalla a la *QP2*.

                    (*Ap.:* ¡Qué notable enfermedad!
                    ¡Bien la fiesta celebramos!)   *Vanse.*   1425/AA

                    Salen el CAMARERO *y el* MAYORDOMO.   BB

CAMARERO.   ¿Que tan de repente ha sido?
MAYORDOMO.   ¿Tan de repente esto pasa?
                    Alborotada la casa
                    está, y ella sin sentido.
CAMARERO.   ¡Qué riguroso acidente!   1430
                    Alguna triste pasión
                    debe ser del corazón
                    que aprieta así de repente.

                    Sale JOSEF.   CC

JOSEF.   ¡Líbreme de ti, mujer,
                    el Cielo! ¡No estoy en mí!   1435
                    No sé...
CAMARERO.   Josef viene aquí.
                    De él lo podremos saber.
MAYORDOMO.   Josef, ¿qué hay de mi señora?
JOSEF.   Un desmayo solo ha sido,
                    mas ya volvió en su sentido   1440
                    y queda mejor agora.
MAYORDOMO.   Tan buenas nuevas ninguno
                    que no fuera tú pudiera
                    darnos.
JOSEF.   Yo me salí fuera
                    luego que peligro alguno   1445
                    en su enfermedad no vi.
MAYORDOMO.   Allá podremos entrar,

AA, BB. *Vanse, y salen...* MS2.   1436. *sale* MS1.

BB. *Sale en el* [sic]... QP2. *Entran..   1437. *podemos* MS1.
. y* MAYORDOMO. MS1.
                                             1440. *queda* QP1, QP2, MS2.
1430. *accidente* QP1, QP2, MS2.
                                             1441. *aora* QP1, QP2.
CC-1434. *Sale* JOSEF. *Líbreme* MS2.
                                             1447. *podemos* MS1.
1434. *Líbreme* el Cielo *de ti* MS1.

	para ver si Putifar	
	nos ha menester.	
	Vanse Los Dos.	DD
JOSEF.	Aquí	
	el seso perdiendo estoy.	1450
	La enfermedad fue fingida.	
	¡Ah, mujer más fementida	
	que, de cuantas viven hoy	
	y han pasado, se tendrá	
	entre los hombres memoria,	1455
	tu infame y lasciva historia	
	amenazándome está!	
	Pero el Cielo, de mi parte,	
	y contra su loco amor,	
	me ha de dar siempre valor	1460
	que en castos pechos reparte,	
	y como a la invidia, pudo,	
	que me maltrató, rendir,	
	la lascivia resistir,	
	podré con el mismo escudo	1465
	de este fuego que sospecho	
	salir, pienso, como el sol,	
	que la ocasión es crisol	
	para resfrïar el pecho,	
	que cuando pensé que daba	1470
	con el parasismo fuerte,	
	postrer tributo a la muerte	
	que sus sentidos llamaba,	
	me apretase de manera	
	la mano, que aun Putifar,	1475
	casi pudo sospechar	
	su intento. ¿Hay mujer más fiera?	
	Sin duda el seso ha perdido,	
	y así como Mitilene,	

DD. *Vanse. MS1.* Falta en *MS2.*   1458-69. Faltan en *MS1.*

1454. tendrán *MS2.*   1462. lascivia *QP1.*   envidia *MS2.*

1456. tu flaca y *MS1.*   1470. cuando pensé que quedaba *MS1.*

| | que es cabeza, no la tiene, | 1480 |
| | andamos todos perdidos. | |

                        Sale la CRIADA.   EE

CRIADA.   Mi señora me ha mandado,
          Josef, que te llame agora.
JOSEF.   ¿Pues cómo está mi señora?
CRIADA.   Buena, Josef, ha quedado,   1485
        y Asenet y el Capitán,
        Josef, mi señor y tuyo,
        por preciso gusto suyo,
        a la procesión se van
        y los tres solos en casa   1490
        hemos quedado.
JOSEF.   ¿Por qué
        también Asenet se fue?
CRIADA.   Porque a la fiesta que pasa
        quiso su madre que fuese,
        diciéndole que entre tanto   1495
        reposar pretende.
JOSEF.   (*Ap.:* ¡Oh, santo
        Cielo, tu ayuda no cese!,
        que ya el campo me presenta
        esta enemiga mujer.
        No le permitas vencer   1500
        que ganarme el alma intenta.)
CRIADA.   Entra, acaba, que te llama.
JOSEF.   No es razón que yo entre agora
        adonde está mi señora

1480. le *MS1*.

1481. andan *MS2*.

EE. *Entra*... *MS1*.

1483. aora *QP1, QP2*.

1487. y el tuyo *MS2*.

1488. precioso *QP2*.

1492. Senet *QP1, QP2, MS2*.

1493. Porque la *MS1*.

1494. viese *MS1*.

1496. Falta *Ap.* en *QP1, QP2, MS1, MS2*.

1500. la *MS1*.

1501. ganar el *MS1*.

1503. aora *QP1, QP2*.

1504. señera [*sic*] *QP2*.

	sola, y desnuda en la cama.	1505
	Tú te debes de engañar.	
CRIADA.	De espacio estás. Entra pues,	
	que te llama.	
JOSEF.	¿Tú no ves	
	que no me es lícito entrar?	
CRIADA.	Si ella no ha advertido en ello,	1510
	¿por qué tú lo has de advertir?	
	Desde aquí puedes oír	
	su voz también.	
JOSEF.	Echó el sello	
	esta vez la suerte mía.	
	Entra tú también acá.	1515
CRIADA.	A solas te quiere allá.	
JOSEF.	¡Qué rigurosa porfía!	
CRIADA.	Sin duda, que determina,	
	como en saber te acrisolas,	
	consultar contigo a solas	1520
	alguna gran medicina.	
JOSEF.	(*Ap.*: Ninguna el jüicio tiene	
	que su mal pueda curar.)	
CRIADA.	Josef, acaba de entrar,	
	que te aguarda Mitilene	1525
	y encárgote allá mis celos,	
	que te quiero bien a fe.	
JOSEF.	¡A la cisterna no entré	
	con tantos temores! ¡Cielos! *Vase.* FF	
CRIADA.	¡Válgame Dios!, ¿para qué	1530
	Mitilene llamará	
	a Josef y me dirá	
	que aquí a la puerta me esté?	
	Varias imaginaciones	
	en este caso me dan,	1535
	que anegando el alma están	
	entre un mar de confusiones.	

1507. Despacio *MS2*.

1518. Falta «CRIADA.» en *MS1*.

1522. Falta *Ap*. en *MS1*, *MS2*. mi juicio *MS2*.

1525. Mitiline *QP2*.

1528. En la cisterna *MS1*.

1531. Mitiline *QP2*.

1537. con un mar *MS2*.

               Si mis sospechas han sido
               verdaderas como pienso,
               darame muerte el inmenso   1540
               dolor.

        Sale MITILENE *en manteo,*° *asida a la capa de* JOSEF.   GG

JOSEF.   ¿Estás sin sentido?
                   ¡Suelta, señora!
MITILENE.   ¡Tirano!,
               ¿por qué no miras mi amor?
JOSEF.   Debo mucho a mi señor.
MITILENE.   ¿Y no a mi amor, inhumano?   1545
JOSEF.   ¡Suelta, señora, que estás
               sin seso! ¡Suéltame, suelta!
MITILENE.   A mujer que está resuelta
               enfrenar es por demás.
JOSEF.   La capa, pues, de esa suerte,   1550
               mujer, en tus manos dejo,
               como culebra el pellejo,
               para escapar de la muerte.

        Huye JOSEF *y déjale la capa en las manos.*   HH

MITILENE.   ¡Espera, tirano hebreo!
               ¡Esclavo, enemigo, espera!   1555
               ¿Cómo, llevándome el alma,
               sola una capa me dejas?
               ¿Cómo huyes vitorioso
               y la que vencida queda,
               goza huyendo su enemigo   1560
               los despojos de la guerra?
               ¿Por qué te vas si te adoro?
               ¿Por qué, si te sigo, vuelas?
               ¿Qué soborno al vuelo hiciste
               que te dio su ligereza?   1565
               ¡Ruego a Dios que huyendo caigas,
               aunque con alas te ausentas,

   GG. *Sale* JOSEF, *y* MITILENE *en manteo,*   HH. *Huye* JOSEP... QP2.   *Vase, dejan-*
asida de su capa. MS1.   *do la capa en manos de* MITILENE. MS2.

                        1558. *victorioso* MS2.

	y tropieces cuando corras,	
	en tu ligereza mesma!	
	¡Para tragarte, tirano,	1570
	se vuelva bocas la tierra	
	o, para abrasar tus alas	
	el aire fuego se vuelva,	
	y las plumas abrasadas,	
	desde tu misma soberbia	1575
	des en el mar de mi llanto	
	que a su propio dueño anega,	
	pero nada te ofenda,	
	y solo sirvan estas tristes quejas	
	de dar descanso al alma que me llevas!	1580
CRIADA.	(*Ap.:* Ciertos mis celos han sido,	
	ciertas fueron mis sospechas.	
	Este es hechizo que tiene	
	toda la casa revuelta.	
	Mitilene está perdida	1585
	por él, y la causa es esta	
	de haberse en casa quedado	
	y haberse fingido enferma.	
	Aquí me importa la vida	
	el disimular con ella	1590
	y el encubrirse este caso.)	
MITILENE.	¡Espera, tirano, espera!	
	¿Adónde° te has escondido	
	de mis ojos? ¿Dónde piensas	
	llevarme el alma que usurpas	1595
	con ingratitudes fieras?	
CRIADA.	¿Señora?	
MITILENE.	¡Déjame!	
CRIADA.	Mira...	
MITILENE.	No puedo, que estoy muy ciega,	
	y el que me niega su vista	
	tras sí los ojos me lleva.	1600

1569. misma ligereza *MS2*.

1577. que su *MS1*. proprio *QP2, MS1*.

1581. Falta *Ap.* en *QP1, QP2, MS1, MS2*.

1584. toda esta casa *QP1, QP2*.

1587. haber en *MS1*.

1591. el encubrir este *MS1*.

1599. me lleva su vista *MS1*.

                Si no has parado, enemigo,
                ruego a Dios que tu carrera
                te lleve a precipitar
                y en átomos te resuelvas.
                No quede de ti pedazo   1605
                por que aun memorias no vean
                en ti, los ojos humanos,
                castigo a tu ingrata ofensa.
                Pero, nada te ofenda,
                y solo sirvan estas tristes quejas   1610
                de dar descanso al alma que me llevas.

PUTIFAR, *dentro*.   ¿Qué es esto? ¿Qué ha sucedido?
                ¡Hola!, ¿qué voces son éstas?
CRIADA.   ¡Mi señor viene!
MITILENE.   ¡El rigor
                de mi furor hoy empieza!   1615

            Sale PUTIFAR, *y el* CAMARERO *y* MAYORDOMO.   II

PUTIFAR.   ¡Cielos!, ¿qué es esto que miro?
                ¿No es Mitilene? ¿Qué nueva
                causa así la descompone?
MITILENE.   ¡Ingrato a tu dueño, espera,
                que hoy la ofensa has de pagar!   1620
PUTIFAR.   ¿Quién, mi bien, os hace ofensa?
                ¿Qué es esto? ¿Quién os agravia?
MITILENE.   ¡Oh, señor, a tiempo llegas,
                que podrás darme venganza!
PUTIFAR.   Dejé al rey, dejé la fiesta,   1625
                por saber, señora mía,
                nuevas de la salud vuestra,
                y encuentro, entrando en mi casa,
                de ofensas y agravios nuevas.
MITILENE.   Eso espera de un ingrato   1630

1606. porque aun ni memorias vean *MS1*.

1607. humanos ojos *MS2*.

1612. Falta «dentro» en *QP1, QP2*. Dentro PUTIFAR. *MS1, MS2*.

II. *Entra*... *MS1*. *Sale* PUTIFAR, CAMARERO *y* MAYORDOMO. *MS2*.

1617. Mitiline *QP2*.

1621. mi ~~dueño~~ bien *MS2*.

1624. podrás tomar *MS1, MS2*.

	quien le levanta de tierra.	
PUTIFAR.	Habladme, mi bien, más claro.	
	Remediaré vuestras quejas.	
MITILENE.	Ese hebreo, ese villano	
	de ingrata naturaleza,	1635
	ese que en mi casa hiciste,	
	imagen de la soberbia,	
	con tantas honras, que han sido	
	las alas para tu ofensa,	
	viéndome sola, señor,...	1640
	Aquí enmudece la lengua,	
	y como propios agravios,	
	a publicallos no acierta.	
PUTIFAR.	¿Qué hizo, al fin?, que loco estoy	
	adivinando mi afrenta.	1645
MITILENE.	Hasta mi cama se entró,	
	que, intentando con ternezas	
	primero manchar tu lecho,	
	y no pudiendo, por fuerza	
	quiso después intentallo,	1650
	y yo, de cólera fiera	
	llena el alma, arremetí	
	para la justa defensa,	
	y él, temeroso y turbado,	
	huyendo esta capa deja	1655
	en mis manos, prendas viles,	
	como testigos sin lenguas,	
	de su delito y tu agravio.	
PUTIFAR.	¡Basta! ¿Quién tal entendiera?	
	¡Ah, perro ingrato, villano	1660
	hebreo, hoy verá la tierra	
	qué ejemplo dejo de ti!	
	¡Buscalde, todos, apriesa!	
	¡No dejéis en Menfis toda	
	un ladrillo ni una piedra	1665

1636-39. Faltan en *MS1*.

1642. proprios *QP2, MS1, MS2*.

1645. ofensa *MS1*.

1653. pero la *QP1, QP2*.

1660. Oh *MS1*.

1661. hebreo de falsa seta *MS1*.

1662. quedo *MS1*.

1663. Buscadle *MS2*.

	buscando a este ingrato esclavo!	
MAYORDOMO.	Hoy las mercedes inmensas	
	que le has hecho a un vil señor	
	las paga de esta manera.	
PUTIFAR.	Buscalde agora y dejadme.	1670
	Andad.	
CAMARERO.	Ya vamos. Espera. *Vanse.*	JJ
CRIADA.	¡Piadosos cielos, volved	
	por su afligida inocencia!	

Sale JOSEF, *y los* CRIADOS. KK

JOSEF.	Pienso, señor, que me llamas.	
	¿Qué mandas?	
PUTIFAR.	¡Qué desvergüenza	1675
	tan notable! ¡Vive el Cielo	
	que le he de dar muerte fiera!	
MITILENE.	Señor, no manches las manos	
	en tan abatidas prendas.	
	Otro castigo es mejor.	1680
	(*Ap.:* Ya de lo dicho me pesa,	
	pero no he podido más.)	
JOSEF.	Si os he hecho alguna ofensa,	
	humilde la muerte aguardo,	
	que no os hago resistencia.	1685
PUTIFAR.	¡Perro, villano!, ¿eso dices?	
JOSEF.	(*Ap.:* Por aquí esta sierpe intenta	
	mi desdicha.)	
PUTIFAR.	¡Desnudalde!	

(*Lléganle a desnudar.*) LL

1666. ese *MS2*.

1669. la paga *QP2*.

1670. Dejadle *MS2*. aora *QP1, QP2*.

1673. inociencia *QP1, QP2, MS1*.

KK. *Entra*... *MS1*. ... *y* CRIADOS. *MS2*.

1680. castigo mejor *QP2*.

1681. Falta *Ap.* en *MS1*.

1686. ¡Perro!, ¿eso *QP1, QP2, MS2*.

1687. Falta *Ap.* en *QP1, QP2, MS1, MS2*.

1688. Desnudadle *MS2*.

LL. (*Desnúdanle.*) *MS2*.   Falta en *MS1*.

JOSEF.	No será la vez primera	
	que me han dejado desnudo,	1690
	y quizá mi sangre mesma.	
PUTIFAR.	¿Esto tengo yo en mi casa,	
	villano? ¿De esta manera	
	pagas los favores nuevos?	
MITILENE.	(*Ap.*: Aun así tiene belleza.)	1695
PUTIFAR.	¡Traed cadenas y esposas!	
JOSEF.	¡Vengan daños, males vengan!	
	¡Desdichas y penas bajen	
	como yo al Cielo no ofenda!	

Sale el CABALLERIZO *con las prisiones.*   MM

CRIADA.	(*Ap.*: Lástima tengo de velle.)	1700
CABALLERIZO.	Aquí está ya la cadena,	
	y las esposas.	
PUTIFAR.	Llegad,	
	y ponédsela.	
CRIADA.	(*Ap.*: De pena	
	estoy traspasada el alma,	
	mas al honor de esta fiera	1705
	que le despedaza importa	
	tener la lengua de piedra.)	

(Pónenle esposas y cadena.)   NN

CABALLERIZO.	Ya está de hierro cargado.	
JOSEF.	Todo, por Dios, poco pesa.	
PUTIFAR.	A la cárcel le llevad	1710
	agora de esa manera,	
	y al alcaide le diréis	
	que, si mi amistad profesa,	

1695. Falta *Ap.* en *MS1, MS2*.

1697. males, daños *MS1*.

1698. males bajen *MS2*.

MM. Entra... *MS1*. Sale UN CRIADO, con prisiones. *MS2*.

1700. Falta *Ap.* en *MS1*.   Falta en *QP1, QP2, MS2*.

1701. estaba *MS2*.

1702. los despojos [*sic*] *QP1, QP2*.

1703. Ponédselas *MS1*.   Falta *Ap.* en *QP1, QP2, MS1, MS2*.

NN. ... *la cadena y esposas MS1*.

1711. aora *QP1, QP2*.

	en llegando haga el verdugo,	
	sin género de clemencia,	1715
	que amarrado a una coluna,	
	le azote con tanta fuerza	
	que el mármol quede manchado	
	con la sangre de sus venas,	
	y que se sirva en la cárcel	1720
	de él después hasta que muera.	
CRIADA.	(*Ap.:* ¡Qué lastimoso castigo!)	
PUTIFAR.	Andad con él.	
MAYORDOMO.	¡Vamos, ea!	
PUTIFAR.	Vamos, señora.	
MITILENE.	(*Ap.:* ¡Voy loca!)	
JOSEF.	¡Vuelva Dios por mi inocencia! *Vanse.*	1725/OO

Sale JACOB, *la barba más crecida, y la cabellera signada*   PP
en la cabeza si no es ceniza, y por la cara, con ropa
negra o un saco de jerga ceñido, y un báculo.

JACOB.	Nunca ceséis de llorar,	
	ojos, el bien que perdistes,	
	y pues no veis los que vistes,	
	llorad siempre sin cesar.	
	Pluguiera al Cielo que un mar,	1730
	pues habéis llorado tanto,	
	pudiérais hacer de llanto	
	y pasara de esa suerte	
	el estrecho de la muerte	
	que navega el mundo tanto.	1735
	¡Ay, Josef! ¡Ay, mi alegría!,	

1714. haga al verdugo *QP1, MS1, MS2.*

1716. columna *MS2.*

1722. Falta *Ap.* en *QP1, QP2, MS1, MS2.*

1724. Venid, señora *MS2.* Falta *Ap.* en *QP1, QP2, MS1, MS2.*

1725. inociencia *MS1.*

OO, PP. *Vanse* TODOS, *y sale* JACOB, *con un saco de jerga vestido. MS2.*

PP. *Sale* JACOB... *caballera sin nada en la cabeza, con ropa negra... con báculo. MS1.*

1727. perdisteis *MS2.*

1728. visteis *MS2.*

1730. Plubiera *MS1.*

1732. del llanto *MS2.*

1735. quien navega *MS2.*

¿dónde estás que no te veo?
¿Qué nublado obscuro y feo
eclipsó el sol de tu día?
Buscándote, prenda mía,   1740
como si no fueses muerto
ando de mi mal incierto
la noche y día engañado,
que como quien ha soñado,
te pruebo a buscar despierto.   1745
  En cualquier parte imagino
que te tengo de encontrar,
y lloro en cualquier lugar
mi caduco desatino.
Luego volver determino   1750
segunda vez a engañarme,
a llamarte y a quejarme,
como a mis voces no vienes,
y mientras más te detienes,
más tardo en desengañarme.   1755
  Josef, ¿qué tardanza es esta
a mi vejez afligida,
que me cuesta tanta vida
y tanto llanto me cuesta?
¡Josef, Josef! ¿No hay respuesta?   1760
¿Dónde estás, mi bien, adónde?
Ni aun el eco me responde,
porque mi fortuna atroz,
ascondiéndome su voz,
hasta el engaño me asconde.   1765
  ¿Dónde iré, triste de mí,
si el báculo me ha faltado
en que yo andaba arrimado?,
mas Benjamín está ahí,
que podrá serlo. No fui   1770
tan desdichado en quedar
sin él, pues en tu lugar

1739. al *QP2, MS2*.

1752–55. mas será para acabarme / el dolor y pena mía / ~~quien~~ que ya tanto te quería / cómo podré consolarme *MS1*.

1764. escondiéndome *MS1, MS2*.

1765. asconde *QP1, QP2*. absconde *MS1*. esconde *MS2*.

1772. su *MS1*.

          este consuelo me queda,
          pero no hay, Josef, quien pueda
          vuestro lugar ocupar.   1775
             Quiero hacer cuenta que estoy
          hablando, Josef, contigo,
          que pues que vienes conmigo,
          fuera de razón no voy.
          ¿Qué te has hecho, Josef, hoy?   1780
          ¿Dónde, mi bien, has estado,
          que tanto tiempo has tardado?
          Muy tarde a casa has venido.
          ¿Dirás, andando perdido,
          que has ido viendo el ganado?   1785
             ¿Cómo están los recentales?
          ¿Están muy gordas las crías?
          ¿Hace allá mejores días
          que los que paso inmortales?
          ¿Jugaste con los zagales   1790
          a sus juegos aldeanos?
          ¿Traes de materón las manos
          llenas para Benjamín?
          ¿Cómo, Josef, te va al fin
          de invidia con tus hermanos?   1795
             Dirás que muy mal te ha ido,
          y creerelo yo también.
          Dame esos brazos, mi bien,
          y seas muy bienvenido,
          que bien deseado has sido.   1800

                    Sale BENJAMÍN.   QQ

1775. ~~ocupar~~ vuestro lugar ocupar *MS1*. ocupar vuestro lugar *MS2*.

1778. que te llevo conmigo *MS1*. que te llevo ~~contigo~~ conmigo *MS2*.

1780. hecho, mi Josef *QP1, QP2*.

1785. ido a ver *MS2*.

1788. Más son las penas mías *MS1*.

1789. que estos que *MS1*.

1792. traes natas a tus hermanos *MS1*. naterón [*sic*] *QP2, MS2*.

1793. lanas *MS1*.

1794-95. ~~Dirás que muy mal, en fin / te ha ido con tus hermanos~~ ¿Cómo, Josef, te va al fin / con los lobos inhumanos? *MS1*.

1795. envidia *MS2*.

1797. y créolo yo *MS1, MS2*.

QQ. Entra... *MS1*.

BENJAMÍN.	(*Ap.:* Hablando consigo está mi padre.)	
JACOB.	Abrázame ya.	
BENJAMÍN.	A mí debe de decir.	
	(*Ap.:* Llegar quiero, a recibir los abrazos que me da.)	1805

(Llega y abrázale BENJAMÍN.*)* RR

JACOB.	Ya parece que os toco. Llegad, mi Josef, llegad. Pero, ¿qué es esto? ¡Verdad me parece, o estoy loco! ¡A mil gustos me provoco! ¿A Josef abrazos doy? ¿Quién eres?	1810
BENJAMÍN.	Benjamín soy, tu hijo.	
JACOB.	¡Ah, suceso estraño, qué poco duró mi engaño, y cuán engañado estoy!	1815
BENJAMÍN.	Mis hermanos han venido, padre, por carne y por pan, y solo aguardando están que se lo den.	
JACOB.	¿Han traído, Benjamín, de mi querido Josef nuevas?	1820
BENJAMÍN.	No, señor.	
JACOB.	Por consolar mi dolor, ¿no me dijeras que sí?	
BENJAMÍN.	Si es muerto, ¿cómo?	
JACOB.	¡Ay de mí, que es cierto, al fin! ¡Qué rigor!	1825

1804. Falta *Ap.* en *MS1*. cevibir [*sic*] *MS2*.

1806. Ya me parece *MS1*.

1810. Falta «me» en *QP1, QP2*.

1813. Oh *MS2*.

1815. voy *MS1*.

1817. par [*sic*] carne *QP2*.

1819. se le [*sic*] *MS2*.

1823. que si hubiera mentido *MS1*.

1824–25. Faltan en *MS1*.

BENJAMÍN.	Si das, padre, siempre en eso	
	todas las noches y días,	
	las largas melancolías	
	vendrán a quitarte el seso.	
	Que es justo, señor, confieso	1830
	el fin sin dicha temprano	
	de Josef, mi amado hermano,	
	pero no ha de ser de suerte	
	que derribe con su muerte	
	todo ese edificio° humano.	1835
	Hijo de Raquel soy yo,	
	como Josef. Miramé,	
	y consolarte podré,	
	ya que el Cielo esto ordenó.	
JACOB.	¡Ay, Benjamín, que faltó	1840
	la luz de los ojos míos!	
BENJAMÍN.	No son ojos, que son ríos,	
	que entiendo que han de llevar	
	tras ti, de la muerte al mar,	
	y a nuestros despojos fríos,	1845
	todos hemos de morir	
	en la muerte que te das.	
JACOB.	Benjamín, prudente estás.	
	Ya comienzas a seguir	
	en el hacer y decir	1850
	a Josef, tu hermano amado.	
	Tú solo me has consolado.	
	Remedio siento contigo.	
	Vente solo a hablar conmigo.	
	Engañaré mi cuidado. *Vanse.*	1855/SS

Salen DOS CRIADOS *del rey Faraón, de palacio.*   TT

1831. el fin, sin dicha, temprano que llores al fin temprano *MS1*.

1833. han *MS2*.

1835. todo el *MS1*.   edificio en vano *QP1, QP2, MS2*.

1840. Hoy *QP1, QP2*.

1843. llover [*sic*] *QP1, QP2*.

1846. de sentir morir *MS1*.

1848. prudentes *QP2*.

1855. Engañarás *MS1*.

SS, TT. *Vanse, y salen* DOS CRIADOS *del REY FARAÓN*. *MS2*.

TT. Falta en *MS1*.

1.º	Soñó el rey Faraón un sueño grave,	
	y convocando a Menfis cuantos sabios	
	hay en Asia y en África, ninguno	
	no ha podido alcanzar el pensamiento,	
	y ansí, confuso el rey, todos los días	1860
	aquí aparece en público en un trono	
	que fabricado tiene para el caso,	
	todos los días, y acudiendo muchos	
	sabios, que cada día acuden tantos,	
	que es Menfis ya de ciencias una escuela.	1865
	Propone el sueño para ver si alguno	
	da la declaración que el rey aguarda.	
2.º	¡Notable confusión de sueño ha sido!	
	Sin duda, algún secreto encierra el Cielo	
	entre su escuridad. Él lo declare	1870
	y ampare a Egipto, que, afligido, teme,	
	con este sueño, alguna desventura.	

Salgan Los que pudieren *con ropas como sabios, tocan chirimías,*° UU
descúbrese un trono y en él Faraón, *vestido con cota y faldón
a lo romano, cetro y corona, y* Todos *se hincan de
rodillas, y a una parte* Putifar, *y* Un Copero.

Faraón.	Levantaos de la tierra, y ved si alguno	
	en la declaración del sueño ha dado.	
	¿Mudos estáis? ¿Ninguno acierta al blanco	1875
	de mi profundo sueño? ¡Estraña cosa!	
Sabio 1.º	Todos, señor, nos hemos desvelado	
	con libros y diversos pensamientos	
	revolviendo la esfera y no dejando	
	influjo en los humanos corazones,	1880

1856. Criado 1.º Soñó el rey Farón [*sic*] *MS2*.

1856-1941. Faltan en *MS1*.

1859. alcar [*sic*] *MS2*.

1860. así *MS2*.

1867. de la *MS2*.

1868. Criado 2.º *MS2*.

1870. obscuridad *MS2*.

UU. *Salen... descúbrese en un... MS2.
... rodillas, a una... QP1, QP2.* Falta en *MS1*.

1874. delclaración [*sic*] *MS2*.

1877. 1.º Sabio. *MS2*.

1880. Falta en *QP1*.

	y no entendemos su confusa enigma.°	
Copero.	Si de tu egipcia majestad sagrada	
	tengo licencia, quiero hablar.	
Faraón.	Sí, tienes.	
	Habla de este suceso. ¿Estás medroso?	
Copero.	Cuando, por voluntad tuya, en la cárcel	1885

      tu panadero y yo, copero tuyo,
      fuimos presos, por cosas bien distintas,
      pues así los efetos resultaron,
      estando un día tristes por dos sueños
      que habíamos la noche antes tenido,   1890
      un hebreo entró a vernos que está preso
      muchos días habrá, por orden sola
      de Putifar, que fue, señor, su esclavo,
      de gentil parecer y entendimiento,
      y hallándonos así, tristezas le contásemos   1895
      la causa. Yo le dije ser dos sueños,
      y su declaración escura darnos
      pesadumbre mortal. Rogonos luego
      que se le diese parte de ellos, dando
      consuelo a nuestros ánimos confusos.   1900
      Contele yo mi sueño de este modo:
      Yo vi cerca de mí con tres sarmientos
      una abundante vid que de racimos,
      poblándose las uvas, esprimía
      sobre tu copa y a beber te daba.   1905
      «El sueño da a entender», dijo el hebreo,
      «que dentro de tres días habrás vuelto
      al oficio primero que tuviste.
      Suplícote que, en viéndote en palacio,
      tengas de mí memoria y le declares   1910
      al rey que estoy sin culpa en esta cárcel».
      Contole el panadero el sueño suyo,
      y díjole que dentro de tres días

1883. Capero. [*sic*] *QP2*.

1885. Capero. [*sic*] *QP2*.

1887. distantes *MS2*.

1888. efectos *QP1, QP2, MS2*.

1895. hallando así tristes dijo [*sic*] *MS2*. ansí *QP1*.

1897. obscura *MS2*.

1904. vuas [*sic*] *QP2*.   uvas, se esprimía *MS2*.

1906. El Señor da *MS1*.

	estaría en la horca, y esto todo	
	sucedió como dijo, y hasta agora	1915
	no he tenido memoria, siendo ingrato,	
	al bien que me hizo en declarar mi sueño.	
	Yo pienso que ese solo podrá el tuyo	
	dar la interpretación que le deseas.	
Faraón.	No hay cosa que se olvide más aprisa	1920
	que el beneficio, como dijo un sabio.	
	Vayan por este hebreo.	
Putifar.	Ya ha partido	
	un soldado por él. Ese es mi esclavo,	
	a quien yo, por su raro entendimiento,	
	estimé de manera que le hice	1925
	en mi casa otro yo, y con testimonio	
	de mi difunta esposa Mitilene,	
	le puso de la suerte que has oído,	
	y a su muerte dejó un papel cerrado	
	que, abriéndole, leí aquesto dentro:	1930
	«Josef no te ha ofendido, que fue solo	
	vana imaginación del pensamiento.	
	Pide por mí perdón a su inocencia».	
	Y ha sido su desdicha tan notable,	
	que no he tenido de él memoria alguna.	1935
Faraón.	Pues es tan desdichado, él es, sin duda,	
	mozo de grandes prendas.	
Putifar.	Te prometo	
	que su ingenio no iguala ningún hombre.	
Faraón.	Afición le he cobrado a solo el nombre.	

Sale Un Soldado, *y* Josef, *desnudo como le prendieron.*   VV

Soldado.	Entra, esclavo, que espera el rey.	
Josef.	Ya llego.	1940
Soldado.	Pon la rodilla en tierra.	

1915. digo *QP1, QP2.*

1917. la [*sic*] bien *QP2.*

1918. eso solo podrá el suyo *QP2.* este solo podrá a tu sueño *MS2.*

1924. quien, por *MS1.*

1929. papel [Borradura] cerrado *MS2.*

1930. abriednole [*sic*] *QP2.*

1933. inociencia *QP1.*

VV. *Vanse. Entre el rey* Faraón, *y* Un Soldado, *y* Josef, *y* Putifar. *MS1. Sale* Josef *como le prendieron, y* Un Soldado. *MS2.*

Putifar.	Ya le tienes en tu presencia.
Faraón.	De la suya puedo colegir su divino entendimiento. No he visto en hombre tan hermoso agrado. Levántate del suelo, y si no sabes a qué has venido, escucha atentamente.
Josef.	Ya sé que vengo a declarar un sueño, que ha días que le tengo declarado por celestial secreto de los cielos.
Faraón.	¡Temor notable en mis sentidos lucha!
Josef.	Atentamente lo que encierra escucha: Las siete vacas gordas que pacían la hierba a un prado fértil y abundante y de las siete espigas fertilísimas, el manojo señalan para Egipto siete años de abundancia copiosísima, pero las siete vacas que salieron macilentas después a las primeras se comieron, y esotras siete espigas débiles y anubladas le prometen de estéril temporal otros siete años que seguirán a los primeros fértiles, y vendrá a haber de pan tan grande falta, que olvidarán los años abundantes. Tu Majestad provea, para el medio de esta desdicha, algún varón prudente que gobierne en Egipto, y que presida, y mándale que junte en los siete años primeros de abundancia todo cuanto de rubio trigo pueda en hondos silos, y quedará tu reino proveído contra la hambre que de Egipto espera,

                                                                        1945

                                                                        1950

                                                                        1955

                                                                        1960

                                                                        1965

                                                                        1970

1941. Ya la *QP2*.

1952. bocas *QP2*.

1953. en un prado las yerbas abundantes *MS1*.

1956. fertilísimos *MS1*.

1958. después y a *MS2*.

1961. Falta en *MS1*.

1963. vendrá haber *MS2*.

1965. provea ~~para que~~ para *MS1*.

1967. gobiene [sic] *MS2*.

1972. que tu Egipto *MS1*.

	y no habrá falta nunca de sustento.	
	Esto es lo que alcanzó mi entendimiento.	
FARAÓN.	Sin duda habla celestial espíritu,	1975
	hebreo, en tus palabras. Tu persona	
	sola merece el cargo de tu arbitrio.	
	Poder te doy desde hoy sobre mi reino,	
	y en su confirmación te doy mis brazos,	
	y mando que en mi reino te obedezcan,	1980
	y tengas el segundo asiento mío,	
	en señal de lo cual te doy mi sello.	
	Y mando que de púrpura° te vistas,	
	y que en carro triunfal por todo Menfis	
	salgas, y con pregones diferentes	1985
	vayan diciendo todos cómo has sido	
	el salvador de Egipto, y mis vasallos,	
	como a mí, a tu presencia se arrodillen,	
	y que elijas mujer como quisieres.	
JOSEF.	Los pies me da a besar, pero perdona,	1990
	que primero que pueda hacer tu gusto	
	tienes de libertarme, que hasta agora	
	soy de tu capitán humilde esclavo.	
FARAÓN.	Por ti, le doy una ciudad de Egipto,	
	como no sea Menfis.	
PUTIFAR.	Yo te beso	1995
	los pies por las mercedes que le haces.	
JOSEF.	Y pues me mandas que mujer elija,	
	pues sé ya que de mi inocencia tienes	
	el desengaño, Putifar, yo quiero,	
	si es gusto tuyo, de Asenet la mano,	2000
	gustando de ello el rey, y también ella.	
FARAÓN.	Yo gusto por estremo, Josef mío,	
	de la elección que has hecho.	

1973. alguna *MS1*.

1975. superior espíritu *MS2*.

1977. adbitrio *MS2*.

1979. doy los brazos *MS2*.

1981. sengundo [*sic*] *MS2*.

1996. la merced *MS2*. que me haces *MS1*.

1998. que ya que *MS1*. inociencia *QP1, MS1, MS2*.

1999. desengaño a Putifar *MS1*.

2002. En *QP1, QP2, MS2* falta «por estremo, Josef mío».

2003. Y yo me *MS1*.

PUTIFAR.   Yo me tengo
                  por dichoso en servirte.
JOSEF.   Yo, los males
                  que me has hecho, Putifar, perdono,   2005
                  y en señal de esta paz te doy los brazos.
PUTIFAR.   Y yo, tus pies apenas no merezco.
FARAÓN.   Vamos. Darás a Egipto confianza.
SABIO 1.º   ¡Notable entendimiento!
SABIO 2.º   ¡Gran privanza!

FIN DEL ACTO SEGUNDO*

ACTO TERCERO**

Sale UN MAYORDOMO DE JOSEF, *y* UNA MUJER.   WW

MUJER.   La necesidad, señor,   2010
                  importuna, al parecer,
                  obliga.
MAYORDOMO.   Honrada mujer,
                  ya lo sé. El gobernador
                  de palacio no ha venido,
                  y aunque mayordomo soy,   2015
                  hasta que él venga no doy

2005. Putifar, que me has hecho te perdono *MS1*.

2009. 1.º SABIO. . . . 2.º SABIO. *MS2*. ententendimiento [sic] *QP1*.

* *Fin del segundo acto. QP1.* Fin de la segunda Jornada *MS2*. Falta en *QP2*, *MS1*.

** ACTO TERCERO, DE LA SEGVNDA PARTE DE LA HERMOSVRA DE RAQVEL. *QP1.* Acto Tercero de la Hermosura de Raquel. *QP2.* + Jornada 3.ª de la Próspera y Adversa fortuna de Joseph. *MS1.* + Jornada Tercera del más Amante Pastor y Dichoso Patriarca *MS2.*

WW. *Salen su* MAYORDOMO *y* UNA MUJER. *MS1.*

2011. el *QP2.*

2013. yo *QP2.*

	trigo.	
MUJER.	Quien tiene un marido	
	en una cama y, sin él,	
	tres hijos que sustentar,	
	y viendo todo el lugar	2020
	con necesidad crüel,	
	no es mucho que se dé prisa	
	en sustento procuralles,	
	que piensa que ha de faltalles.	
MAYORDOMO.	La necesidad precisa	2025
	de todo Egipto no sé.	
	Si se vuelve trigo el mar,	
	¿cómo podrá remediar	
	aquesto el gobernador?	
MUJER.	Él fue el que el sueño declaró,	2030
	y el que dio luego el remedio	
	para el riguroso asedio	
	que padece. Y pues que vio	
	lo que suceder había	
	en los siete años pasados,	2035
	tendrá de trigo colmados	
	los silos, que el sol del día	
	cubrieron de espigas de oro	
	los labradores de Egito,	
	siendo el esquilmo infinito,	2040
	y después del gran tesoro	
	que tuvieron y ganaron	
	en las rubias sementeras,	
	más fue el trigo de las eras	
	que la paja que dejaron.	2045
	Pero bien se paga agora	
	la fertilidad pasada,	
	que aun no alcanzan, de cebada,	
	pan nuestros hijos.	
MAYORDOMO.	Señora,	

2017. que tiene *QP2, MS2*.

2022. que den *QP1, QP2*.   den *MS2*.

2024. piensan *MS1*.

2029. gebernador [sic] *QP2*.

2031. el que el *QP1, QP2, MS2*.

2032. rigurosa *QP2*.

2041. de gran *QP1, QP2, MS2*.

316   LUIS VÉLEZ DE GUEVARA

                    voluntad del Cielo ha sido.   2050
                    Dad muchas gracias al Cielo
                    que os previno este consuelo.
                    Ya imagino que ha venido,
                      señora, el gobernador,
                    y Asenet, su amada esposa,   2055
                    luna de su sol hermosa.
UNOS, *dentro*.   ¡Trigo, señor!
OTROS, *dentro*.   ¡Pan, señor!
MAYORDOMO.   Mirad las voces que dan
                    niños, mujeres y viejos
                    que le siguen de tan lejos.   2060
UNOS, *dentro*.   ¡Dadnos trigo!
OTROS, *dentro*.   ¡Dadnos pan!
MAYORDOMO.   Siguiendo su carro viene
                    todo Egipto, y él, bizarro,°
                    con Asenet deja el carro.
MUJER.   Agora el Cielo le tiene   2065
                    en Egipto para ser
                    su bien y restaurador.
Dentro.   ¡Señor, trigo!
OTROS, *dentro*.   ¡Pan, señor!
MAYORDOMO.   A todos da de comer.

    Tocan chirimías y sale JOSEF, *y* ASENET, *de las manos.*   XX

Dentro.   ¡Viva el salvador de Egito!   2070
                    ¡Viva el gran gobernador!
Dentro.   ¡Señor, trigo!
OTROS, *dentro*.   ¡Pan, señor!

2050. volyntad [*sic*] *MS1*.

2057. *Dentro* UNOS. ¡Trigo *QP1, QP2*. *Dentro*. ¡Trigo, señor! OTRO. ¡Pan *MS1*. UNOS *dentro*. ¡Trigo *MS2*.

2060. de más lejos *QP1*. desde lejos *MS1*.

2061. *Dentro*. ¡Dadnos trigo! *Dentro*. ¡Dadnos pan! *QP1, QP2, MS1*. Falta «dentro» en *MS2*.

2063. Egito *MS1*.

2064. con Senet ya deja *QP1, QP2, MS2*.

2068. trigo! *Dentro*. ¡Pan *MS1*. *Dentro* UNOS. . . . OTROS. ¡Pan *MS2*.

XX. . . . chirimías. Salen . . . ASENET . . . *MS1*. . . . chirimías, y salen . . . *MS2*.

2070. VOCES. ¡Viva *MS2*. de gito [*sic*] *MS1*.

2072. UNOS. ¡Señor *MS2*. *Dentro*. ¡Pan *MS1*.

JOSEF.	Ser su amparo solicito.	
	Mayordomo, a todos dad,	
	para que trigo les den,	2075
	cédulas.	
MAYORDOMO.	Está muy bien,	
	pero has de advertir...	
JOSEF.	Andad.	
MAYORDOMO.	Señor, obligado estoy	
	prevenir que para ti	
	no falte.	
JOSEF.	Ya es para mí	2080
	si a los pobres se lo doy.	
	Con lo que ellos comen, como.	
	Que falte no temáis vos,	
	Mayordomo, porque es Dios	
	universal mayordomo.	2085
	¿Qué quiere aquesta mujer?	
MUJER.	A pedirte trigo espero,	
	aunque no traigo el dinero	
	para lo que es menester.	
	Tengo tres hijos, y un padre	2090
	en una cama, señor,	
	que solo con mi labor	
	sustento.	
ASENET.	Piadosa madre,	
	después que preñada estoy	
	no hay nadie que no me mueva	2095
	a lástima.	
MUJER.	Es cierta prueba	
	de tu nobleza, y pues doy	
	en mi lenguaje y vestido	
	de mi gran necesidad	
	muestras, ten de mí piedad.	2100
ASENET.	Eso a mi esposo le pido.	
JOSEF.	No era menester, señora,	
	que para cosas de Dios	

2077. JOSEF. ~~Andad~~ *MS1*.

2088. traigo dinero *MS1, MS2*.

2089. que he menester *MS1*.

2095. hay madre que *MS1*.

2099. interveniásedes [*sic*] *MS1*.

2100. Esto *MS2*.

2103. cosa *MS2*.

	interviniésedes vos.	
	¿Con cuánto podéis agora	2105
	pasar?	
Mujer.	Con poco, señor,	
	podré reparar mi daño.	
Josef.	Hacelda dar por un año	
	trigo.	
Mujer.	¡Viva tu valor	
	muchos en Menfis y Egito!	2110
Josef.	Guárdeos Dios, y andad, que es tarde.	
	Despachalda.	
Asenet.	Dios os guarde.	

Vase la Mujer, *y el* Mayordomo.   YY

Josef.	Al Cielo, Asenet, imito,	
	que en este lugar me ha puesto,	
	por secreto soberano,	2115
	para servir a su mano	
	solo de instrumento en esto.	
	Dios reparte, que no yo.	
	Yo soy su agente, y así	
	doy lo que me ha dado.	
Asenet.	En ti,	2120
	talento igual conoció,	
	porque, en tu mucha humildad,	
	este rayo descubre,	
	que jamás, Josef, se encubre	
	la virtud y la verdad,	2125
	y esto viendo, quiere el Cielo,	
	demás del hacernos bien,	

2108. Hacelde *MS1*. Hacelda *MS2*. para un *QP1, MS1, MS2*.

2110. Minfis *MS1*.

2112. Despachadla *MS2*. Falta «Senet.» en *MS2*.

YY. *Vanse... MS1*.

2113. Senet *MS2*.

2116. Falta en *MS2*.

2119. Yo que soy su agente, y ansí *MS1*.

2120. Asenet. ~~En ti~~ En su *MS1*.

2123. rayo se descubre *MS1*.

2126. al *MS1*.

	darte la paga también	
	sobre la cara del suelo.	
	Escucha las bendiciones	2130
	que te echa toda la gente,	
	viendo en ti su bien presente.	
JOSEF.	Dios coma sus corazones,	
	que, como rey infinito,	
	le sabrá premiar mejor.	2135
Dentro.	¡Viva el gran gobernador!	
	¡Viva el salvador de Egito!	

Vuelve a salir el MAYORDOMO. ZZ

MAYORDOMO.	Lo que me mandaste he hecho.	
JOSEF.	Habéis, Mayordomo, vos	
	agradado a mí y a Dios.	2140
MAYORDOMO.	(*Ap.:* ¡Qué puro, qué limpio pecho!)	

(Dentro ruido.) aa

JOSEF.	¿Quién causa agora rüido?	
MAYORDOMO.	Unos hebreos serán	
	que, de tierra de Canaán	
	por trigo a Egipto han venido,	2145
	y quieren entrar a hablarte,	
	señor, hasta este lugar,	
	y no los dejan entrar.	
JOSEF.	¿Que de tan remota parte	
	vengan por trigo?	
MAYORDOMO.	Señor,	2150
	dicen que hay en su distrito	

2129. Josef amado, en el cielo *MS1*.

2131. ti hechan [*sic*] *MS1*.

2133. como *MS2*.

2135. les *MS1, MS2*.

2136. VOCES. ¡Viva *MS2*.

2137. Egipto *QP1, QP2, MS2*.

ZZ. Entra... *MS1*. Sale... *MS2*.

2141. Qué limpio, qué puro *MS1*.

aa. Rumor dentro. *MS1*. Ruido dentro. *MS2*.

2142. aora este ruido *MS2*.

2145. Egito *MS1*.

2146. quiere *QP2*.

2151. destrito *MS1*.

	la propia hambre que en Egito.	
JOSEF.	Común ha sido el rigor	
	del Cielo. Haceldos entrar.	
ASENET.	Yo entre tanto a mi aposento,	2155
	porque buena no me siento,	
	me voy.	
JOSEF.	Yo iré a acompañar	
	vuestra divina belleza,	
	de quien quedo agora ausente,	
	en despachando esta gente.	2160
	Adiós.	

Vase ASENET. *Sale el* MAYORDOMO *por otra*   bb
puerta con los DIEZ HERMANOS.

RUBÉN.	¡Qué estraña grandeza!	
MAYORDOMO.	Poned todos en el suelo	
	las rodillas, y adorad	
	al gobernador.	
JOSEF.	Hablad,	
	¿a qué venís? (*Ap.:* ¡Santo cielo,	2165
	estos mis hermanos son!)	
SIMEÓN.	¡Qué majestad, qué grandeza!	
JOSEF.	(*Ap.:* Tratallos con aspereza	
	quiero en aquesta ocasión,	
	que no me conocerán	2170
	mirándome en este estado	
	tan diferente, y mudado.)	
SIMEÓN.	Desde tierra de Canaán,	

2152. propria *MS2*.   hambre de Egipto *QP1, QP2, MS2*.

2154. Haceldes *MS1, MS2*.   Hacedlos *MS2*.

2157. iré acompañar *MS1*.

2159. aora *QP1, QP2*.

bb. *Vase* SENET. *QP1, QP2, MS2*. ... *Sale el* MAYORDOMO, *y los* DIEZ HERMANOS. *MS1*.   *Salen por otro lado el* MAYORDOMO *y los* DIEZ HERMANOS. *MS2*.

2161. estrania *MS1*.

2165. Falta *Ap.* en *QP1, QP2, MS1, MS2*.

2167. *QP1* acota: *Aparte*.

2168. Falta *Ap.* en *QP1, MS1*.   Tratalles *MS1*.

2170. coneceráan *MS2*.

2172. *QP1, QP2* acotan: *Aparte*.

	a comprar trigo venimos,	
	diez hermanos estranjeros,	2175
	luego que de los graneros	
	de Egipto nuevas tuvimos,	
	para que coma unos días	
	un viejo padre, y nosotros.	
JOSEF.	Antes pienso de vosotros,	2180
	hebreos, que sois espías,	
	y con esa estratagema	
	del trigo que me pedís	
	a ver lo flaco venís	
	de la tierra, y que se tema	2185
	de vosotros es razón,	
	por mil diferentes modos,	
	que sois muy amigos, todos,	
	de la invidia y la traición.	
SIMEÓN.	Señor, no somos espías.	2190
	Tus siervos somos, señor.	
JOSEF.	Tú me pareces traidor	
	más que todos los que guías.	
JUDAS.	De paz venimos, y es llano,	
	pues te venimos a ver.	2195
JOSEF.	Talle tenéis de vender,	
	traidor hebreo, a un hermano.	
	Bien os ayudáis, a fe,	
	todos.	
SIMEÓN.	Así Egipto goce	
	tu valor, que éramos doce	2200
	hermanos y el uno fue	
	muerto a manos de una fiera	
	que en el monte le encontró,	
	y otro, en Canaán se quedó	
	con nuestro padre, que espera	2205

2175. estranjeres [*sic*] *QP1*.

2177. Egito *MS1*.

2183. podéis *MS1*.

2189. envidia *MS2*.

2190. ¿nosotros espías? *MS1*.

2192. todos cuantos guías *MS1*.

2198. os dais *MS1*.

2199. Ansí Egito *MS1*.

2204. y el otro *MS1*.   Canaán quedó *MS1*.

	nuestra vuelta con deseo	
	de vernos, solo, afligido,	
	y los diez hemos venido	
	por trigo.	
Josef.	¡Ah, traidor hebreo,	
	por vida del rey, que habéis	2210
	de quedar presos aquí	
	hasta traer ante mí,	
	el hermano que tenéis!	
	Uno de vosotros vuelva	
	por él. Los demás quedad	2215
	en prisión, que a esta crueldad	
	es razón que me resuelva	
	hasta que este desengaño	
	vuestra verdad testifique,	
	que así es razón justifique	2220
	de Menfis y Egipto el daño.	

(*Hablan* Unos *a* Otros *los* Hermanos.) cc

Zabulón.	Justamente padecemos	
	este mal y esta aflición,	
	pues con tanta sinrazón,	
	de invidia y locos estremos,	2225
	a nuestro hermano inocente	
	maltratamos y vendimos.	
Aser.	De Dios la gracia perdimos.	
Josef.	(*Ap.:* Como es lengua diferente	
	de la egipcia la de Hebrón,	2230

2208. diez hermanos *MS2*.

2209. Ay, traidor hebreo ~~por vida~~ *MS1*.

2215. por los demás *QP1*. pero los demás *MS1*.

2219. justifique *QP2, MS1, MS2*.

2220. ansí *MS1*. testifique *QP2, MS1, MS2*.

2221. Egito *MS1*.

cc. *Hablan* Unos *con* Otros *aparte. MS2*. Falta en *MS1*.

2222. Falta «Zabulón.» en *MS1*. Juntamente *QP1*.

2223. afliçción *QP1, QP2*.

2225. envidia *MS1, MS2*.

2229. Falta *Ap.* en *QP1, QP2, MS1, MS2*.

2230. *QP1* acota: *Aparte*.

	piensan que no los entiendo	
	hablar. Escuchar pretendo	
	toda su conversación.)	
LEVÍ.	Vender fue grande pecado	
	nuestra sangre por dinero.	2235
RUBÉN.	Ya os avisé yo primero.	
JOSEF.	(*Ap.:* Pena escuchallos me ha dado,	
	pero aquí, como jüez,	
	he de castigar su culpa.)	
RUBÉN.	Señor, si no nos disculpa	2240
	nuestra inocencia esta vez,	
	haz de nosotros tu gusto.	
JOSEF.	Porque en todo cuanto ofreces	
	más hombre de bien pareces,	
	y yo pretendo ser justo	2245
	uno solo, y no es rigor,	
	me parece que conviene	
	que quede, en tanto que viene	
	el otro hermano menor.	
RUBÉN.	Señala a quien. Aquí estamos,	2250
	señor, sujetos a ti.	
JOSEF.	Este me parece a mí.	

(Señala a SIMEÓN.)   dd

SIMEÓN.	Paguemos como pecamos.	
RUBÉN.	A Simeón, que fue autor	
	de la venta y de su daño,	2255
	de Dios, por secreto estraño	
	señaló el gobernador.	
ZABULÓN.	No hay sino tener paciencia.	
SIMEÓN.	Mi culpa pagar procuro.	
ISACAR.	No está Judas muy seguro,	2260
	Leví, agora en mi presencia.	
LEVÍ.	Secretos del Cielo son,	
	y de la tierra, Isacar,	
	que prometió declarar	
	al Cielo cualquier traición.	2265

2231. *QP2* acota: *Aparte.*

2237. Falta *Ap.* en *QP1, QP2, MS1, MS2.*

dd. *(A SIMEÓN.) MS2.*

2261. ahora *QP1.* le vi aquí en *QP2, MS2.* su *MS1.*

2264. pues prometió *MS2.*

*(Mientras hablan JOSEF y el MAYORDOMO, ee
están los HERMANOS juntos hablando.)*

MAYORDOMO. Ya está la cadena aquí.
JOSEF. Ponelda por vuestra mano
vosotros. A vuestro hermano,
traed. Acabad. ¿Qué hacéis?

(Échanle la cadena.) ff

SIMEÓN.   Así
todas las culpas se pagan. 2270
RUBÉN. Como a un hermano inocente
ataste, el Cielo consiente
que lo mismo esta vez hagan.
JUDAS. Simeón, perdona.
SIMEÓN.   Yo estoy
justamente castigado, 2275
que esto es pagar mi pecado.
JOSEF. (*Ap.*: Un mar de lágrimas soy.
Entrarme quiero a llorar,
que me enternece el rigor.) *Vase.* gg
MAYORDOMO. Tierno está el gobernador, 2280
y debiolo de causar
el castigo que procura
hacer en estos hebreos,
por alcanzar los deseos
que tienen, con que asegura 2285
a Egipto de cualquier daño,
y tiene tan tierno el pecho,
que de esta prisión que ha hecho
para saber el engaño
se entró de lágrimas lleno, 2290

---

ee. ... MAYORDOMO, *hablan los* HERMA-   2277. Falta *Ap.* en *MS1, MS2.*
NOS. *MS2.*

2267. Ponedla *MS2.*   2281. debíalo *QP2.*

2269. Falta «Traed» en *MS2.* Acabad.   2285. tienen, en que *MS2.*
SENET. ¿Qué *QP1.*

                                                                           2286. Egito *MS1.*

ff. *(Échanle ellos la cadena.) MS2.*

sin poderse resistir,
y agora vuelve a salir.

  Vuelve a salir JOSEF. hh

JOSEF. (*Ap.*: Hoy como jüez condeno,
  y como hermano también
  hacerles quiero favor.) 2295
 ¡Hola!
MAYORDOMO. ¿Qué mandas, señor?
JOSEF. Haced que el trigo les den
  que esos hebreos pidieren,
 haciendo precios iguales,
 y echaldes en los costales 2300
 todo el dinero que os dieren,
 y al punto los despachad,
 y al que el rehén ha de ser
 hacé, en la cárcel, poner
 en un aposento. Andad, 2305
  y advertiréis que pretendo
  que esto se ejecute al punto.
MAYORDOMO. (*Ap.*: ¿Favor y castigo junto?
 ¡Por Apis,° que no lo entiendo!)
 Venid, hebreos, conmigo. 2310
SIMEÓN. Ya mis hermanos se van.
MAYORDOMO. Hoy saldréis para Canaán,
 sin un hermano y con trigo.
  Con brevedad procurá
 traer el gobernador 2315
 a vuestro hermano, el menor.
RUBÉN. No sé cómo eso será,
  porque quiere a Benjamín
 tanto nuestro padre amado,

2292. venir *MS1*.

hh. *Vuelve* JOSEF. *MS1*. *Sale* JOSEF. *MS2*.

2293. Falta *Ap.* en *QP1, QP2, MS1, MS2*.

2300. echadles *MS2*.

2303. que rehén *MS1*.

2305. haz *MS2*. ponir [*sic*] *QP2*.

2308. Falta *Ap.* en *QP1, QP2, MS1, MS2*.

2315. él será *QP2*.

2316. hermí menor [*sic*] *MS1*.

2318. porquiere [*sic*] a *MS1*.

	que no le deja del lado,	2320
	y temerá el mismo fin	
	de esotro que le faltó	
	con nosotros.	
SIMEÓN.	De esa suerte,	
	para librarme a la muerte	
	solo habré de aguardar yo.	2325
MAYORDOMO.	Vamos, y otra vez volvé	
	de rodillas a adorar	
	al gobernador.	

(Vuélvense a hincar de rodillas.) ii

JOSEF.	(*Ap.:* Si un mar	
	primero mi llanto fue,	
	ya es un diluvio.)	
RUBÉN.	Señor,	2330
	adiós.	
SIMEÓN.	Yo en tus manos quedo.	
	Adiós, hermanos. No puedo	
	disimular el dolor.	

Vanse TODOS. jj

Sale BENJAMÍN, *de caza, con un arco y una saeta, y un conejo.* kk

BENJAMÍN.	Mientras mi padre dormía,	
	salí a la falda del monte	2335
	cuando daba el horizonte	
	círculo de plata al día,	
	y su caza fatigando,	
	solo un conejo he podido	
	matar, que, medio dormido,	2340
	salió de un vivar saltando,	
	y se le he de presentar	
	a mi padre por primicia	

2322. esorro [*sic*] *QP1*.

2326. vuelvé [*sic*] *QP2*.   volvee *MS2*.

ii. Falta en *MS1*.

2328. Falta *Ap.* en *QP1, QP2, MS1, MS2*.

2332. hermanos. JOSEF. No puedo *MS2*.

jj, kk. ... TODOS, *y sale* ... *caza, con arco* ... *MS2*.

kk. *Entra* ... *MS1*.   ... *con arco, una saeta* ... *MS2*.

2342. se lo *MS1*.

        de la notable codicia
        con que me inclino a cazar,   2345
          que, si vivo, de manera
        he de vengar a mi hermano,
        que en el monte ni en el llano
        no he de dejar una fiera.
          Cuchillo he de ser, y furia,   2350
        de sus cuevas, de sus crías,
        y han de ser las fuerzas mías
        vengadoras de esta injuria.
          Mas mi padre viene ya
        vestido. Quiero salir,   2355
        y sus brazos recebir.

            Sale JACOB.   ll

JACOB.   ¿Benjamín, dónde estará?,
          que con la primera lumbre
        del sol saltó de la cama,
        que una inclinación le llama   2360
        que a mí me da pesadumbre,
          que es por la caza perdido,
        y temo un fin desdichado
        viéndole al monte inclinado.

BENJAMÍN.   ¡Padre!
JACOB.   ¡Benjamín querido,   2365
          dame tus brazos, amor!
        ¿De dónde vienes agora?

BENJAMÍN.   Desde que la blanca aurora
        se afeitó de resplandor,
          en este monte cercano   2370
        que lleno de asombro dejo,
        salí a buscarte un conejo
        que te he muerto por mi mano.
          Perdona, como discreto,
        la humildad del cazador,   2375
        que, en siendo un poco mayor,
        un jabalí te prometo.

2344. cudicia *MS1*.   2359. de la *MS1*.

2356. recibir *MS1, MS2*.   2364. el *QP1*.

ll. *Entra... MS1*.

JACOB.	Dadme los brazos, regalo,
	por el donaire mil veces.
	¡Oh, cómo a Josef pareces! 2380
BENJAMÍN.	Solo en quererte le igualo,
	que en lo demás, bien confieso
	que quedo, señor, atrás.
JACOB.	Hecho un niño, amor, estás.
	Pierdo, mirándote, el seso. 2385
	Si tú vas de esa manera,
	no es mucho, mi cazador,
	mates las fieras de amor,
	mas no te encuentre la fiera
	que mató a Josef tu hermano, 2390
	contra quien amor no pudo
	ser flecha ni ser escudo.
BENJAMÍN.	Solo ejercito la mano
	para vengarle, señor,
	pues tanto llanto nos cuesta. 2395
JACOB.	Tiene diez cabezas esta.
	Hüir de ella es lo mejor.
BENJAMÍN.	Aunque tuviera diez mil.
JACOB.	¡Ay, hijo, que es muy crüel
	con la sangre de Raquel, 2400
	y es traidora, ingrata y vil!
BENJAMÍN.	Enigmas son que no entiendo.
	Dejemos esto, señor,
	y porque de cazador
	tener opinión pretendo 2405
	para ver si tirar sé,
	que tirásemos los dos
	quisiera, padre, yo y vos,
	porque después que maté
	este conejo, es de modo, 2410
	que pienso que no alcanzó
	nadie a tirar como yo.
JACOB.	A tu gusto me acomodo,
	hijo de mi corazón,

2378. Dame *MS1, MS2*.

2382. que lo *QP1, QP2*.

2390. mi *MS1*.

2402. Egnimas [*sic*] *QP1, QP2*.

2408. yo vos *MS1*.

	y pretendo entretenerte	2415
	como gustas de esta suerte,	
	y para que la opinión	
	de ambos pase o quede atrás,	
	precios hemos de poner.	
BENJAMÍN.	¿Qué precios, pues, podrán ser?	2420
JACOB.	Precios que pagar podrás,	
	y que yo pagar pudiere.	
	Yo te he de dar, hijo amado,	
	una cría del ganado	
	a cada vez que perdiere,	2425
	y cada vez que tú, a mí	
	un abrazo.	
BENJAMÍN.	Estoy contento.	
	Ganarte el ganado intento.	
JACOB.	Yo, hacer mil lazos de ti.	
BENJAMÍN.	¿A qué blanco tiraremos?	2430
JACOB.	Aquel ladrillo que ves	
	descubierto.	
BENJAMÍN.	Vaya pues.	
	Tiremos, padre.	
JACOB.	Tiremos.	
BENJAMÍN.	¿Quién primero ha de tirar?	
JACOB.	Tú, pues que tienes, al fin,	2435
	el arco ya, Benjamín.	
BENJAMÍN.	Señala, pues, el lugar.	
JACOB.	Desde esta raya que yo	
	hago agora por mi mano.	

(Pónese para tirar.) mm

BENJAMÍN.	Hoy verás cómo te gano.	2440
JACOB.	Tente a la raya, eso no,	
	que es ventaja conocida.	
BENJAMÍN.	¿Estoy bien agora?	
JACOB.	Sí.	
	Tira agora desde ahí,	
	dulce puntal de mi vida.	2445

2416. esa *MS1*.   2424. cira [*sic*] *MS1*.

2418. quede o pase *MS1*.   mm. Falta en *MS1*.

2423. yo he de darte *MS2*.

(Tira.)

BENJAMÍN. Ya tiro. ¡En el blanco he dado!
No me has de poder ganar.
JACOB. Más en medio pienso dar.
BENJAMÍN. Toma, padre, el arco armado.
JACOB. Muestra, mi bien.
BENJAMÍN.   Peregrino   2450
fue mi tiro.
JACOB.   Mano y brazo
me tiembla. Apréstame un abrazo,
que ganarte determino.
(*Ap.*: ¡Ah, gallarda mocedad!,
que no he de acertar, sospecho.   2455
A tirar falta me has hecho.
¡Oh, lo que puede la edad!)
BENJAMÍN. ¿No tiras? ¿Tiemblas, señor?
JACOB. Ya estoy, Benjamín, de suerte,
que soy blanco de la muerte   2460
más que diestro tirador.
Y, con todo, he de ganarte,
tal es la propia pasión,
que, viéndome en la ocasión,
no quiero ventaja darte.   2465

(Tira.)

Ya tiré.
BENJAMÍN.   El blanco has errado.
Llégate, señor.
JACOB.   Ya miro.
Faltome la vista al tiro.
BENJAMÍN. Un cordero te he ganado.
JACOB. Es verdad.
BENJAMÍN.   ¿Quiés° más tirar?   2470

---

nn. Falta en *MS1*.

2450. Peregrino ~~fue mi tiro~~ *MS1*.

2451. braco [*sic*] *MS1*.

2452. Apresta *MS1*.

2463. propria *QP2*.

2465. pienso *MS2*. ventajas *MS1*.

oo. Falta en *MS1*.

2467. Llega, señor. JACOB. Ya lo miro *MS1*.

2470. Quieres *MS1, MS2*.

JACOB.	Ya la ventaja te doy.	
BENJAMÍN.	De esa manera yo soy	
	gran tirador.	
JACOB.	No hay que hablar.	
	Puedes, Benjamín querido,	
	con el mejor tirador	2475
	ponerte a tirar.	
BENJAMÍN.	Señor,	
	lo que he ganado te pido.	
JACOB.	Escoge en todo el ganado	
	el más hermoso cordero,	
	pero de barato° quiero	2480
	un abrazo.	
BENJAMÍN.	Padre amado,	
	siendo vuestro Benjamín,	
	los brazos vuestros serán.	
	Aquí con el alma están.	
JACOB.	Eres mi descanso al fin.	2485
	Comerte también las manos,	
	que también tiran, deseo.	
Dentro.	Aquí está mi padre.	
JACOB.	Creo	
	que han llegado tus hermanos.	

Salen los NUEVE HERMANOS.   pp

RUBÉN.	Danos tus manos, señor.	2490
JACOB.	Abrazadme, hijos queridos,	
	y seáis muy bienvenidos.	
ISACAR.	¡Ah!, ¿Benjamín, cazador?	
JACOB.	En eso ha dado.	
BENJAMÍN.	Abrazadme,	
	hermanos del alma mía,	2495
	y en señal de esta alegría	
	con vuestros brazos honradme.	
RUBÉN.	Aquí están, hermano amado,	
	nuestros brazos, y con ellos	
	la sangre.	

2472. esta *MS2*.

2486. Comerte a besos *MS1*.

2487. tiran también *MS1*

2488. *Dentro* TODOS. Aquí *MS2*.

pp. Entran... *MS1*.

2497. vuesttos burazos [*sic*] *QP2*.

Benjamín.	No quiero de ellos	2500
	sino solo ser honrado.	
Rubén.	Aquí falta Simeón.	
	¿Dónde queda?	
Rubén.	Padre, preso.	
Jacob.	¿Cómo? ¡Contadme el suceso!	
Rubén.	Escucha.	
Jacob.	¡Qué confusión!	2505
Rubén.	Desde Canaán, padre amado,	

en la demanda que fuimos,
llegamos a Menfis todos
en seis días de camino.
Entramos luego en la casa 2510
del gobernador de Egipto,
que reparte trigo al reino,
y adorándole, dijimos
que veníamos de Hebrón,
y desde Canaán por trigo, 2515
por estar toda la tierra
falta de sustento, y dijo
con aspereza notable:
«Vosotros sois enemigos
y espías que a ver la tierra 2520
solamente habéis venido,
por reconocer lo flaco
que tuviere». Respondimos:
«Tus humildes siervos somos,
que nuestro padre afligido 2525
nos envía de Canaán
por lo que te habemos dicho.
De paz venimos, señor,
porque doce hermanos fuimos.
Uno murió, otro quedó 2530
con nuestro padre». Encendido
en nueva cólera entonces,
sospechoso, a sus ministros
mandó poner en prisiones,
como espía y enemigo, 2535
a Simeón, hasta tanto
que a nuestro hermano, y tu hijo

2515. Canon [sic] *QP2*.   2534. prisión *MS1*.

LA ADVERSA Y PRÓSPERA SUERTE DE JOSEF

	menor, a Menfis llevemos,	
	por castigar el delito,	
	o saber si esto es verdad,	2540
	y dándonos todo el trigo	
	que pedimos y pagamos,	
	sin nuestro hermano venimos.	
	Y abriendo después, señor,	
	los costales, hemos visto,	2545
	de cada cual en la boca,	
	todo el dinero que dimos.	
	No sé si fue engaño nuestro,	
	o si por malicia ha sido.	
	Nuestro hermano queda preso,	2550
	y con muy grande peligro	
	de la vida si tardamos	
	con tu Benjamín querido,	
	para que se desengañe	
	el gobernador de Egipto.	2555
JACOB.	¡Cielos, regalos son vuestros,	
	si no son pecados míos,	
	quitándome de delante	
	de esta manera los hijos!	
	Josef murió, Simeón	2560
	queda en prisión, o cautivo,	
	y agora queréis llevarme	
	a Benjamín.	
BENJAMÍN.	Padre mío,	
	de esta suerte no entendáis	
	que a mi amado hermano libro	2565
	si vuelvo con mis hermanos.	
	No hay que temer el camino,	
	seguro con ellos voy.	
JACOB.	Quiéroos yo mucho, y he sido	

2540. si es verdad *QP2*. si es la verdad *MS2*.

2541. dandnos [*sic*] *QP1*.

2543. volvimos *MS1*.

2544. señor, ~~los~~ *MS1*.

2551. con un grande *MS2*.

2556. Cielo *MS1*.

2561. prion [*sic*] *MS2*.

2564. de esa suerte no entendéis *MS1*.

2565. hermano amado *MS2*.

2569. quiero yo os *MS2*.

	con Josef muy desdichado,	2570
	y así, temeroso vivo.	
	Para mi daño le disteis	
	al gobernador aviso	
	que teníades otro hermano.	
RUBÉN.	Preguntolo, y no pudimos	2575
	adivinar el suceso.	
JUDAS.	¿Quién pudo ser adivino?	
JACOB.	¡Qué grande mal me habéis hecho!	
JUDAS.	Padre, al remedio venimos	
	de Simeón, nuestro hermano.	2580
	Si de ti no es tan querido	
	como Benjamín, al fin,	
	es nuestro hermano y tu hijo.	
	Deseos tienes, señor,	
	verle libre y verle vivo.	2585
	Si es tu voluntad de darnos	
	a Benjamín, que te pido	
	por todos esta merced,	
	yo te aseguro, y digo,	
	si a tus brazos no le vuelvo	2590
	libre de todo peligro,	
	que sea de ti culpado	
	gravemente por delito	
	estraño en cualquiera° tiempo.	
JACOB.	Vaya, pues, Judas contigo,	2595
	si es necesario, y llevad	
	al gobernador de Egipto,	
	para aplacalle, presentes	
	de nuestros ganados ricos,	
	y duplicando el dinero,	2600

2570. desgraciado *MS1*.

2571. ansí *MS1*.

2572. diste *MS1*.

2574. teníais *MS1, MS2*.

2575. podimos *QP1, QP2*.

2579. Falta «JUDAS.» en *MS1*.

2582. Benjami [*sic*] *QP2*.

2583. en nuestro *QP2*.

2584. Desear *QP1, QP2, MS1, MS2*.

2587. que ~~hijo~~ te *MS1*.

2589. te le aseguro *MS1*.

2594. cualquera [*sic*] *MS1*.   parte *MS2*.

para saber si fue olvido
o malicia, y de esta suerte
segunda vez en camino
os pondréis, si quiere el Cielo
que volváis libres y vivos   2605
a los brazos deseosos
de vuestro padre afligido,
que, entre tanto quedaré,
volviendo los ojos ríos
de lágrimas, triste y solo,   2610
y huérfano de mis hijos.

Vanse Todos, *y tocan dentro chirimías, y suena grita de cascabeles y*   qq
atabalillos como que corren dentro, y salen Josef *y su* Mayordomo.

Dentro.   ¡Aparta, aparta, aparta!

                 (*Al salir.*)   rr

Josef.   ¡Brava máscara°
Menfis saca en alegre regocijo
del hijo que en Senet me ha dado el Cielo!
¡Quiera que sea para largos días!   2615

Mayordomo.   De modo ha sido el gusto de la gente,
que si fuera por príncipe heredero,
hijo de Faraón, el rey de Egipto,
tanta demonstración no hubieran hecho,
pero deberte a ti más que sus reyes.   2620

Josef.   Ya corren otra vez.

             (*Suena el ruido.*)   ss

Dentro.   ¡Aparta, aparta!
Josef.   Otros dos siguen a los dos primeros.

2607. vestro [*sic*] *QP2*.

2611. huérfana [*sic*] *QP2*. güerfano *MS1*.

qq. ... *tocan chirimías y suenan cascabeles ... sale... MS1. Vanse. Tocan ... Mayordomo y ahí voces dando. MS2.*

2614. Senes [*sic*] *QP2*.

2615. Quiera el que *MS2*.

2619. demonstración no hubiera *MS1, MS2*.

2620. Falta en *MS2*.

rr. (*Suena ruido dentro.*) *MS2*. Falta en *MS1*.

Dentro.	¡Afuera, afuera!
JOSEF.	¡Qué lindos caballos!
	¡Igual pareja no ha bebido el Nilo!

(*Corren.*)   tt

Dentro.	¡Aparta, aparta!
JOSEF.	¡Bellamente corren! 2625

(*Corren.*)   uu

Dentro.	¡Afuera, afuera!
JOSEF.	¡Gallardo rucio,
	y generoso overo!
Dentro.	¡Aparta, aparta!
JOSEF.	¡Lindos dos morcillos!°
Dentro.	¡Afuera, afuera!
JOSEF.	¡Buenos dos pellejos...
Dentro.	¡Aparta, aparta!
JOSEF.	...de yegua y de caballo!
Dentro.	¡Aparta, aparta! 2630
JOSEF.	Agora salen tres, y el que va en medio
	con un tordillo° deja atrás los aires,
	que así le imita solo en la carrera.
Dentro.	¡Aparta, aparta, aparta! ¡Afuera, afuera!

(*Tocan toda la música agora.*)   vv

JOSEF.	¡Famosas son, de todos, las libreas! 2635
	¡Gente, parece, principal!
MAYORDOMO.	No hay duda.
	Gente noble parece, de palacio.

2623. JOSEF. ¡Lindos *MS1*. caballeros *MS2*.

tt. Falta en *QP1, QP2, MS1*.

uu. Falta en *QP1, QP2, MS1*.

2626. ruicio [*sic*] *MS2*.

2628. Lindos morcillos *QP1, QP2, MS2*.

2629. Falta «*Dentro.*» en *MS2*. Falta «Aparta, aparta» en *QP1, QP2, MS2*.

2633. ansí *MS1*.

2634. ¡Aparta, aparta! ¡Afuera, afuera! *MS2*.

vv. ... ahora. *QP1, QP2*. Falta en *MS1, MS2*.

2636. Gente parece, parece principal *MS1*.

2637. Tras el verso *MS1* acota: *A esta carrera toquen toda la música*.

JOSEF.	Ya dejan los caballos, y parece
	que entran a darme el parabién.
MAYORDOMO.	Egipto
	has de ver despoblar para su intento. 2640
JOSEF.	Todos los de la máscara han entrado.
	Más bizarra cuadrilla nunca he visto.
	No viene abril más lleno de colores.

Salgan TODOS LOS CABALLEROS QUE PUDIEREN, *con libreas de*   ww
máscara de diferentes colores, y el REY FARAÓN, *y en*
entrando se quite la máscara, diciendo a JOSEF:

FARAÓN.	Goces, Josef, el hijo muchos años.
JOSEF.	¿Señor, vos de esta manera?
FARAÓN.	Los privados 2645
	que lo que tú merecen de este modo
	los han de honrar los reyes.
JOSEF.	Soy tu esclavo.
	Tus pies beso mil veces.
FARAÓN.	En sabiendo
	el parto de Asenet, luego, de gusto,
	salí a alegrar a Menfis de esta suerte, 2650
	y di, en albricias,° una estatua de oro
	tuya al primero que me dio las nuevas,
	haciendo juntamente sacerdote
	sumo de todo Egipto, en Heliópolis,
	a Putifar, su suegro, porque quiso, 2655
	difunta su mujer, de esta manera
	de palacio y de Menfis retirarse,
	y allí guardaba en otro sacerdocio

2639. MAYORDOMO. A Egito *MS1*.

ww. Entren... libreas bizarras de colores y máscaras y plumas. Salga delante FARAÓN, también de máscara, y quítesela en llegando. *MS1*. Salen... máscara, y el REY FARAÓN, y quítanse las máscaras. *MS2*. ...y entrando ... *QP1, QP2*.

2645. esa suerte *MS1*.

2647. JOSEF. Tu *MS1*.

2649. Asenet loco *MS1*.

2650. salí alegrar *MS1, MS2*.

2651. di, de albricias *MS2*.   abricias [*sic*] *MS1*.

2652. el *MS1*.

2654. Egito *MS1*.

2658. aguardaba *QP1*.

	este que ha merecido dignamente,
	y, por Apis divino, que tus nietos 2660
	han de ser reyes, como yo, de Egipto.
JOSEF.	Hónrasme y favorécesme infinito.
FARAÓN.	¿Cómo piensas llamar el primogénito
	tuyo, Josef?
JOSEF.	Ya determino
	llamarle Manasés que, en lengua hebrea 2665
	quiere decir olvido, pues Dios quiso
	olvidarme de todos mis trabajos,
	y de la casa de mi padre.
FARAÓN.	Tienes
	altos y soberanos pensamientos.
	Guárdete Dios a Manasés mil años, 2670
	que yo me voy con esto, que no quiero
	agora visitar a la parida hasta después.
JOSEF.	¡Más años que el sol vivas!
FARAÓN.	Josef,
	no has de ir conmigo, que no es tiempo
	agora de apartarte de tu casa. 2675
	Quédate a Dios y dale, de mi parte
	un recado a Asenet, y cubra el suelo
	tu linaje, Josef.
JOSEF.	Guárdete el Cielo.

Vase FARAÓN, y LOS QUE VINIERON CON ÉL. xx

MAYORDOMO.	No se ha visto favor más peregrino
	desde que hay reyes en Egipto. Puedes, 2680
	Josef, llamarte el hombre más dichoso
	que jamás sobre ti tuvo la tierra,
	puesto que lo mereces justamente.
JOSEF.	Favores son del Cielo, Mayordomo,
	enderezados a servicios suyos, 2685

2660. Opis divino, que sus *MS1*.

2661. Egito *MS1*.

2663. al *MS1*.

2664. y tuyo *MS1*. Yo *QP2, MS2*.

2675. apartarte *MS1*.

2677. recado Asenet *MS1*.

xx. Vase FARAÓN y CABALLEROS. *MS1*.
Vase con TODO EL ACOMPAÑAMIENTO. *MS2*.

2680. Egito *MS1*.

	que mi nación, en mí, me honrar pretende.	
	Sale Un Paje.	yy
PAJE.	Licencia para entrar a verte piden	
	unos hebreos.	
JOSEF.	No pudieras darme	
	mejores nuevas. Diles que entren.	
PAJE.	Voy. *Vase.*	zz
JOSEF.	Hoy viene de todo punto el alegría.	2690
	Ya han entrado en la sala mis hermanos.	
	¡Qué gusto el corazón recibe en verlos!	
	Salen Los Hermanos con Benjamín.	Aa
RUBÉN.	Pon, Benjamín, en tierra las rodillas	
	como todos nosotros lo hemos hecho.	
JOSEF.	Levantaos de la tierra.	
RUBÉN.	Ya cumplimos,	2695
	señor, con la palabra que hemos dado.	
	Ves aquí a Benjamín, hermano nuestro	
	menor.	
JOSEF.	Habéis andado como nobles.	
	Agora vuestro hermano estará libre,	
	que este menor que me traéis es bello.	2700
JUDAS.	Llega a besarle el pie.	
BENJAMÍN.	Los pies te pido.	
JOSEF.	Los brazos quiero darte. (*Ap.:* ¡Ah, sangre mía,	
	y cómo reconoces la que tengo!)	

2686. tu nación en honrarme *MS2*.

yy. Sale PAJE. *MS2*.

2687. Falta «PAJE.» en *MS2*.

2688. señor, unos *MS1*. Falta «darme» en *QP2*.

2689. Dilos que entren. PAJE. Y [*sic*] voy *MS1*.

zz. Falta en *QP1, QP2, MS2*.

2690. viene tanta el alegría *MS1*.

2691. entrando [*sic*] *MS1*.

2692. vellos *MS1*.

Aa. Entran... *MS1*.

2699. Aora *QP1, QP2*.

2700. traís *MS1*.

2701. Llegad *MS1*.

2702. Falta *Ap.* en *QP1, QP2, MS1, MS2*.

	¿Cómo dejáis a vuestro padre anciano?	
RUBÉN.	Nuestro padre, siervo tuyo, queda bueno,	2705
	y, de que Benjamín viniese a Egipto,	
	triste, porque era su regalo todo.	
JOSEF.	Presto volverá a verle. Mayordomo,	
	haced que luego traigan de la cárcel	
	a Simeón, su hermano, y que nos pongan	2710
	de comer en dos mesas diferentes,	
	que quiero, en regocijo de este día,	
	que coman todos juntos.	
MAYORDOMO.	Yo voy luego	
	a hacer lo que me mandas. *Vase.*	Bb
RUBÉN.	Y nosotros,	
	entre tanto, señor, por nuestro padre	2715
	te presentamos, con humilde pecho,	
	pobres y ricos dones, los que pueden	
	nuestras frágiles fuerzas presentarte.	
	Rubén aqueste vaso te presenta	
	de miel virgen.	
JUDAS.	Y Judas, este vaso	2720
	de mirra, estoraque y de terebinto,°	
	que es lo que Hebrón produce solamente.	
	La voluntad recibe en el presente.	
JOSEF.	Con abrazos pretendo agradecerte	
	tan grande voluntad. Llega a abrazarme.	2725
RUBÉN.	Todos somos humildes siervos tuyos.	

Sale el MAYORDOMO *con* SIMEÓN.   Cc

MAYORDOMO.	Ya Simeón, señor, a tu presencia
	libre ha llegado.

2705. padre, y siervo *QP1, QP2, MS2.*   y tu siervo *MS1.*

2706. Egito *MS1.*

2710. ~~y nos pongan~~ *MS1.*

2713. soy [*sic*] *MS1.*

2717. puede *MS2.*

2721. derebinto [*sic*] *MS1.*   y terebinto *MS2.*

2722. pruduce [*sic*] *MS1.*

2725. Llega abrazarme *QP1, QP2.*

2726. Falta en *MS2.*

Cc. *Entra el* MAYORDOMO, *y* SIMEÓN. *MS1.*

2727. Simeón en tu *MS1.*

JOSEF.	Y a mis brazos llegue.	
SIMEÓN.	Tus pies aun no merezco.	
JOSEF.	Alza del suelo	
	y abraza a tus hermanos.	
SIMEÓN.	Seáis todos,	2730
	hermanos, bienvenidos.	
RUBÉN.	Y tú seas	
	muy bien hallado, Simeón hermano.	
	Por ti hemos hecho cuanto se ha podido,	
	y al fin a Benjamín dio nuestro padre	
	por que volviese a Canaán.	
SIMEÓN.	Hermanos,	2735
	como tales me habéis favorecido.	
BENJAMÍN.	¡Oh, hermano Simeón, el verte preso	
	a más peligros obligar pudieron	
	mis tiernos años!	
SIMEÓN.	Benjamín hermano,	
	el favor con el alma te agradezco.	2740
JOSEF.	(*Ap.*: El contento que tienen de ver libre	
	al hermano, yo estoy lleno de llanto	
	de mirarle abrazar.)	
MAYORDOMO.	Ya está en la mesa	
	la comida, señor.	
JOSEF.	Hoy quiero, hebreos,	
	por ser de mi nación, y haberme dado	2745
	hoy un hijo los cielos, que en mi casa	
	comáis.	
RUBÉN.	Tanto favor no lo merecen	
	tan humildes esclavos tuyos.	

Corre el MAYORDOMO *una cortina y aparecen dos mesas llenas de*   Dd
plata y cosas de comer, y vanse sentando TODOS *por su orden.*

JOSEF.	Esto	
	habéis de hacer.	
JUDAS.	Obedecer es justo.	
JOSEF.	Llegad, y por orden de los años	2750

2730. tus ~~hermanos~~ hermanos *MS1*.   Dd. *Habrá dos mesas, una para* JOSEF *y la otra para los* HERMANOS. *Siéntanse por su or-*
2735. volvieses *QP1*. volvieseis *MS2*.   *den. MS1.* ...*y se sientan* TODOS... *MS2*.

2741. Falta *Ap.* en *QP1, QP2, MS1, MS2*.   2748. Aquesto *MS2*.
tiene *MS1*.

	id tomando lugar.	
RUBÉN.	Tu gusto haremos.	
JOSEF.	Este favor es digno a la palabra	
	que me distes, volviendo todos juntos	
	por vuestro hermano. Dalde, Mayordomo,	
	al hermano menor en la comida	2755
	siempre más que a los otros cinco partes.	
MAYORDOMO.	Haré tu gusto.	
JOSEF.	(*Ap.*: ¡Ah, Cielo soberano,	
	por cuántas diferencias de caminos	
	de los humanos casos el fin guías!	
	A mi poder vinieron mis hermanos,	2760
	y pudiendo vengarme, no lo he hecho,	
	que temo a Dios, y tengo mejor pecho.)	
SIMEÓN.	(*Ap.*: ¿Quién pudiera pensar igual suceso	
	de las primeras obras y palabras?	
	Secreto es de los cielos que no entiendo.)	2765
JOSEF.	Dadme a beber.	
PAJE.	Aquí la copa aguarda.	
RUBÉN.	Levantémonos todos mientras bebe,	
	que es cortesía en actos semejantes.	
JOSEF.	En esta misma copa dad a todos	
	por orden de beber.	
RUBÉN.	¡Qué hermoso vaso!	2770
SIMEÓN.	Aquesta copa es digna solamente	
	de tal persona.	
JUDAS.	¡Nunca vi en mi vida	
	joya más rica!	
JOSEF.	(*Ap.*: Todos de la copa	
	han quedado admirados, y imagino	
	probar la voluntad que todos tienen,	2770
	en Benjamín, con ellos, y ver si tratan	
	como la mía su persona, y luego	
	descubrilles quién soy.) Ya me parece	

2753. disteis *MS2*.

2757, Falta *Ap.* en *QP1, QP2, MS1, MS2*.

2758. diferiencias [*sic*] *MS2*.

2759. las humanas casas *MS2*.

2760. volvieron *MS1, MS2*.

2761. le *QP2*.   lo hecho *MS1*.

2763. Falta *Ap.* en *QP1, QP2, MS1, MS2*. subceso *MS1*.

2769. copa misma *MS2*.

2773. Falta *Ap,* en *QP1, QP2, MS1, MS2*.

LA ADVERSA Y PRÓSPERA SUERTE DE JOSEF 343

RUBÉN.	que habéis comido. Levantad las mesas. Para gloria de Egipto, señor, vivas	2780
	más edades que tiene el Nilo arenas.	
JOSEF.	Aquí, señor, traemos el dinero,	
	dos veces tanto como te trujimos,	
	que no sé a qué ocasión, en los costales,	
	señor, nos lo pusieron los ministros.	2785
RUBÉN.	Bien os podéis partir y darles todo	
	el trigo, Mayordomo, que pidieren.	
JOSEF.	Eso debió de ser equivocarse.	
	Agora podéis pagallo todo junto.	

Vanse LOS HERMANOS. Ee

	Advierte que el dinero que llevaron,	2790
	y el que han traído agora, has de ponelles	
	como primero en los costales mismos,	
	y en el de Benjamín, que es el pequeño,	
	la copa en que han bebido, y luego al punto	
	vuélvemelo a decir, que este secreto	2795
	sabrás después.	
MAYORDOMO.	A obedecerte parto. *Vase.* Ff
JOSEF.	Hoy pruebo su lealtad de esta manera.	
	ya acrisolo sus pechos, y descubro,	
	con Benjamín, sus varios pensamientos.	

Sale UN CRIADO DEL REY, *con una caja pequeña.* Gg

CRIADO.	Beso, gobernador, tus pies.	
JOSEF.	Tú, vengas	2800

2774. admirados, imagino *MS1*.

2776. con ella, y *MS1*.

2780. Egito *MS1*.

2781-88. *MS1* altera el orden de los versos: 2781, 2786, 2787, 2782-85, 2788.

2789. Aora *QP1, QP2*.

Ee. *Vanse ellos. MS1.*

2790. que del dinero *MS1*.

2791. ponellos *MS2*.

2794. he bebido *MS1*.

2796. obedecer *QP2*.

Ff. Falta en *MS1*.

2798. Ya crisolo *QP1, QP2*. y acrisolo *MS1, MS2*.

Gg. *Entra... MS1.   ... caja. MS2.*

	con la salud, Sileno, que deseo	
	para mí propio. ¿Qué hay de nuevo agora?	
	¿En qué os podré servir?	
CRIADO.	El rey me envió	
	con aqueste presente, que en llegando	
	a palacio mandó que te trujese,	2805
	que es esta caja llena de piropos,	
	carbúnculos, jacintos y balajes°	
	que valen dos ciudades como Menfis	
	para mantillas° y pueriles galas	
	de Manasés.	
JOSEF.	Al rey beso mil veces	2810
	las manos y los pies, y yo mismo voy	
	a darle gracias de esto, que no puedo	
	pagalle con la sangre de mis brazos	
	tantas mercedes como de él recibo.	

Sale el MAYORDOMO. Hh

MAYORDOMO.	Ya he hecho, Gran Señor, lo que mandaste,	2815
	que ya estaban cargando el trigo todos.	
JOSEF.	Pues importa que luego, Mayordomo,	
	partáis tras ellos y me traigáis preso	
	al que tuviere en su poder la copa,	
	sin exceder jamás de lo que os digo.	2820
MAYORDOMO.	Sin exceder tus pensamientos sigo. *Vanse.*	Ii

2802. proprio *QP2, MS2.*   aora *QP1, QP2.*

2803. poder *QP1, MS1.*   puedo *MS2.*   envía *MS1, MS2.*

2804. que ha llegado *QP1, QP2, MS2.*

2806. lleno [*sic*] *MS1.*   piropas *QP1, QP2, MS1, MS2.*

2807. carbuncos *QP1, QP2.*   carbunclos *MS2.*

2811. voy mismo [*sic*] *QP1, QP2.*

2812. gracia *MS1.*

2813. las venas de *MS1.*

Hh. *Entra*... *MS1.*   *Sale* MAYORDOMO. *MS2.*

2815. Falta «MAYORDOMO.» en *MS2.* Señor, ya hecho [*sic*] lo que tú mandaste *MS1.* hecho, señor *MS2.*

2818. parta tras ellos, y me traiga presos *MS1.*

2819. tuviera *MS1.*   de su *QP1.*

2820. esceder *MS1.*   jamás en lo *MS2.*

2821. esceder tu pensamiento *MS1.*

LA ADVERSA Y PRÓSPERA SUERTE DE JOSEF

Salen Todos Los Hermanos *con sus costales de trigo.*   Jj

RUBÉN.
    Aquí podremos hacer
alto en tanto que descansa
el bagaje a su placer,
y hasta que del alba mansa   2825
con que se entra el sol a ver
    el aire fresco gocemos,
y en este mesmo lugar
la tarde ardiente pasemos.
Podremos aquí arrimar   2830
los costales que traemos,
    y cada cual a dormir
sobre el suyo recostarse
podrá.

SIMEÓN.
    Habremos de seguir
tu parecer.

JUDAS.
    A bañarse   2835
en oro empieza el zafir
    del cielo agora, y la tierra
es una esfera encendida.

ZABULÓN.
Y parece que esa sierra,
que antes estuvo vestida   2840
de nieve, un volcán encierra.

RUBÉN.
    ¡Ea!, ponga cada cual
en el puesto que eligiere
para dormir su costal,

(Pone Cada Uno *su costal por orden,*   Kk
arrimados al lienzo del vestuario.)

y mientras por él hiriere   2845
con rayo piramidal°
    el planeta de la vida,
pasemos aquí la tarde,

Ii, Jj. *Vanse, y salen ...* Cada Uno *con su costal de trigo. MS2.*

Jj. *Entran* Los Hermanos *con el trigo MS1.*

2822. podemos *MS1.*

2826. Falta «con» en *MS2.*

2828. Falta «y» en *MS1.* y es tu *QP2, MS2.* mismo *MS1.*

2841. vocal *MS1.*

2842. cada uno *MS2.*

Kk. *(Va sacando* Cada Uno *su costal.) MS1. ... arrimados al vestuario. MS2.*

	que a sueño el estío convida.	
BENJAMÍN.	¡Qué alegre y vistoso alarde	2850
	de costales!	

(Vanse recostando CADA UNO *sobre su costal.)* Ll

JUDAS. La comida,
 ¡qué de imposibles intenta!,
 ¡qué de caminos allana!
 ¡Mil novedades inventa,
 hombres rinde, muros gana, 2855
 porque la vida sustenta
  ella sola de esta suerte!
 De nuestra patria nos trujo
 casi en manos de la muerte,
 aunque a dulce fin redujo 2860
 el Cielo este daño fuerte.
  Gracias a Dios que volvemos
 libres todos a Canaán
 de mil confusos estremos.

Sale el MAYORDOMO. Mm

MAYORDOMO. Aquí me dicen que están. 2865
JUDAS. ¡Cielos!, ¿qué es esto que vemos?
 ¿El mayordomo no es este
 del gobernador?
RUBÉN.   Sí, hermano.
MAYORDOMO. Hoy haré, hebreos, que os cueste
 algún castigo inhumano 2870
 lo que habéis hecho.
SIMEÓN.   No apreste

2849. sitio *MS1*.

Ll. *Recuéstase* CADA... *MS2.* Falta en *MS1.*

2855. rindes *MS1*.

2861. este estado *MS2*.

Mm. *Entra... MS1. ...* UN MAYORDOMO. *QP2. ...* MAYORDOMO y ACOMPAÑAMIENTO. *MS2*.

2865. Falta en *MS2*.

2866. Falta «JUDAS.» en *MS2*. Cielo *MS1*.

2867. mayordomo es aqueste *MS1*.

2869. Yo haré *MS1*.

	el Cielo otra desventura	
	viniendo sobre nosotros,	
	que parece que procura	
	nuestro mal.	
MAYORDOMO.	¿Cómo vosotros	2875
	con fe traidora y perjura	
	pagáis al gobernador	
	tan mal el bien que os ha hecho	
	las mercedes, y el honor?	
RUBÉN.	(*Ap.:* Que hay nuevo daño sospecho.)	2880
	Habla más claro, señor.	
MAYORDOMO.	¿Paréceos poco llevalle	
	la capa al gobernador,	
	y una joya tal hurtalle?	
	¿De esta manera el honor	2885
	que os hizo queréis pagalle?	
RUBÉN.	No permita el Cielo tal,	
	que el honor que recebimos	
	no hemos de pagar tan mal,	
	pues el dinero volvimos,	2890
	señor, que en cada costal	
	llevamos a Hebrón, después	
	que en el camino lo echamos	
	de ver, y esto muestra es	
	que la copa no robamos,	2895
	pues era todo interés.	
	Antes queremos, señor,	
	que nuestros costales veas,	
	para informarte mejor,	
	si hacer, como es bien, deseas	2900
	servicio al gobernador,	
	y aquel en cuyo poder	
	el vaso de oro estuviere,	
	que su esclavo venga a ser.	

2879. y en honor *MS1*.

2883. copa [*sic*] *MS1, MS2*.

2884. tan [*sic*] *MS2*.

2888. al honor *MS2*.   recibimos *MS1, MS2*.

2890. volvemos *QP1, QP2*.

2894. esta *MS1*.

2901. servicios *MS1*.

2903. señor, el vaso estuviere *MS1*.

	Séase, al fin, el que fuere.	2905
MAYORDOMO.	Los costales pienso ver.	
	¿De quién es este?	
RUBÉN.	Este es mío	
MAYORDOMO.	No está en él.	
RUBÉN.	Pasa adelante,	
	porque en nosotros confío	
	que no has de hallar semejante	2910
	maldad, que primero el río	
	que corre al mar volverá	
	atrás, el cielo a la tierra	
	las luces trasladará	
	y la cumbre de la sierra	2915
	igual al valle estará,	
	que en nosotros halle tal.	
	¿Nosotros, gente ruín?	
MAYORDOMO.	¿De quién es este costal?	
JUDAS.	Aqueste es de Benjamín,	2920
	cuyo pecho es de cristal.º	
BENJAMÍN.	No somos gente que engaña,	
	porque a todos, Mayordomo,	
	de Jacob sangre acompaña.	
MAYORDOMO.	Aquí está la copa.	
JUDAS.	¿Cómo?	2925
MAYORDOMO.	¡Veisla aquí!	
TODOS.	¡Desdicha estraña!	
RUBÉN.	¿Qué es aquesto, Benjamín?	
BENJAMÍN.	No sé. Mi desdicha ha sido.	
MAYORDOMO.	Del gobernador, en fin,	
	con esto quedas vendido	2930
	por esclavo.	

2907. Ese es *MS1*.

2912. corra *MS1*.

2913. atrás, y el *MS1*.

2914. tras la dorada [*sic*] *QP1, QP2*.

2917. que con nosotros halles *MS1*.

2918. que no somos gente ruín *MS1, MS2*.

2920. Este de *MS1*.

2926. Veislo *MS1*. JUDAS. Desdicha *MS2*.

2929. al fin *MS1*.

2930. vencido *MS1, MS2*.

JUDAS.	¡Ah, triste fin!	
	Todos queremos volver	
	con él al gobernador	
	para sus esclavos ser,	
	que, sin Benjamín, mejor	2935
	será la vida perder.	
MAYORDOMO.	Si esa es vuestra voluntad,	
	vamos muy enhorabuena,	
	y los costales cargad.	
RUBÉN.	En medio de tanta pena,	2940
	declare Dios la verdad.	

Vanse TODOS, *y sale* JOSEF, *y* UN PAJE.   Nn

PAJE.	Un soldado de la guarda	
	viene a llamarte, señor,	
	de palacio, que te aguarda	
	el rey.	
JOSEF.	Para ese favor,	2945
	aun el pensamiento tarda.	
	Luego iré, porque primero	
	de cierto secreto el fin	
	que me importa ver espero,	
	y probar en Benjamín	2950
	a sus diez hermanos quiero,	
	en esta ocasión, a ver	
	si la mala voluntad	
	que me tuvieron por ser	
	de mi padre la mitad,	2955
	con él, muestran hoy tener,	
	pues de la misma manera	
	debe de tenerle amor	
	mi padre, que ya no espera	
	verme en su vida.	

2933. con el gobernador *MS1*.

2938. norabuena *MS1*.

Nn. *Vanse. Salen... MS1. Vanse, y salen... MS2.*

2948. a fin *MS1*.

2949. memporta [*sic*] *MS1*.

2955. metad *QP2*.

2956. muestra *MS1*.

Sale el MAYORDOMO *con* LOS HERMANOS, *y híncanse* TODOS *de rodillas.*

MAYORDOMO.   Señor,   2960
tras esta canalla fiera,
  como me mandaste, fui,
y en el costal de este hallé
la copa que falta aquí.
Y antes de buscalla, fue   2965
concierto que aquel que allí
  en su poder la tuviese,
imposible al parecer,
tu eterno cautivo fuese,
y ansí viene a tu poder   2970
Benjamín.

JOSEF.   ¡Que esto se hiciese,
hebreos, a mi valor,
y a las buenas obras mías!

JUDAS.   Dadme licencia, señor,
para hablar.

JOSEF.   Alevosías   2975
querrás imaginar, traidor.
  ¿Qué quieres? Habla.

JUDAS.   No más
que ya que el Cielo ha querido
lo que no pensé jamás,
y a Egipto te hemos traído   2980
a Benjamín, pues estás
  de lo que mi padre amado
le quiere, le ama y le adora
con la experiencia informado,

Oo. *Entra ... los* DIEZ HERMANOS. *Híncanse de rodillas.* MS1. *Salen el* MAYORDOMO *y* LOS HERMANOS *y se hincan de rodillas.* MS2.

2964. faltó MS1.

2965. buscalle MS2.

2970. ansí MS1.

2974. Dame MS2.

2976. maguinar MS1. maquinar MS2.

2977. hablar MS1.

2979. pinse [sic] MS1.

2980. Falta «y» en MS2.   Egito QP2, MS1.

2983. quiere, ama y adora QP1, QP2, MS2.

2984. insperiencia [sic] MS1.

	y yo, por tu gusto agora,	2985
	solo de él vine encargado,	
	y debajo de una pena	
	muy grande, le prometí	
	vivo, de la tierra ajena,	
	volverle a Canaán, y ansí	2990
	la Fortuna me condena.	
	Quiero en su lugar, señor,	
	quedar por esclavo tuyo,	
	por no asistir al dolor	
	del anciano padre suyo,	2995
	pues te serviré mejor.	
	Deja a Benjamín volver	
	con mis hermanos a Hebrón.	
	Yo quedaré en tu poder,	
	que matará la pasión	3000
	a mi padre.	
JOSEF.	Él ha de ser	
	mi esclavo, pues él ha sido	
	quien la culpa cometió.	
JUDAS.	Esto, por merced, te pido,	
	que no puedo volver yo	3005
	sin su Benjamín querido,	
	y sin cumplir la fe dada.	
	Mira, que es de su vejez	
	la prenda más regalada.	
RUBÉN.	O quedaremos los diez	3010
	si uno solo no te agrada.	
JOSEF.	Los diez os podéis volver,	
	que él ha de quedar aquí.	
JUDAS.	¿Cómo, señor, podrá ser?	
	Primero has de darme a mí	3015
	la muerte.	
JOSEF.	(*Ap.:* No hay más que ver.	
	La experiencia he hecho ya,	
	y yo de pena reviento.)	

2985. con tu *MS2*.

2990. ansí *MS1*.

3008-09. Mira que de su vejez / es la prenda regalada *MS1*.

3016. Falta *Ap.* en *QP1, QP2, MS1, MS2*.

3017. experiencia hecho *MS1*.

Simeón.	Llorando el virrey está.	
Josef.	Ya no tengo sufrimiento.	3020

De la tierra os levantá
 y dadme, hermanos, los brazos,
que yo soy Josef, a quien
 quisisteis hacer pedazos,
y le vendisteis también, 3025
y hoy confirmo con abrazos
 vuestra necia enemistad
y vuestra invidia primera.
Llegad, ¿qué teméis? Llegad,
que vuestro hermano os espera, 3030
colmado de voluntad.
 Esto el Cielo ha permitido,
que para esto me ha guardado.
Ya los sueños se han cumplido,
pues que me habéis adorado 3035
después de haberme vendido.
 Llegad.

Rubén. ¡Estamos sin seso!
Danos, hermano, los pies
de albricias de este suceso,
y perdónanos después, 3040
que yo por todos confieso
 que pecamos contra ti.

Josef. Ya yo lo tengo olvidado.
Vamos, hermanos, de aquí
para que a mi padre amado 3045
volváis, y roguéis por mí
 que deje a Canaán, y a Egito
venga con toda su casa,
y las vuestras, que le imito
desde hoy en ser padre.

Judas. ¡Pasa 3050

3023. que soy *MS2*.

3024. quisistis *MS1*.

3025. vendistes *MS1*.

3029. tenéis *MS1, MS2*.

3038. hermanos *MS1*.

3039. subceso *MS1*.   Falta en *QP1, QP2, MS2*.

3043. tongo [*sic*] *QP2*.

3046. rogáis *MS1*.   rogéis [*sic*] *MS2*.

3050. Falta «Judas.» en *MS1*.

Rubén.	tu valor de ser escrito!	
	¡Hoy das de tu pecho pruebas!	
Simeón.	¡No se ha visto tal suceso!	
Josef.	Vamos.	
Simeón.	¡Cautivos nos llevas!	
Benjamín.	¡Perderá de gusto el seso	3055
	mi padre con estas nuevas! *Vanse.*	Pp

Sale Faraón *solo.*   Qq

Faraón.   No puedo hallarme un momento
          sin Josef, que tanto alcanza
          su divino entendimiento,
          porque pasa su privanza   3060
          a justo conocimiento.
             Merece cuantos favores
          le hago, y siempre imagino
          que los merece mayores,
          porque su ingenio es divino,   3065
          todos son premios menores.
             Todos me cansan sin él.
          Estrella notable ha sido,
          y deuda a su pecho fiel.

Sale Un Paje.   Rr

Paje.   El arquitecto ha venido,   3070
          y quiere hablarte.
Faraón.   ¿Y con él
          no viene Josef?
Paje.   Señor,
          de tu parte le han llamado.
Faraón.   Téngole notable amor.
          Andará agora ocupado.   3075
          El Arquitecto Mayor
          entre. Sin Josef no acierto

3052. Judas. Tú das *MS1.*   puebas [*sic*] *MS2.*

Pp, Qq. *Vanse, y sale el* Rey Faraón. *MS2.*

3065. porque a su ingenio divino *MS1, MS2.*

3066. todos premios *MS2.*

Rr. *Entra el* Paje. *MS1.*

3070. arquitecto está aquí *MS1.*

3072. Señor, ~~de tu parte~~ *MS1.*

                    a dar paso en cosa alguna,
                    que el valor que he descubierto
                    en él de tanta fortuna 3080
                    es digna. Ya pasó el puerto.

    Siéntase FARAÓN *en una silla. Sale el* ARQUITECTO. Ss

ARQUITECTO. Dame tus manos reales.
FARAÓN. Oh, Arquitecto, hacer querría
                    al margen de los raudales
                    del Nilo una casería, 3085
                    adonde los desiguales
                     días del ardiente estío
                    pueda pasar, y quisiera
                    que la trazases.
ARQUITECTO.   Confío
                    agradarte de manera 3090
                    que permanezca en el río.
                     Será su edificio hermoso,
                    entre todos cuantos tienes,
                    más excelente y famoso,
                    y si acaso te entretienes, 3095
                    daré, señor poderoso,
                     la traza.
FARAÓN.   Darasme gusto,
                    aunque sin Josef jamás
                    de ninguna cosa gusto.
ARQUITECTO. Señor, escucha, y verás 3100
                    qué bien al tuyo me ajusto.
                     Primeramente, el cimiento
                    con el gallardo edificio
                    ha de igualar, dando al viento
                    de su fortaleza indicio, 3105
                    que importa el buen fundamento.

Ss. *Siéntase el* FARAÓN. *Entra* UN ARQUITECTO... *MS1*. *Siéntase en una silla, y sale*... *MS2*.

3083. quería *MS2*.

3089. le *MS1*.

3091. permanezca el *MS2*.

3095. entretenies [*sic*] *MS2*.

3097. Harasme gran gusto *QP1*.

3098. Falta «jamás» en *MS1*.

3099. jamás de *MS1*.

3104. han *MS2*. el *MS1*.

　　　　　Sobre colunas hermosas
　　　　　de jaspe han de levantarse
　　　　　luego puertas espaciosas
　　　　　donde podrán relevarse　　　　　　　　3110
　　　　　de oro tus armas famosas.

　　　　　(*Duérmese el* REY.)　　　　　　　　　　Tt

　　　　　Poco gusto muestra, y fuera
　　　　　mejor haber diferido
　　　　　esto a Josef que lo oyera.
　　　　　Parece que está dormido.　　　　　　　　3115
　　　　　Quiero salirme allá fuera.　　*Vase.*　　　Uu

Tocan chirimías, y levántase una compuerta y aparezcan TODOS. DOCE　Vv
HERMANOS juntos por su orden con sus cercos, y solamente JUDAS
con corona, y EGIPTO *en medio, que la hará una mujer, con una*
torre en la cabeza como corona, y de CADA HERMANO *venga*
una cadena donde está la que hace a EGIPTO, *que las tendrá*
en las dos manos, tantas a una parte como a otra, y
CADA HERMANO *en la otra una espada desnuda.*

FARAÓN.　　　　　¿Quién eres, mujer bizarra,
　　　　　　　　que tantos cautivos tienes,
　　　　　　　　que los más son capitanes,
　　　　　　　　y algunos parecen reyes?　　　　　3120
EGIPTO.　　　　　Faraón, yo soy Egipto,
　　　　　　　　y estos doce que parecen
　　　　　　　　mis esclavos son los tribus
　　　　　　　　a quien, de Israel la gente
　　　　　　　　llamará en siglos futuros,　　　　　3125
　　　　　　　　porque estos acendientes

3107. columnas *MS2*.

3111. hermosas *MS2*.

3113. diferido esto *QP1, QP2*.

3114. Falta «esto» en *QP2*.

3116. salir *MS1*.

Uu. Vase *el* ARQUITECTO. *MS1*. Falta en *MS2*.

Vv. *Tocan... como puerta* [sic] ... *con sus arcos... que lo hará... y de* CADA UNO ... *tantas en un... en otra... la otra mano... MS1*. ... *y se aparecen... tantas en cada mano* [sic] ... *MS2*.

3118. *MS1 acota al margen:* En sueños.

3121. Egito *MS1*.

3126. ascendientes *MS2*.

                    han de dar doce linajes
                    a Canaán, de donde vienen.
                    Sangre de Jacob son todos,
                    y hermanos, de quien° pretende   3130
                    el Cielo que al mundo nazcan
                    duques, patriarcas, reyes,
                    y aquel que ves con corona
                    los cielos piadosos quieren
                    que una mujer nazca al mundo   3135
                    para su bien solamente,
                    que, emparentando con Dios,
                    que es adonde más se puede
                    llegar, será reina hermosa
                    de los cielos para siempre.   3140
                    Tendré gran tiempo cautiva
                    en tus reinos esta gente,
                    y después, del Cielo armados,
                    podrá ser que yo los tiemble,
                    y otro de tu nombre mismo   3145
                    ser, queriendo inobediente
                    al Cielo, del mar Bermejo
                    le harán sepulcro los peces.
                    Recíbelos, como es justo,
                    porque con ellos mis mieses   3150
                    verás volver a cubrir
                    del Nilo los campos verdes.

            (*Suenan chirimías, y ciérrase la apariencia y despierta.*)   Ww

FARAÓN.   ¡Notable sueño he tenido!
                 ¡Qué de cosas ve el que duerme!
                 Pasa, Arquitecto, adelante.   3155
                 No está aquí. Dormime y fuese.

                        Sale JOSEF.   Xx

                 Seas, Josef, bienvenido.
JOSEF.   Hoy, confiado que tienes
                 de hacerme siempre el favor,

3146. quiriendo *QP1*.   Xx. *Entra... MS1.*   Falta en *MS2.*

Ww. *Con música cubre la apariencia.*
MS1. *Vuelven a tocar. Ciérrase la apariencia
y despierta* FARAÓN, *y sale* JOSEF. MS2.

	ínclito señor, que sueles,	3160
	he enviado por mi padre	
	que con once hijos que tiene,	
	sin mí, contigo procuro	
	que en Egipto viva.	
FARAÓN.	Puedes	
	mandar en él como yo,	3165
	que ya todos te obedecen.	
JOSEF.	Los pies te beso.	
FARAÓN.	Levanta.	
JOSEF.	Hoy, sin saber que pudiese	
	estar yo vivo ni estar	
	en puesto tan eminente,	3170
	vinieron mis once hermanos	
	por trigo, y después de hacelles	
	una molestia, que tú	
	sabrás después largamente,	
	para probar su lealtad,	3175
	dándoles con que volviesen	
	y trujesen a mi padre,	
	en llegando a conocerme	
	se partieron a Canaán.	
FARAÓN.	Los favores y mercedes	3180
	que has recebido en tu sangre	
	será razón que hacer piense	
	vengan tu padre y hermanos.	
	Sale el MAYORDOMO.	Yy
MAYORDOMO.	Señor, tus hermanos vuelven	
	con tu padre, que venía	3185
	a buscarlos con la gente	
	de su casa.	

3161. inviado *MS1*.

3164. Egito *MS1*.

3165. en él mandar *MS1*.

3169. astar [*sic*] *QP2*.

3170. inminente *MS1*.

3171. hebreos [*sic*] *QP1, QP2*.

3181. recibido *MS1, MS2*.

Yy. *Entra… MS1*.

Yy–3184. *SALE MAYORDOMO*. Señor *MS2*.

3186. buscarlos juntamente *MS1*.

JOSEF.	Hoy es la hora	
	que he tenido más alegre.	
	Señor, para recebillos	
	dame licencia.	
FARAÓN.	Detente,	3190
	que quiero salir contigo.	
MAYORDOMO.	Ya llegan.	
FARAÓN.	Abrildes, y entren.	
JOSEF.	¡De regocijo estoy loco!	

Sale Jacob, y Todos Sus Hijos. Zz

JACOB.	¿Dónde está Josef?	
FARAÓN.	No viene	
	en sí de gusto.	
JOSEF.	Señor,	3195
	deja que tus manos bese.	
JACOB.	¡Ay, hijo del alma mía!,	
	¿es posible que tú eres,	
	que estás vivo, que te toco?	
JOSEF.	Sí, padre, vivo me tienes.	3200
JACOB.	Vuelve otra vez a abrazarme.	
JOSEF.	Abrazarete mil veces.	
JACOB.	¡Ay, amada prenda mía,	
	ya no hay temer a la muerte!	
JOSEF.	Habla al rey, que está delante.	3205
JACOB.	Quien halla a un hijo no puede	
	reparar en cortesías.	
	Dame tus pies.	
FARAÓN.	Tú mereces	
	ser padre de tales hijos.	
JACOB.	Hónrasme, al fin, como puedes.	3210
FARAÓN.	Hoy quiero haceros a todos	
	un espléndido banquete,	
	porque vuestro regocijo	
	es justo que yo celebre,	

3189. recibirlos *QP1, QP2*.

3192. Abridles *MS2*. Abrildes, entre *MS1*.

3198. pusible *MS1*.

3201. vez abrazarme *MS2*.

3206. habla *MS1*.

Zz. *Entran Todos Los Hermanos y Jacob. MS1. Sale Jacob. MS2.*

	que después, como veréis,	3215
	os haré largas mercedes.	
JOSEF.	Esta es de Josef, Senado,°	
	la adversa y próspera suerte.	

FIN*

3217. Y esta es *MS1*.

    * *Fin de la comedia de la segunda parte de la hermosura de Raquel. QP1, QP2.*   Fin de la Comedia. Finis. *MS1.*   fin de la Comedia. *MS2.*

NOTAS

* *Asenet:* véanse el apunte acerca de este personaje en la p. 99 de nuestro ensayo textual.

8. *alcor:* «Lo mismo que Cerro, o collado, [...] Es voz antigua, y de poco uso» (*Aut*).

9. *a pique:* a riesgo.

34. *estremos:* aquí y más adelante (v. 925), manifestaciones exageradas y vehementes de un afecto del ánimo.

72 y *passim. que:* en sentido causal, porque.

85. *once hermanos:* el patriarca Jacob tuvo doce hijos. De su primera esposa Lea tuvo a Rubén, Simeón, Leví, Judá, Isacar, Zabulón y Dina. De Bilha, sierva de Raquel, tuvo a Dan y Neftalí. De Zilpa, sierva de Lea, tuvo a Gad y Aser. Por último, de su esposa amada, Raquel, tuvo a José y Benjamín.

106. *a raya:* apenas dentro de los justos límites.

112. *decoro:* «Quando queremos dezir que uno se govierna en su manera de bivir conforme al estado y condición que tiene, dezimos que guarda el decoro. Es propio este vocablo de los representadores de las comedias, los cuales entonces se dezía que guardaban bien el decoro, quando guardavan lo que convenía a las personas que representavan» (Juan de Valdés, *Diálogo de la lengua*, p. 137).

120 y *passim. invidia:* envidia. La inflexión de la vocal protónica se explica en la mayoría de los casos por disimilación de una *i* o *u* acentuadas.

138. *prolijo:* «Largo, dilatado y extendido con excesso. [...] Se toma también —como aquí— por molesto, impertinente y pesado» (*Aut*).

168. *los sueños sueño son:* frase proverbial —ver Luis Martinez Kleiser, *Refranero general ideológico*, núms. 59.242-52— que se repite más adelante (v. 662). Como comentó Richard W. Tyler en su momento, nociones como estas acerca de los sueños eran comunes en la Comedia Nueva («Unos pasajes 'calderonianos' en las comedias de otros»). Notó en este sentido la particularidad de Vélez de Guevara (p. 1339). *Cf. El Conde don Sancho Niño*, vv. 1944-56:

> DOÑA SOL. ¡Qué poco de lo que ve
> el alma se aseguraba!
> Soñaba que te mataba
> un envidioso, un traidor,

	por el rey, y que mi amor
	de todos te defendía,
	porque la firmeza mía
	armas le daba, y valor.
	Y tanto de mi pasión
	lo que soñaba temí,
	que parece que hizo en mí
	caso la imaginación.
CONDE.	Sol, los sueños sueños son.

201 y *passim*. *dar los brazos:* «Dar los brazos a uno. Phrase mui común y familiar, que vale admitir y recibir a uno con afecto y cariño: y assí para manifestar el gozo y estimación con que a un amigo, o conocido, que viene de fuera se le recibe, o se le aplaude alguna buena acción, u dicho, se dice dadme los brazos» (*Aut*).

222. *retrato:* aquí, lo que se asemeja mucho a una persona o cosa.

283. *perlas:* metáfora lexicalizada, lágrimas.

286. *aljófar:* «Es la perla menudica que se halla dentro de las conchas que las crían [...] horadadas se sirven dellas para bordar y recamar vestidos y guarniciones, ornamentos, colgaduras y otras cosas. [...] Los poetas [...] al prado que con las goticas del rocío resplandece, le dan por epícteto *aljofarado*» (Cov).

337. *salir al encuentro:* salir a recibir a alguien.

343. *Hebrón:* aquí y *passim*, no se refiere a la ciudad de la Cisjordania actual, sino, como sinécdoque, a la tierra de los hebreos.

355. *acaso:* antiguamente, por casualidad, accidentalmente. «Vale lo mismo que sin pensar, casualmente, y sin esperarlo, ni imaginarse» (*Aut*).

363. *si no me engaño:* Vélez gustaba de este giro condicional y sus variantes. *Cf. La Serrana de la Vera:* «si no me engaña, / Gila, la maginación» (vv. 1823-24); «si no me engaño» (v. 2491); «si los ojos no me engañan» (v. 2537); «si el sentido no me engaña» (v. 2927). En la presente comedia vuelve a usarlo con la variante, «si no se engaña el deseo» (v. 3067).

369. *pagar:* aquí, satisfacer el delito, falta o yerro por medio de la pena correspondiente.

H. *almalafa:* «Especie de manto o ropa que usaban las moras, y se ponía sobre todo el demás vestido» (*Aut*).

383. *crüel:* la escansón del octosílabo supone diéresis, lo que es muy común en la Comedia Nueva. *Cf.* Gerald E. Wade, «The Orthoëpy of the Holographic *Comedias* of Vélez de Guevara», p. 462.

394. *tornasol:* cambiante, reflejo o viso que hace la luz en algunas telas o en otras cosas muy tersas.

402. *topacio:* piedra preciosa, cuyo color generalmente es amarillo amarronado, y a veces con tonos de ocre, azul, violeta, rojo o, incluso, incoloro, en cuyo caso se confunde a veces con el diamante.

464. *verde:* figuradamente, joven, tierno.

487. *en sacándole:* la construcción *en* + gerundio está empleada con valor temporal. Otros casos en los vv. 714, 996, 1714, 1909, 2376, 2648, 3178.

512 y *passim. grande:* la forma apocopada del adjetivo no se había fijado todavía en el siglo XVII. Ver Keniston, §§25.2, 25.285-86.

534. *espelunca:* «Concavidad de tierra, y lo mismo que Cueva. Es voz puramente Latina» (*Aut*).

541. *le:* por leísmo, el antecedente del pronombre es «nombre».

595. *treinta:* número que se solía emplear para expresar una cantidad grande e indeterminada.

667-69. El sentido de los versos deriva de los animales que en la Comedia Nueva eran tópicos sinecdóquicos: el áspid de *Libia*, la onza de *Hircania*, el tigre de *Armenia* y la esfinge de *Egipto*. *Acendrar:* aquí metafóricamente, dejar sin mancha o defecto, o sea, criar y acondicionar.

670. *insania:* «Lo mismo que Locura» (Aut).

751. *Dotaín:* por aféresis, Adotaín, lugar al norte de Siquén donde los hijos de Jacob arrojaron a José en una cisterna antes de venderle a los ismaelitas que iban hacia Egipto. Ver *Génesis* 37:17.

751-60. Quintillas irregulares, rimadas abaab y abbaa, respectivamente. La rima del resto de la secuencia, vv. 761-85, consiste de quintillas abrazadas.

Y. *tocada a la gitana:* tocada como egipcia.

787. *quien:* el pronombre relativo puede referirse a personas o a cosas—como aquí, donde el antecedente es «el sol»—, singulares o plurales, masculinos o femeninos. Sobre el uso variable del pronombre relativo, ver Keniston, §§15.164, 15.225-26.

804. *quien:* el antecedente del pronombre es «tu belleza» (v. 803).

812. *coral:* color encarnado o rojo muy encendido semejante al del coral. *Zafir:* «[...] Llaman a qualquier cosa, que tiene el color azul, especialmente al Cielo, y es freqüentemente usado entre los Poetas» (*Aut, s. v.* «zaphyr»). Otro caso en el v. 2836.

813. *enamorada estrella:* la estrella del alba, llamada «enamorada» por ser Venus la diosa del amor.

Z. *gitano:* egipcio.

862-63. *Cf.* «Donde hay celos, hay amor», etc. Ver Martínez Kleiser, 10.517-28. Sobre la preceptiva de los celos en Lope y en la Comedia en general, véase Agustín G. de Amezúa y Mayo, *Lope de Vega en sus cartas*, p. 632 ss.

925. *estremo:* véase v. 34 n.

927. *argentar:* «guarnecer de plata alguna cosa. Es voz poética. [...] Metaphóricamente —como aquí— se dice de todas aquellas cosas que tienen alguna analogía y semejanza con la plata. Tiene uso en lo Poético» (*Aut*).

956. *priesa:* por vocalismo, prisa.

968. *inclinación:* aquí y más adelante (v. 2360), afecto, amor, propensión a una cosa.

1004. *lejos:* «En la pintura se llama lo que está pintado en diminución, y representa a la vista estar apartado de la figura principal» (*Aut*). *Cf. El hijo del águila*, vv. 173-77:

 [FELIPE.]   Yo procuraré imitaros
       en las sombras y en los lejos
       por lo menos, y en consejos
       tan altos, sacrificaros
        por víctima la obediencia.

1006-12. Evocación de *ut pictura poesis*, tópico reiterado por los tratadistas durante los siglos XVI y XVII, entre ellos, famosamente, Alonso López Pinciano (*Philosophía Antigua Poética*, 1596). Vélez aplicó el concepto de varias maneras. *Cf.*, por ejemplo, *Los fijos de la Barbuda*, v. 595 ss., *El amor en vizcaíno*, v. 60 ss., *La conquista de Orán*, v. 2105 ss., *Los amotinados de Flandes*, v. 28 ss. Véanse William M. Whitby, en «Pinturas, retratos y espejos en la obra dramática de Luis Vélez de Guevara»; Véanse Christiane Faliu-Lacourt, «Espejos, reflejos y retratos en la comedia (1600-1660)»; y más generalmente, Rensselaer W. Lee, *Ut pictura poesis: The Humanistic Theory of Painting*.

1014. *discurso:* facultad racional, razonamiento, plática o conversación ponderada y dilatada sobre alguna materia.

1029. *peregrino:* aquí, «raro, especial en su línea, o pocas veces visto» (*Aut*).

1198-99. estar sin seso: aquí y más adelante (vv. 1547, 3037), cf. «ESTAR EN SÍ. Es estar advertido y con deliberación: y assí del que está con plena advertencia en lo que dice y hace, oye o ve, decimos que está mui en sí» (*Aut, s. v.* «estar»). «No estoy en mí pertenece a otro grupo de frases que se repiten con extraordinaria frecuencia en las comedias de Vélez. Me atrevo a afirmar que una comedia que no contenga un solo ejemplo de esa locución no es obra suya. En nuestro texto [*La niña de Gómez Arias*] encontramos por ejemplo: 'no estoy en mí', 'cuerdo sin ningún sentido', 'sin sentido voy', 'estoy sin mí', 'estás en ti?', 'pierdo el sentido', 'voy sin sentido'» (Ramón Rozzell, ed., *La niña de Gómez Arias*, p. 263, n. 784). En la presente comedia encontramos *estar sin sentido* (vv. 1429, 1541), *estar loco* (vv. 1304, 1383, 1644, 1809, 3193), *ir loco* (v. 1724).

1275. *empleo:* aquí en el sentido, ahora desusado, de 'amorío'. También, «Se llama entre los Galanes la dama a quien uno sirve y galantea» (*Aut*).

1321. *escuras:* por vocalismo, oscuras.

1343. El octosílabo depende de que *Asenet* sea con aféresis. Otro caso en el v. 2614.

1347. *Dejamé:* se desplaza la sílaba tónica del esdrújulo *déjame* acorde con la métrica y rima de la redondilla. Véase S. Griswold Morley, «La modificación del acento de la palabra en el verso castellano», pp. 270-71. Otro caso en el v. 1837.

1360-61. *repelón:* «porción, o parte pequeña, que se toma o saca de una cosa, como arrancándola, o arrebatándola» (*Aut*). *Fruta de sartén:* confite hecho de la pasta de harina a la que se suele añadir huevos y azúcar y fruta en manteca o aceite, hecha luego en distintas figuras. Era uno de los postres predilectos del Palacio Real.

1395 y *passim*. *besar los pies:* «Phrase común introducida por la urbanidad y cortesía en obsequio de las Damas, que quando es por escrito en carta, o billete no excede de las palabras dichas Besar los pies; pero si la ceremonia se hace personalmente, se reduce a decir las mismas palabras acompañadas de profunda reverencia. Suele también usarse de esta locución con los superiores principalmente Eclesiásticos de alta esphera, y aun con los que no lo son» (*Aut, s. v.* «besar»).

1414. *soles:* metáfora lexicalizada, ojos.

GG. *manteo:* «Se llama [...] cierta ropa interior, de bayeta o paño, que trahen las mugeres de la cintúra abaxo, ajustada y solapada por delante» (*Aut*).

1593-94. *adónde/dónde:* en el Siglo de Oro todavía no se distinguía entre los adverbios. Ver Keniston §14.731. Cf. vv. 1467, 2378.

1835. *edificio:* «Obra o fábrica de casa, Palacio, Templo, &c.» (*Aut*), y por extensión, metafóricamente, genealogía.

UU. *chirimía:* «Instrumento músico de madera encañonado a modo de trompeta, derecho, sin vuelta alguna, largo de tres quartas, con diez agujeros para el uso de los dedos, con lo quales se forma la harmonía del sonido según sale el aire. En el extremo por donde se le introduce el aire con la boca, tiene una lengüeta de caña llamada pipa, para formar el sonido, y en la parte opuesta una boca mui ancha como de trompeta, [...] Difiérenciase del Obué solo en tener la boca mucho más ancha. [...] Se llama también el que toca, o tañe el instrumento llamado assí» (*Aut*). *Cota . . . a lo romano:* armadura defensiva de cuerpo hecha de cuero que se usaba antiguamente. Las cotas ceremoniales estaban decoradas con insignia heráldica.

1881. *confusa enigma:* durante la época clásica, la voz podía ser masculina o femenina. Véase André Nougué, «Le genre du mot 'enigma'».

1983. *púrpura:* prenda de vestir, de color púrpura o roja, que forma parte del traje característico de emperadores, reyes, cardenales, etc.

2063. *bizarro:* aquí, «lucido, muy galán, espléndido y adornado» (Cov). *Cf.* «BIZARRÍA. Vale gallardía, lozanía» (*ibid.*).

2309. *Apis:* el toro sagrado venerado en Menfis desde las primeras dinastías como dios relacionado con la fertilidad de los rebaños, con el Sol y el dios del Nilo.

2470. *quiés:* por síncopa vulgar, quieres.

2480. *barato:* «Tributo que el ganador de un juego debe pagar por cada una de las jugadas ganadas, bien al baratero o dueño de la casa donde se juega, bien a los mirones» (José Luis Alonso Hernández, *Léxico del marginalismo del Siglo de Oro, s. v.*).

2594. *cualquiera:* sobre el uso del adjetivo indefinido sin apócope, véase Keniston, §25.236.

2611. *máscara:* aquí, festejo de nobles a caballo, con vestidos y libreas vistosas, que se celebraba de noche, con hacas, corriendo parejas.

2628. *morcillo:* «caballo o yegua de color totalmente negro» (*Aut*).

2632. *tordillo:* «Lo que tiene el color del tordo. Aplícase a los caballos, y otras bestias mulares, que tienen el pelo de este color» (*Aut*).

2721. El frasco que trae Judas contiene un bálsamo perfumado compuesto de tres aceites esenciales de gran valor: *mirra, estoraque* y *terebinto. Mirra:* sustancia resinosa aromática, cuya forma líquida era la base de un licor gomoso y oloroso que los antiguos tenían por un bálsamo muy precioso. Era un importante ingrediente de perfumes, disponible en forma líquida, oleosa y sólida. Se menciona como un artículo de comercio llevado a Egipto por los ismaelitas —*cf. Génesis* 37:25— y como un presente selecto—*cf. Génesis* 43:11. *Estoraque:* «Árbol mui parecido al membrillo, cuya corteza es resinosa y aromática» (*Aut*). Era probablemente una de las fuentes del estacte, ingrediente aromático del incienso—*cf. Éxodo* 30:34. *Terebinto:* arbolillo cuya madera dura y compacta exuda por la corteza gotas de trementina blanca muy olorosa que es la materia prima para la fabricación de compuestos aromáticos sintéticos.

2806-07. *piropo:* «Piedra preciosa, que por otro nombre se llama Carbunco» (*Aut, s. v.* «pyropo»). *Carbúnculo:* forma etimológica de *carbunclo*, «Piedra preciosa mui parecida al rubí, que según algunos creen, aunque sea en las tinieblas luce como carbón hecho brasa. Otros fingieron se criaba en la cabeza de un animal, que tiene un capote con que le cubre quando siente le van a cazar. [...] Viene del Latino *Carbunculus*, que significa lo mismo» (*ibid., s. v.* «carbunclo»). *Jacinto*: «Piedra preciosa, regularmente del color de la flor. Hai tres especies, el Oriental, que tira al color de naranja: el de Bohemia, que tiene el color de escarlata: y el común, que es azul, y inclina a violado» (*ibid, s. v.* «jacintho»). *Balaj*: «Piedra preciosa, una de las nueve especies de Berilo semejante al rubí, aunque no de tan encendido color. Algunos se persuaden a que es el que comunmente se llama Carbunclo. Aunque Covarr[ubias] dice que es piedra oriental, y que tomó el nombre de la Provincia que las produce en la India oriental, que se llama Balar, lo más cierto es que es del Árabe *Balaxa*, que vale lucir y resplandecer» (*ibid., s. v.* «balax»).

2809. *mantillas*: el regalo que hace un príncipe a otro cuando le nace un hijo.

2846. *rayo piramidal*: metáfora que conceptualiza el sol en el cenit de su curso. *Cf.* Lope de Vega, «Canción al Santísimo Sacramento», *Rimas sacras,* ed. Antonio Carreño y Antonio Sánchez Jiménez, pp. 406-07:

> En tanto que a tus aras immortales
> sacrifico deseos, himnos canto,
> hostia de amor, Dios hombre,
> que solo te cuadró círculo santo,
> dorada nube el aire vago asombre
> de blanco maná y líquidos cristales.
> Cupidos celestiales,
> que trasladáis a vuestro fuego el nombre,
> lloved lirios y flores
> sobre este Dios de amor y pan de amores,
> sobre esta breve esfera, que al sol junto
> con *luz piramidal* tiene en un punto,
> que recogido a círculo tan breve
> abrasa más, aunque parece nieve.

Idem, La Virgen de la Almudena, p. 33:

> Cuando de la manera que se mira
> Relámpago fogoso, abriendo el trueno
> La puerta de la nube, el campo admira
> De *luz piramidal* fúlgido seno:
> Isidro del arado se retira,
> Y vestido de gloria el prado ameno
> Los átomos de aquellos resplandores
> Bebe en las yerbas, y convierte en flores.

2921. *de cristal*: metafóricamente, claro y limpio.

3130. *quien*: con valor plural, se entiende el antecedente «hermanos». Véase v. 787 n.

3217. *Senado*: es frecuente en la Comedia Nueva que al final de las piezas un personaje se dirija al público con este apóstrofe, que deriva de la comedia latina.

ÍNDICE DE VOCES COMENTADAS

a lo romano, cota UU
a pique 9
a raya 106
acaso 355
acendrar 667-69
adónde 1593-94
alcor 8
aljófar 286
almalafa H
Apis 2309
argentar 927
Armenia 667-69
Asenet *, 1343

balaj 2806-07
barato 2480
besar los pies 1395 y *passim*
bizarro 2063
brazos, dar los 201 y *passim*

carbúnculo 2806-07
chirimía UU
coral 812
cota a lo romano UU
cristal 2921
crüel 383
cualquiera 2594

dar los brazos 201 y *passim*
decoro 112
dejamé 1347
discurso 1014
dónde 1593-94
donde hay celos, hay amor 862-63
Dotaín 751

edificio 1835
Egipto 667-69
empleo 1275
en + gerundio 487
enamorada estrella 813

encuentro, salir al 337
enigma 1881
escuras 1321
espelunca 534
estar sin seso 1198-99
estoraque 2721
estrella, enamorada 813
estremo 34, 925

fruta de sartén 1360-61

gitana, tocada a la Y
gitano Z
grande 512 y *passim*

hermanos, once 85
Hebrón 343
Hircania 667-69

inclinación 968
insania 670
invidia 120 y *passim*

jacinto 2806-07

lejos 1004
Libia 667-69
los sueños sueño son 168

manteo GG
mantillas 2809
máscara 2611
mirra 2721
morcillo 2628

once hermanos 85

pagar 369
peregrino 1029
perlas 283
pies, besar los 1395 y *passim*

pique, a 9
piramidal, rayo 2846
piropo 2806–07
priesa 956
prolijo 138
púrpura 1983

que 72 y *passim*
quien 787, 804, 3130
quiés 2470

raya, a 106
rayo piramidal 2846
repelón 1360–61
retrato 222

salir al encuentro 337
sartén, fruta de 1360–61

seso, estar sin 1198–99
Senado 3217
si no me engaño 363
soles 1414
sueños sueño son, los 168

terebinto 2721
tocada a la gitana Y
topacio 402
tordillo 2632
tornasol 394
treinta 595

ut pictura poesis 1006–12

verde 464

zafir 812

www.ingramcontent.com/pod-product-compliance
Lightning Source LLC
Chambersburg PA
CBHW021817300426
44114CB00009BA/203